集人文社科之思 刊专业学术之声

集 刊 名：中国社会心理学评论
主　　编：杨宜音
副 主 编：王俊秀　刘　力
主办单位：中国社会科学院社会学研究所

(Vol.20) Chinese　Social　Psychological　Review

编辑部

联系电话：86-10-85195562
电子邮箱：ChineseSPR@126.com
通信地址：北京市东城区建国门内大街 5 号中国社会科学院社会学研究所

第20辑

集刊序列号：PIJ-2005-005
中国集刊网：www.jikan.com.cn
集刊投约稿平台：www.iedol.cn

中国
社会心理学
评论

第20辑

Chinese Social Psychological Review **(Vol.20)**

○ 杨宜音/主 编

陈咏媛　谢 天/ 本辑特约主编

社会科学文献出版社　SOCIAL SCIENCES ACADEMIC PRESS (CHINA)

主编简介

杨宜音 博士，中国社会科学院社会学研究所社会心理学研究中心研究员、博士生导师，中国社会心理学会会长（2010～2014 年）。2016 年起任哈尔滨工程大学人文社会科学学院教授、博士生导师，中国传媒大学传播心理研究所教授、博士生导师。主要研究领域为社会心理学，包括人际关系、群己关系与群际关系、社会心态、价值观及其变迁等。在学术期刊发表论文 130 余篇。代表作有：《自己人：一项有关中国人关系分类的个案研究》[（台北）《本土心理学研究》2001 年总第 13 期]、《个人与宏观社会的心理联系：社会心态概念的界定》（《社会学研究》2006 年第 4 期）、《关系化还是类别化：中国人“我们”概念形成的社会心理机制探讨》（《中国社会科学》2008 年第 4 期）。主编 Social Mentality in Contemporary China（Singapore：Springer Singapore，2019）。

电子信箱：cassyiyinyang@ 126. com。

本辑特约主编简介

陈咏媛　心理学博士，社会政策方向博士后，中国社会科学院社会发展战略研究院助理研究员。研究领域为移民、文化与社会认知等，主持国家社会科学基金青年项目 1 项，主持并完成全国博士后面上项目 1 项，参与国内外及省部级项目多项，以第一作者或通讯讯作者在心理学、社会学和教育学的国内外权威刊物上发表论文多篇。现任《心理学报》、《心理科学进展》、*Journal of Cross-Cultural Psychology* 和 *Frontiers in Psychology* 等杂志的审稿人。

电子信箱：chenyongyuan@ cass. org. cn

谢　天　心理学博士，外国哲学博士后，武汉大学哲学学院心理学系副教授、硕士生导师。中国社会心理学会理事、中国心理学会社会心理学分会理事，中国社会心理学会文化心理学分会秘书长，*Asian Journal of Social Psychology* 编委（2021～2023 年）。从事社会心理学研究，主要研究方向为文化心理、决策与谈判心理等，主持和参与国内外及省部级项目多项。在国内核心期刊，如《心理学报》《心理科学》《心理科学进展》《应用心理学》等，以及国外 SSCI 期刊，如 *Journal of Cross-Cultural Psychology*，*Asian Journal of Social Psychology*，*Public Personnel Management* 等，以第一作者或通讯作者身份发表论文多篇。

电子信箱：thanksky520@ 126. com

中国社会心理学评论　第 20 辑

流动性与社会心理建设　　　　　　　　　**2021 年 5 月出版**

《中国社会心理学评论》　第 20 辑

第 1～24 页

© SSAP, 2021

流动社会的流动之心：社会心理学视角下的流动性研究[*]

（代卷首语）

陈咏媛　谢　天　杨宜音[**]

摘　要： 在心理学的学科范畴中，"流动性"是指人们在各类社会流动过程中的心理和行为特征，也称"心理流动性"，可反映在个体、群体、组织、社会系统和文化等多个层次及其相互关系上。长期以来，社会心理学都不乏对"流动性"问题的关注，但由于这些研究散落在不同的研究脉络之下，因而"流动性"研究并未成为一个专门化的领域。然而，社会流动已然成为人们生活的常态，许多新的社会现象和社会问题随之不断涌现，这亟待从心理学擅长的微观层面予以检视，进而推进流动性各个层面相互作用机理的研究。在此背景下，本文首先总结了"流动性"研究在主题、理论和研究范式上的发展现状，并提出应通过不断拓展边界，实现社会心理学对"流动性"问题的学科关切；其次，介绍了本辑收录的 11 篇论文，分析这些研究之于社会心理建设的意义，并就如何将心理学研究与社会治理的场景进行衔接进行了讨论；最后，结合近年来一些突出的社会现象，对未来的"流动性"研究做出展望。

---

[*]　本文获得国家社科基金青年项目"社会生态视角下流动人口动态社会融入的心理机制研究"（16CSH045）的资助。

[**]　陈咏媛，中国社会科学院社会发展战略研究院助理研究员；谢天，武汉大学哲学学院心理学系副教授、硕士生导师，通讯作者，E-mail：thanksky520@126.com；杨宜音，哈尔滨工程大学人文社会科学学院教授、博士生导师。

关键词： 流动性　社会治理　社会心理建设

在心理学的学科范畴内，"流动性"（mobility）是指人们在各类社会流动（至少包括地理流动、关系流动、工作与职业流动、社会阶层流动以及社会与文化变迁）过程中的心理和行为特征，可反映在个体、群体、组织、社会系统和文化等多个层次及其相互关系上，又称作"心理流动性"（psychological mobility）。社会心理学向来不乏对"流动性"问题的关注。早在一个甲子以前，著名心理学家大卫·麦克里兰在他的动机理论中就曾关注过"流动性"的议题。他发现，在控制了人均可支配收入等经济因素之后，成就动机较高的国家的居民的人均飞行里程会显著高于那些成就动机较低的国家的居民。据此，他认为成就动机较高的人也有更高水平的创业精神，因而需要不断外出寻找机会（McClelland, 1961：361）。与此同时，一些核心研究领域及经典理论，如社会认同理论（Abrams & Hogg, 2006：47）和群际关系理论（Wright & Baray, 2012）也为研究者提供了理论上的想象力。个体的社会身份和群际互动之所以变得重要，原因恰恰在于人们处在变动不居的生活中，需要迫切地解决与归属、接纳、协作和冲突有关的各类问题。

然而，尽管"流动性"的心理学研究有较长的历史，但"流动性"成为一个专门化的概念和研究领域却是在近二十年间才发生的。在 PsychInfo 数据库上以"流动性"为关键词进行搜索得到的 7694 篇文章中，2000 年以后发表的占九成以上。不过，这些数量可观的研究却散落在不同的研究脉络之下，在大部分情形下互不可知、互不衔接、互不对话，未能推动"流动性"研究成为一个成熟的研究领域。相比之下，社会学家对"流动性"则表现出了极大的热情。不但有鲍曼（Zygmunt Bauman）、厄里（John Urry）和卡斯特（Manuel Castells）等一批著名学者在其代表作中对"流动性"进行了生动而深刻的阐释，甚至"流动的社会学"也被作为一项新的学科议程提了出来（林晓珊，2014）。社会心理学作为心理学和社会学的交叉学科，理应基于这两个学科的成果，以其独特的视角，串联起已经开拓的零星议题，点石成金，为"流动性"问题提供更深刻的见解和更丰富的经验材料。但从目前的实际情况来看，这项工作还远未完成。因此，我们陆续推出了两辑"流动性"专辑，旨在通过这种聚焦性的工作，增强社会心理学科对"流动性"问题的理解和把握，让更多的研究者发现"流动性"的理论解释力和实践意义，加入"流动性"研究的学术共同体中。

在已经出版的《中国社会心理学评论》（第 16 辑，2019）中，我们曾围绕当代中国社会变迁中的各类流动形式，从社会心理学擅长的微观层面探究了个体及群体的"流动性"特征。在这一辑，我们将继续聚焦这一专题，旨在通过相关研究改善和重塑健康的社会心态，将流动性的心理学研究与社会心理建设的场景衔接起来。此外，我们还希望探讨如何通过"流动性"研究延展社会心理学的学科边界，激发社会心理学的发展活力。作为一篇卷首语，本文首先讨论为何"流动性"研究对于社会心理学领域是及时和重要的，并从主题、理论和范式三个层面阐释如何研究流动性问题中的人性维度。其次，本文将基于本辑收录的11篇实证研究，依次介绍地理流动、关系流动、工作与职业流动和社会与文化变迁对人们心理和行为的影响，以及人们的因应之策。最后，本文基于"流动性"在心理学学科中的具体意涵，讨论了时下一些新的流动性现象，展望了未来的研究方向。

一　"流动性"研究中的主题、理论和研究范式

在对"流动性"的学术讨论中，经济学、社会学、人口学、传播学等学科一直占据更主导的地位，它们通过翔实的统计数据和理论分析，展现了各类流动现象的客观特征和趋势，为相关的政策制定提供源源不断的指导。相比之下，在有关"流动社会"的论辩中，在人性维度和心理过程（适应性的人格及心理健康、动机、需求、价值观、恐惧和自我认知）方面鲜有社会心理学家发声。于是，一些重要的人类内在经验、人际互动规律、普遍的群体心态和典型的文化心理特征被忽略了。在社会心理学内部，有关"流动性"的讨论被局限在一个相对狭窄的范围之内，未能有效回应现实世界中伴随流动及流动性而出现的各类问题。因此，本文首先基于社会流动的特征和既往研究的进展，简要地回答两个问题：其一是"流动性是什么？"——对"流动性"研究进行概念上的界定，介绍它的主题、理论和研究范式；其二是"如何拓展目前的研究边界？"——加深社会心理学科对流动现象和流动问题的理解，提升"流动性"研究对流动社会的影响。

（一）流动性：概念、主题及其边界的延展

流动描述的是一个位移现象，它会打破原有的位置关系，其本身尚不构成一个学术概念。而在社会科学领域，"流动性"就是一个极具活力的概念了。不同的学科关注不同领域的流动现象，并研究这些现象中人与物

品的特征，由此形成了一系列可被统称为"流动性"的研究主题（见表1）。因此，"流动"的概念在不同的学科指代的内容往往不同，"流动性"也会映射到不同的概念和主题之下。比如，移民作为"人口流动"的产物是人口学、社会学和心理学都关注的现象，但人口学关注的是一个地区人口流动的特征（如人口流动率）以及人口流动对社会经济发展的影响；社会学在移民问题上更关注社会融入、社会结构性的变化（如城乡、职业、代际）、生活方式的改变（如是否有老人和儿童随迁、移民的信任模式如何）和社会群体的互动（如土客交往）等；心理学关注的则是个体因流动而产生的心理效应和心理机制，例如在迁移过程中具有适应性特征的人格、动机、认知，人际关系策略，移民的心理健康、文化适应、身份认同，以及移民在流动过程中的心理和行为的变化。严格来讲，心理学视角下的流动性可以称为"心理流动性"。因此，对于社会心理学来说，描述和记录流动现象并不等同于"流动性"研究，流动现象可以是研究的出发点和落脚点，但流动性研究则围绕个体或群体在各类流动现象中的心理过程和行为特征展开，或面向各类流动现象导致的心理特性。

表1　社会科学各学科关注的典型流动现象及流动性主题

	流动现象	相应"流动性"研究的主题举例
经济学	货币、商品等经济要素的流通	商品交换、货币供给、劳动力流动
人口学	人口流动	移民问题、灵活就业、城乡人口规模
传播学	信息流动、虚拟流动、流媒体	数字化、新媒体、网络传播
社会学	人口流动、关系的流动、社会阶层的流动、职业的流动、文化变迁	阶层流动与再生产、移民的社会融入，生活方式和关系网络、婚嫁流动、随迁老人，社会流动与信任、礼物的流动、文化的流动与再生产
心理学	人口流动、关系的流动、社会阶层的流动、职业的流动、文化变迁	移民的心理健康、认知灵活性、开放性人格、抗逆力、文化依恋、流动中的群际过程、关系流动性、多元文化认同、跨文化胜任力、身份复杂性

在学科历史上，西方社会心理学对流动性议题的系统性关注始于20世纪60年代对移民问题的关切。人类心理学家Oberg提出了著名的文化休克（culture shock）理论，用于描述人们迁移到了一个新的环境后，因突然失去熟悉的社会交往符号和标志而产生一种精神焦虑现象（Oberg，1960）。由于这一问题在当时的移民群体中十分突出，许多学者都投入对这一现象的研究中，并先后从人格的临床诊断和文化认知等角度探寻文化休克的原因和干预方式，提出了文化模拟器（Fiedler, Mitchell, & Triandis, 1971）、

文化适应风格（Berry，1980；1990）、文化习得（Furnham & Bochner，1986：51）等一系列概念和理论。这些研究成果的发表在当时的学界引起了较大的反响，也初步确立了流动性议题在社会心理学领域的一席之地。

在 20 世纪后半期，全球流动水平（global mobility）的普遍上升推动了研究者们对流动性问题的广泛关注：一方面，研究者开始关注更多元化的迁移形式，如短期旅居、返乡、留学、旅游休闲、商务逗留和暂时性的援助工作等，并努力寻找流动的生命体验对人的影响；另一方面，有关流动性的研究不再局限于心理健康和文化适应领域，而是延伸到自我概念、社会认同、幸福感和贫困心理等更普遍的生活场景及研究领域（Carr，2010）。与此同时，跨文化视角下的流动性研究则转向更微观的领域，聚焦于个体在多元文化体验中的认知过程（Hong et al.，2000；Chiu et al.，2010），并最终形成了文化认知心理学的一个重要流派。

进入 21 世纪以后，社会生态（Socioecological Psychology）视角（Oishi，2014；Oishi & Graham，2010）的兴起再次激发了人们对流动性议题的关注。各类社会流动现象纷纷进入心理学家的研究视野，如人们的地理流动（Choi & Oishi，2019；Oishi et al.，2015；Mitzen，2018；Pearce，2013：32）、关系流动（Thomson et al.，2018）、工作流动（Chen，Chiu，& Chan，2009）、阶层流动（Sagioglou et al.，2019；Destin & Debrosse，2017）、跨文化流动和社会变迁（Bain et al.，2013）等，而在这些流动现象之下，对流动性的研究也延伸到社会心理学的各个研究领域。单以跨空间的地理流动为例，相关的研究主题就已经涉及流动中的人格、关系、社会认知、归因、群际关系、心理健康等（Choi & Oishi，2020）。然而，由于这些研究有着迥异的研究脉络和不尽相同的现象范畴，社会心理学界对于"流动性"的理解仍处于零碎的、互不相知的状态，学术群体也未能就"流动性"问题形成彼此关联的观点。

从上文简短的学术史回顾亦可看出，目前该领域的研究主题还远未达到饱和。因此，仍需进一步厘清"流动性"的概念，并对研究主题的边界进行进一步的延展。首先，定义概念，将更大范围的研究主题吸纳进流动性研究的范畴，使"流动性"成为一个明确的研究领域，这需要研究者们围绕个体在各种流动场景中面临的冲击、选择、挣扎、改变和机遇，在已有的社会心理学研究中寻找与之关联的主题，并着重探讨"流动性"的视角如何丰富了这些核心研究主题的内容和范畴，通过这种方式让"流动性"研究成为更多社会心理学家研究旨趣的交汇点。其次，立足社会流动的五种典型形态——地理流动、关系流动、工作与职业流动、社会阶层流动以及社会与文化变迁，发挥心理学的想象力，将"流动"从一个个看似空洞和抽象的现代性特征映射到心理学的概念层次上，让流动社会中的人性维度更充分地体现在"流动性"研究中。最后，与来自经济学、人口学、社会学和人类学的学者进行广泛的对话与交流，共享研究资源，开放学术边界，加深心理学对流动现象从微观到宏观的整体把握。

（二）流动性研究的理论：边界的延展

"没有什么比一个好理论更实用。"

——Kurt Lewin（1951：169）。

理论的形成和发展对于一门学科或一个研究领域来说至关重要。在理想情况下，理论可以帮助我们解释特定的事件和现象，在表面现象之下找到潜在的真理，并在看似混乱的环境中建立连贯的结构。"流动性"研究在近几十年的发展过程中，已经形成了一些初步的理论。表 2 总结了其中比较有代表性的一批理论，其入选标准包括四点：第一，该理论要符合心理学对理论的基本界定，是能够有针对性地解释一个或一组现象的相关命题或原则（Shaw & Costanzo，1982：4）；第二，该理论的核心内容是描述和解释与流动性有关的现象；第三，该理论经历了一段时期的发展，在不断地修正和完善中，并且在当下仍能指导研究者们对某一个（类）主题的研究；第四，该理论应该是在社会心理学传统中发展起来的理论，而不是在社会心理学领域之外发展起来的理论。尽管对流动现象的研究中有认知神经科学、决策学、经济学、社会学和政治学等领域的许多理论被广泛应用，但本文认为强调这些理论会在一定程度上有碍于发展社会心理学理论的初衷，故而没有将其囊括进来。

表 2　"流动性"研究的社会心理学理论

流动现象	"流动性"相关的社会心理学理论举例
地理流动	文化休克理论（Oberg，1960；Furnham & Bochner，1986；Ward，Bochner，& Furnham，2001）；文化适应理论（Berry，1980，1990，2006；Berry et al.，2006）；文化框架转移理论（Hong et al.，2000；Hong & Cheon，2017）；双文化认同理论（Benet-Martínez & Haritatos，2005；Huynh，Nguyen，& Benet-Martínez，2011；Chen et al.，2013；Huynh，Benet-Martínez，& Nguyen，2018）；身份复杂性理论（Roccas & Brewer，2002）
关系流动	关系流动性（Yuki，2007；Oishi，Schug，Yuki，& Axt，2015；Thomson et al.，2018）
工作与职业流动	工作流动的类型理论（Ng et al.，2007）

续表

流动现象	"流动性"相关的社会心理学理论举例
社会阶层流动	系统公正信念（Jost, Burgess, & Mosso, 2001; Jost, Banaji, & Nosek, 2004; Jost, 2019）；公正世界信念（Lerner & Miller, 1978; Furnham & Procter, 1989; Furnham, 2003; Dalbert, 2009）
社会与文化变迁	社会变迁的民间理论（Kashima et al., 2009; Kashima et al., 2011; Bain et al., 2013, Bain et al., 2015; Kashima & Fernando, 2020）；变迁人格理论（杨宜音，2010）；文化混搭理论（Hao et al., 2016）

从表 2 可以看出，在社会流动的各个领域都已经形成了成熟的"流动性"理论。那么，在前人的基础上，社会心理学家又该如何继往开来呢？本文认为，对"边界"的识别和延展仍是理论发展的关键。边界何在？为何要延展？如何延展？在接下来的部分，本文将结合具体的流动现象和流动性特征，分析目前流动性理论在适用性上存在的一些不足，并讨论未来理论发展的路径。

首先，流动性理论的核心功能是解释流动现象，但一个恰恰容易被忽视的问题是，在过去几十年间，社会流动本身已经发生了相当大的变化。以人口空间流动的理论为例，尽管研究的主题日益丰富，但大部分相关的理论还是沿用了早期文化适应理论的观点，将"流动性"视为一种压力源，关注因流动而产生的偏见、排斥、不确定感，旨在通过预防和干预，避免因流动而产生消极结果。然而，从近几十年的全球范围内的流动现状来看，流动已经不再是少数人背井离乡的无奈之举，而是几乎关系到每一个人的生活日常，甚至是许多劳动者赖以生存的手段。从中国的国内现状来看，虽然传统意义上的流动人口——农民工的增速有所放缓（陈咏媛，2019），但一个更具普遍意义的超级流动性社会正在形成。有关数据显示，2019 年中国铁路载运了 36 亿名乘客，民航客运量为 6.6 亿人，私人汽车达 2.06 亿辆，而在城域范围之内，每天有数以百万计的快递配送人员和数以千万计的网约车司机以自身的"流动性"为生产工具，限制流动（如限购高铁票、火车票、飞机票）已成为惩罚失信者最为灵验的措施（项飙，2020）。与此同时，随着迁移和流动形式的日益多元化，如跨境学童（陈友华、佴莉，2012）、候鸟式旅居老年人（连丽智，2019：15）、跨城钟摆族（张新生，2015：48～51）和老漂族（焦璨等，2020）等群体的流动现象引发了学者们新的关切。然而，目前的研究多集中于对这些流动群体的外在特征的描述，但一些有关"个体流动性"和"心理流动性"的潜在过程还没有被挖掘出来。在人们的空间流动普遍较低时，人们常说"在家千般好，出门一时难"，这本质上反映出的是对流动的不适应，但对于那些以流动为常态化生活方式的人来说，他们的需求、知觉、认知风格又有哪些适应性的变化呢？要回答这些问题，需要在未来的理论建设中着重关注新的流动现象和流动群体，进一步扩展流动性理论对流动现象的关切。

其次，从表 2 可以看出，目前的流动性理论大多为中层理论，关注特定范畴内的流动现象和流动性特征。然而，就个体而言，人的生活是一个整体，牵一发而动全身，空间的流动常常会影响个体在人际关系、信息接收和社会位置中的变化。但从目前的理论来看，鲜有理论同时关注个体在不同维度上的流动性特征及其之间的关联。然而，近年来信息和通信技术的飞速发展不断改变着流动的既有模式，一个更系统化的理论又是及时且必要的。例如，在现实情境下，空间的流动会削弱人们在关系上的紧密程度，那些人口流动性较高的地区有更多低承诺、低投入的组织（Oishi et al.，2015）。但本辑中的一项研究发现，当网络社群（如粉丝群体）有较高的人员流动率时，这些组织反而有更严格的社会规范，要求粉丝在各类集体行动中有更高的投入（周懿瑾，2021）。那么，这是否意味着虚拟空间改变了"流动性"在不同维度之间的关系呢？再比如，国内短视频平台的兴起，让许多人足不出户，空间流动水平低，但却在手机里看中国、看世界，获得多种文化的信息和经验。那么，他们是否也和移民一样，因享有多元文化的经验而表现出类似的认知特征（如较少的群际偏见和较高水平的创造力）？这些问题都有待在未来的研究和理论建构中获得解答。

最后，许多经典的社会心理学理论（如归因理论、社会认同、群际接触理论等）被广泛应用于"流动性"研究中。然而，当代社会已经和半个世纪前大不相同了，"超级流动"对社会结构带来了深远的影响，继而挑战了许多权威理论所依赖的前提和基础。例如，群际关系理论是西方社会心理学的支柱理论之一，而其重要基础是以白人为多数的人口结构。然而，随着近几十年来移民主要来源转向拉丁美洲或亚洲国家，美国的人口结构发生了剧烈变化。1970 年，白人占美国人口的 83%。2010 年，这一比例降至 61%。在 2065 年，这一比例预计将下降到 46%，到时，美国将没有一个种族群体会占总人口的半数以上，即不再存在真正意义上的多数派群体（Pew Research Center，2015）。此外，少数白人"临界点"（即特定年龄组的白人将不再占该年龄组人口大多数的那一年）早在 2018 年就在 18 岁以下的群体中出现了，并且将逐步延伸到其他年龄组的人群中：18～29 岁（2027 年）、30～39 岁（2033 年）和 40～49 岁（2041 年）（Frey，2015：241）。而这一情况在中国社会也有类似的表现。例如，近年来大规模城市群的人口聚集能力凸显，深圳一直是公认的以移民为主的城市，而北京也在 2008 年前后出现了传统意义上的外地人超过了本地人的情况①。那么，当不远的将来，在某些地区中，移民成为多数派时，现有的群际理论是否还能有效解释各类情境下少数派群体和其他群体之间的关系？要回答这一问题，就不能把理论局限于"此时此地"，而要更多地思考这些理论从何而来、如何发展、为什么在历史上发挥了重要作用，以及在被用于解释当前社会问题时有什么不同。

（三） 流动性研究的范式及其边界的延展

流动性与个人现代性相似，经由建构过程，带动了个体、群体、组织、社会系统和文化的变迁。它不是一个微观概念，而是反映在各水平上的一种特性、过程和后果。作为个人特性的流动性，包括人格（如开放性）、认知（如灵活性）、需求、动机、认知风格和应对策略等；作为群体特性的流动性，包括生活方式及社会规范的改变（如从乡村生活到城市生活、从熟人社会到陌生人社会、从礼俗社会到法理社会）和群体之间关系的变化（如群际偏见、群际冲突和群际合作）；作为组织的流动性，包括组织的成员构成与团结的方式（从有机团结到机械团结）；作为社会系统的流动性，包括社会公正、不平等、社会创新；作为文化层面的流动性，包括文化信念和价值观的世代变迁、文化符号的变化。并且，从宏观层面（文化）到微观层面（个体内部）的过程，会通过一定的社会系统、机构和社会群体被联结起来。总而言之，"流动性"可以对社会心理学做一次再组织，即将社会心理学"流动化"；而反过来，从社会心理学看流动，就是将流动"社会心理学化"。

这些问题反映在研究范式上，则不仅需要在单一层次内研究独立的因果联系，还需要探讨不同概念层次的变量之间存在的影响。例如，Oishi 及其团队发现，个体的流动会影响一个地区的流动率，而流动率又会影响这个地区的人们的认知方式（如更青睐熟悉事物），继而通过购买行为影响当地连锁超市的销量，使得连锁型的商户在人口流动率较高的地区更受欢迎（Oishi et al.，2012）。然而，这种研究范式目前还只出现在少数研究中，未能在大部分研究中被应用和推广。

基于以上分析，本文认为，在流动性的研究中应该采用系统化的观点，建立一种跨层次的研究范式，对每一个分析层次中的因果机制进行延

---

① 参见历年《北京市统计年鉴》。

展，考察跨层因素之间的多重效应，通过将个体与社会有机地联系在一起，增强对社会事实的整体把握，继而磨砺出能有效呈现社会事实并对其加以解释的方法。在此，本文借鉴多层次分析（multilevel analysis）的概念（Cacioppo & Berntson，1992）和已有研究的成果，尝试性提出"流动性"的研究范式及基本原则（见图 1）

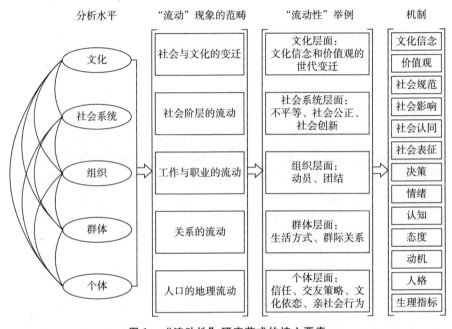

图 1　"流动性"研究范式的核心要素

（1）远端决定原则。在考察人们有关"流动性"的心理和行为时，除了需要考察同一层次内因素的影响外，还需要顾及跨层次因素带来的远端影响。例如，《人口流动、信任与生活满意度：一个跨层次中介模型》一文发现，认同信任，即基于对象特征而建立的特殊信任水平会降低人们的生活满意度，但这种影响可能部分地源于当地较高的人口流动率（赵娜、张莹，2021）。

（2）交互影响原则。不同层次的因素之间对人的心理和行为会产生交互性的影响。例如，《叠合认同：新媒体参与下随迁母亲的多重身份建构》一文发现，家庭主义的伦理本位（文化层面）和个体对数字媒介的使用（个体层面）共同影响个体在流动过程中的社会认同（李玲、杨宜音，2021）。

（3）亲疏有别原则。当研究中的自变量和因变量在层级归属上越接近时，彼此间的作用机制越简单，但随着变量在层级归属上的距离逐渐增大，彼此间的作用机制理应越复杂。例如，《职业流动意愿的类型及其影响机制》一文发现，人们职业流动的意愿既受到个体工作特征的影响，也取决于个体的职业在社会结构中的位置，这些因素会影响人们不同类型的心理需求（生存需求、发展需求和归属需求）的满足程度，继而影响其职业流动的意愿（武朋卓、谭旭运、董洪杰，2021）。

（4）非叠加性原则。即整体表现出的特征不能化约为个体特征的集合；同样，个体层面的集合也并不一定在整体上表现出与个体层面相似的特征。例如，《偶像忠诚与"部落流动"：生产规范与嵌入性的作用》一文发现，群体的关系流动性不能简单地等同于个体关系流动性之和（周懿瑾，2021）。

二　社会心理建设："流动性"研究下的几类议题

正如前文所指出的，流动性已成为思考近年来社会心理学问题的一种及时且必要的视角。流动性的研究不仅应有助于增强人们对社会"流动性"的理解，其研究结果还应对流动性下的个体心理及社会生态具有指导性的价值，能帮助人们在这个快速流动的社会中更好地生活。从这个意义上来说，社会心理建设已远远超出了 Oberg 当年所关注的临床诊断和矫正的范畴，而是涉及人们在更丰富的生活场景下的心理特征和行为表现。本专辑收录的 11 篇文章涉及"流动性"的四种形态，分别是地理的流动、关系流动、工作与职业流动和社会与文化变迁，其结果对于社会心理建设的内容和方向具有一定的启示意义。

（一）地理流动

费孝通先生在分析中国社会时曾指出，乡土社会是中国人心灵的归宿，乡贤士绅、家庭人伦，皆植于此（费孝通，1984：6～11）。然而，步入 21 世纪，中国没有继续改革开放之初的小城镇发展逻辑，反而出现了高速城市化、大城市相继崛起和以超级大城市带动城市圈发展的局面。城乡流动、城城流动，甚至是近年来由物流高速发展带来的城域内流动，都将中国引向了一个超级流动社会。流动也改变着人们对时间、空间和社会的认知，身在何处、家在何方、明天是否会更好等成为流动的个体时常要面对的问题。本专辑中共有文 6 篇文章考察了个体在地理流动过程中的心理和行为，涉及风险决策、幸福感、信任、身份认同和价值观等多个主题。

在这一部分，本文将按照移民的年龄层次，阐释研究这些社会心理特征的意义。

1. 流动的老人与"回不去"的故乡

在传统的流动叙事中，个体的流动与其生命历程是一体的，年轻的时候去最远的地方，年老的时候回到故乡。然而，随着迁徙家庭化趋势的日益凸显（吴小英，2019），流动老人已成为一个数量日益庞大的群体。其在流迁过程中的生存状态、生活体验和生命轨迹与社会保障、医疗、户籍等一系列社会政策息息相关，因而，研究老年流动群体的心理健康具有重要的社会意义。与其他年龄段的移民或流动人口相比，老年人的流动能力相对较低，而流迁的原因主要与养老或者看护孙子孙女等家庭功能息息相关，"故乡"常常是回不去的。另一方面，随着他们的身体和认知能力的退化，他们的活动空间也受到了较大的限制，更难适应现代社会对时间与空间高速转换的要求。然而，在现代社会中，一个人的流动能力越高、流动速度越快，就会在社会各种关系和事物的运作过程中占据越有利的位置。因此，老年人在流动能力上的缺失也使得他们被挤向了社会的边缘地带。

本专辑中《叠合认同：新媒体参与下随迁母亲的多重身份建构》一文为提升流动老年人的心理健康提供了启示。研究以"随迁母亲"这一典型群体为对象，考察了其社会认同的形成机制。结果显示：家庭主义的伦理本位和新媒体对时空的延展功能塑造了随迁母亲的三种身份，分别是随迁家人身份（"我们家"）、老家人身份（"我们老家"）、任务群体身份（"我们在子女家带孩子的"），这三种身份既彼此关联又彼此融合，并为老年人应对流动性带来的挑战提供了相互支撑（李玲、杨宜音，2021）。这一结果也启示政策的制定者，家庭伦理思想和数字适老政策对老年流动群体心理健康具有潜在积极影响。

2. 流动的中青年：焦虑与秩序

与老年人和儿童相比，以中青年为主的劳动力人口的流动大多受到生存需求和发展需求的驱动。流动是为了追求高好的生活质量，但流动本身也是有代价的。频繁的搬迁会打破以往熟悉的环境和人际网络，并降低人们的确定感、安全感和生活满意度（Choi & Oishi，2020；Oishi, Lun, & Sherman，2007），增加个体的焦虑感。本专辑中的几篇文章也证实了"流动焦虑"假说。例如，《成年居住流动性对风险资产投资期限偏好的影响》一文发现，人们在一段时期内频繁搬迁，会增强人们的不确定感，继而增加人们对短期投资的偏好（周佳雯、李岩梅，2021）；《居住流动性与幸福感：社会安全感的中介作用》一文发现，频繁的搬迁降低了个体的人身安全感和财产安全感，继而削弱个体的幸福感水平（苗瑞凯、王俊秀，2021）；《人口流动、信任与生活满意度：一个跨层次中介模型》一文发现，生活在一个人口流动率较高的地区会削弱人们的认同信任，即基于对象特征而建立的特殊信任水平，且这种影响会进一步降低人们的生活满意度（赵娜、张莹，2021）。

那么，这种由流动带来的消极影响又如何被消解呢？本专辑中的研究发现为回答这个问题提供了部分参考。例如，周佳雯和李岩梅（2021）的研究发现，当个体搬迁的频率越高时，越能适应外部环境的不确定性，对风险的容忍度越高，而这种认知倾向可以缓冲个体的短期投资偏好；苗凯瑞和王俊秀（2021）的研究发现，频繁的搬迁会增加个体的环境安全感，继而提升个体的幸福感水平；赵娜和张莹（2021）的研究发现，居住地的人口流动率并不会影响个体的一般信任水平，且一般信任仍是影响生活满意度的一种心理资源；瞿小敏等（2021）的研究发现，当移民觉得周围的环境越安全和友好时（本地人接纳程度高，社会冲突少），其心理健康的水平越高；并且，知识型移民的心理健康主要受自己和本地人的人际交往意愿的影响，而务工型移民更关注社会环境的和谐及安定。

这些发现启示我们，需要深入挖掘人们在流动过程中的内部心理过程，研究如何通过个体内部的调适与整合，缓冲"流动"带来的各种负面影响，并将这些研究发现与社会制度联系起来，让社会制度参与到社会心理建设的过程中来。例如，瞿小敏等（2021）提出，要解决流动人口的社会融入，需要从化解社会矛盾、促进土客关系、加强社会保障类的公共服务入手；苗凯瑞和王俊秀（2021）也指出，提升流动人口的幸福感，可以从加强治安管理、提供平等合适的就业机会等方面着手。这些观点为社会政策的制定者更好地理解移民和流动人口的心态提供了参考。然而，如果从一种更整合性的视角来看待上述零散的研究会发现，"重构秩序"可能是人们在流迁过程中最迫切的需求，包括信任的秩序、交往的秩序、社会安全的秩序和经济生活的秩序。那么，秩序的缺失究竟是流动的个体缺乏融入新秩序的途径（例如，无法进入某个职业通道和社会保障体系），还是流动的社会本身缺乏建构秩序的能力（例如，流动带来了个体的原子化和社会信任链的瓦解）？这些问题仍需要在未来的研究中进一步探讨。

3. 流动的儿童与变迁的价值观

城乡文化的二元对立是在中国语境下研究文化适应和文化冲突的基本框架。以往的研究多关注流动人口的文化取向在其社会融入中发挥的功能，将个体的文化认同视为影响其完成社会适应的心理资本。然而，对于流动的青少年和儿童来说，其价值观的建立和形成亦是在文化适应中形成的，除了会对当下的社会融入带来影响外，还会作为一种底层的心理变量，从始至终影响他们的心理和行为。本专辑中的《流动儿童城乡文化适应对物质主义的影响：安全感的中介作用》一文发现，流动儿童的物质主义价值观的形成存在两条路径：其一是在接触并适应了城市文化之后随之产生；其二是在尚未形成城市文化适应时，因原有的农村文化适应降低在城市生活的安全感而产生的补偿效应（张春妹、全湘、孙晓铜，2021）。

本文认为，该研究的发现为了解流动儿童的价值观形成提供了重要的研究基础，但如果简单地用物质主义和城市文化间的关联性来看待这一发现并止步于此，可能掩盖了其真正的价值。如果物质主义确实会作为一种负面的价值观，影响流动儿童当下和成年后的不良行为，那么，需要进一步追问的是，在流动儿童融入城市文化生活的过程中，"物质主义"为何又如何承载了他们对城市文化的集体想象？而当他们在城市文化面前自惭形秽时，"物质主义"又如何成为一种心灵的慰藉，缓解了他们的不安？既往研究发现，流动儿童的家庭教养过程面临诸多挑战，如亲子间情感交流的缺失、父母过度放任和科学教养的缺位等（张生等，2017）。那么，是否正是这些来自家庭教育方面的问题导致了流动儿童在文化适应过程中更容易形成物质主义的价值观呢？在未来的研究中，还需要把这些不同层面的研究结果关联起来，在流动儿童社会心理的研究领域，建立从现象描述、机制研究到干预策略的研究闭环。

（二）关系流动

人生而不能无群，作为流动社会中的行动者，人的自我概念正是在群体的关系互动中被不断塑造的，塑造自己、编织关系和构建群体是一个不可分割的整体过程。在社会认同的相关理论中，最优区分度理论（Brewer，1991）揭示了"归属"（属于群体、制度、社会、文化）和"独特性"（个体性、差异性、交叉性）的二重性，并提出自我的形成有赖于在这个潜在对立的框架内实现平衡。很显然，流动性的增强让这一过程变得更加复杂了。既往研究显示，群体成员的流动也减弱了群体成员获得的归属感和内群认同（Branscombe & Wann，1991；Ellemers et al.，1988），人与人之间的关系、人和群体的关系变得疏离了。但也有研究发现，流动性赋予了个体更大的能动性（agency），让个体更有愿意去主动把握、计算和创造关系，如寻找和自己类似的朋友（Schug et al.，2010），这似乎意味着流动性让人与人之间的关系变得更紧密了。那么，如何看待这两种不同的观点呢？它们究竟是流动性现象下的一体两面，还是说流动性让个体的群内认同建立了某种权变机制？本专辑中的两篇文章以具有高度流动性的粉丝群体为研究对象，对这个问题进行了回应。

《偶像忠诚与"部落流动"：生产规范与嵌入性的作用》一文认为，"高流动性"是粉丝群体面临的最大威胁，正因如此，控制流动与巩固认同在本质上是一个过程。该研究发现，在粉丝群体内部存在两种不同的群内认同机制，通过对兴趣（喜爱偶像）进行常规化和组织化，形成了一种生产性的规范；通过设置共同目标、凸显群际竞争、安排群内分工和增加流动成本等方式，加强粉丝和粉丝群体之间的联系，并用这种方式"锁住"粉丝，降低粉圈的流动；还通过维持消费性认同，保持粉圈的流动性和活力。并且，作者还指出，生产性认同路径下的粉丝文化符合 Gelfand（2019）对紧文化的描述，即"社会规范强度较高和对偏差行为的宽容度较低"（周懿瑾，2021）。

《互联网背景下粉丝的身份认同与认同转换》一文发现，相比以亲缘和地缘为纽带建立的群体，基于趣缘形成的粉丝群体具有更高的关系流动性，而当这种群体的行动场域主要建立在互联网中时，流动的形式、模式也变得更为新颖和多元。其中的一个突出表现是：流动赋予个体建立多个社会身份（如某个明星的粉丝）的机会，个体通过在不同的粉丝群体中担任不同的角色（如女友粉、妈妈粉、事业粉），满足自身多元化的需求，又通过在群体层面建立"本命"和"墙头"这两种身份类属，维持个体在流动和归属中的平衡（张笑笑，2021）。

综合来看，这两个研究启示我们：即使在高流动性的群体中，群体本身也可以通过需求转化和建立规范进化出一种旨在控制流动的机制。因此，在理解一个高流动性群体的成员特征时，不能简单地将群体层面整体的关系流动性和个体的关系流动性等同起来，在考察流动性对于个体与群体及关系的影响时，也需要将分析层次（个体层次和群体层次）、流动进程（流入初期还是流入后期）、个体在群体中的位置（核心还是边缘）等因素纳入理论框架之中。另一方面，回到粉丝和明星之间的关系流动，本文想借助项飙在研究移民关系网络时的一个观点予以解释：表面上来看，"爬墙"和"脱粉"只涉及关系两端的个体，即粉丝和偶像，但实际上这种关系的建立和消解还涉及许多"不在场的参与者"，如其他的粉丝及粉丝群体的影响，而这种影响还会随着"流动性"的上升而有所增强。因为对于群体来说，只有通过更强有力的规范去约束它的成员，群体本身和群体的力量才不会因为"流动"而瓦解。周晓虹（2014）曾在讨论社会心态问题时指出，群体不是分散的个人的无机组合，而是一个超越个人之上的有机体，因此呼吁社会学家们关注社会心理学研究中忽视的"突生性"。而本专辑中的两篇文章则是一种很有意义的尝试，也启示研究者们，关系视角的流动性研究需要从一个更大的行动单位来看个体的心理和行为，其理论框架的构建和研究范式的设计需要注意从个体心理到群体心态的"非叠加性"。

（三）工作与职业流动

职业流动是指劳动者在不同岗位、不同组织、不同群体和不同地区之间的转换（蔡禾、张东，2016）。在我国从计划经济向市场经济转轨的过程中，劳动者的就业模式发生了翻天覆地的变化，"自主择业"逐渐取代由政府"统招统分"的劳动力配置，职业流动（跳槽或换工）成为广大劳动者在职业生涯中的一个常见现象。劳动者之所以表现出职业流动的意愿和行为，既是市场经济下个体的主动选择，也常常是经济发展和社会结构转型影响下的结果

本专辑中，《职业流动意愿的类型及其影响机制》一文基于中国劳动力动态调查的数据，揭示和阐释了个体在职业流动上的趋势和特征。研究考察了结构性因素（主、客观社会阶层）、工作自主性和工作负荷对个体职业流动的影响。结果发现，虽然整体上人们的职业流动意愿不高，但当个体目前的职业地位较低时，其仍然更希望换工作；个体对自己未来的社会阶层预期越高，其职业流动的意愿也越强；人们在工作任务和工作强度上的自主性分别通过生存需求满足与职业满意度的影响降低职业流动意愿（武朋卓、谭旭运、董洪杰，2021）。上述研究结果表明，向上流动和获得自主性是个体职业流动主要心理动因。个体的职业流动意愿既反映出了个体对向上阶层流动的渴望，也间接地体现出了劳动者对职业流动能否带来社会流动的预期和知觉。在未来的研究中，可考虑将个体的职业流动心理与社会心态研究中的公平感、获得感和社会情绪等研究整合起来，为社会心理建设带提供更丰富的实证支持。

（四）社会与文化变迁

流动不仅发生在当下，也存于历史的延续与流变之中。社会生态视角认为当下的地区文化和民众的社会心理特征可能是某些历史的、环境的因素长期作用的结果，并致力于寻找这些因素之间的内在联系。近年来，这

一理论视角下的研究为理解社会与文化变迁带来了许多新颖的观点，并在学界引起了广泛的关注（Gelfand，2019；Thomson et al.，2018；Oishi，2014）。本专辑中，《"闯关东"和独立我的地区文化》一文正是这样的一种尝试。研究提出，"闯关东"这一历史事件是"自愿拓疆精神"在中国的一种体现，早期移民群体的自我选择，加上后期制度化的影响，共同形塑了东北地区的文化特征。具体来说，研究采用自我建构量表、自我膨胀任务、"亲亲性"任务、最常见名字的百分比等多种独立我/互依我测量指标，对黑龙江和山东两地的被试进行测量。结果发现，东北地区的居民比山东地区的居民有更突出的"独立我"文化特征，包括更低水平的"互依我"文化特征、更低水平的内群体偏爱和更高水平的自我膨胀程度，并且比山东地区的居民更喜欢给孩子起独特的名字（白晶莹、任孝鹏，2021）。该研究为探讨中国内部的地区文化及民众的社会心理特征提供了一个重要的思路。尤其是改革开放以来，中国的人口流动模式表现出了一些新的特征，如大规模的城乡人口流动、涌向中心城市及城市圈的人口聚焦、乡村振兴和农民返乡创业等，这些现象为研究中国社会的文化及社会变迁带来了许多新的研究问题和研究契机。

与此同时，快速的社会变迁正在席卷全球，一些国家和地区正在经历毁灭性的冲突（如叙利亚和也门）。其他国家（如委内瑞拉、智利和波兰）出现了针对政府的大规模抗议活动。即使是"稳定"的西方国家也在经历自身的剧变——激进主义、恐怖主义、民粹主义政治和两极分化的选民越来越成为辩论和关注的焦点。其共性在于，一个社会在较短时期内迅速发生了社会和心理质变，继而改变了当时的社会状态。从表面上来看，自然灾害、技术创新、政治分裂、战争和大规模移民等可能为快速的社会变革创造了"机会窗口"（Kitschelt，1986；Smith，Thomas，& McGarty，2015），但对社会心理学而言，一个更需要关注的问题是，在这些"黑天鹅"事件发生之前，民众是否已经形成了某种社会心态（如对社会未来的发展是否有信心），从而为突发事件后出现（或避免出现）连锁反应提供了心理基础。本专辑中，周欣彤等的研究发现，文化认同显著预测民众知觉到的美好明天效应，即觉得未来中国人的能力和热情水平都会提高，且文化自信在其中起完全中介作用（周欣彤、李婵艳、韦庆旺，2021）。这一方面显示了民众对中国社会发展的信心，亦表明了个体与文化的联结及人们的文化自信，即从文化中获得的效能感是人们的信心来源。因此，提升文化认同可以成为中国人社会心理建设的一种有效途径。

三 余论：从社会流动到"心理流动性"研究

半个世纪以来，"流动性"研究已经产生了一批令人印象深刻的学术成果，并对一些社会问题和社会政策产生了重要的影响。但是，21世纪的世界与20世纪的世界有着明显的不同，一些领域出现了"超级流动"（如人的地理的流动，信息在指间的流动），另一些领域则出现了流动的放缓（如社会阶层的流动），世界在多个维度和多个层次上更加变动不居，这也给人们的适应能力提出了更大的挑战。尤其是，本辑在筹备期间刚好赶上了新冠肺炎疫情暴发。疫情的发生，让一个高速运转的"流动中国"按下了暂停键，也让"流动性"成为一个突出的问题。

首先，毋庸置疑，流动已然成为一个普遍的社会事实，空前普遍而频繁的流动成为经济运转的基础，也是大量家庭生计的来源（项飙，2020）。相比以往研究以"流动"作为一种普遍的压力源，越来越多的研究和社会事实表明，"不流动"也可能给人们带来严重的不安与焦虑。因此，未来的研究可尝试以"流动性"作为"正常"的起点和标准，以免忽略"静态"的环境可能对人们的情绪、认知、决策和价值观产生的独特影响。当"流动"作为研究的基线时，"流动"和"静态"的潜在独立影响都应被考虑在内，这需要研究者朝两方面努力。其一是在探讨由"流动"引发的各种挑战和困难时，更为主动地关注究竟有哪些内外部因素调节了流动对个体生活的影响，思考哪些心理特质、环境特征和社会政策有助于发挥流动的积极作用，为流动性社会下的社会心理建设及干预提供学理依据。其二是关注人们在常态的流动环境下已然形成的思维方式、情绪特点和行为倾向，并考察当"流动性"受阻和中断时，个体心理和群体心态会产生怎样的波动，以及这种普遍的社会心态是否会让某个突发事件成为导火索，带来连锁性的社会反应，为建立突发性社会事件的预警模型提供经验证据。

其次，流动的突然中断也让一些特殊群体面临的问题浮出水面。例如返乡农民工的就业以及生计问题。再例如，在疫情期间，以物流、快递为代表的新型职业群体发挥了巨大的社会价值。2020年上半年，通过美团获得收入的骑手总数达295.24万人，同比增长16.4%，并且这一趋势也有持续下去的可能。与此同时，快递员的工作困境和生活困境也成为一个突出的社会问题，引发了社会的广泛关切（孙萍，2019）。那么，作为一个日益庞大且与人们生活息息相关的职业群体，他们的心理和行为又有哪些特征？事实上，当流动成为一种生产及生活资料时，减少流动对弱势群体的影响更大。以新冠肺炎疫情为例，联合国的一项新近报告显示，新冠肺炎疫情令女性的地位下降到了 25 年以前的水平，还将进一步扩大男性和女性的贫富差距（UNWOMEN，2020）。而在我国，对各类因家庭流动形成的处境不利儿童在新冠肺炎疫情间遭遇的教育不平等问题，也引发了极大的社会反响。然而，在社会心理学目前主流的研究范式下，更关注普遍意义上个体内部的心理价值，反而缺少对特定群体社会心理的研究。特殊群体（如弱势群体、新职业群体）的社会流动及其流动性特征是未来研究中需要给予更多关注的内容。

最后，一个好的研究既要能解释过去的发现，也要能启发的未来研究和发现。而社会心理学的研究通常都被限制在一定的时间范畴内，无论是实验室短程实验还是调查研究，都必须认识到不同群体间关系正在因"流动性"本身的变化而不断演化，而这种动态特征是目前"快照"式的横断面研究所无法捕捉到的。由流动性带来的连锁反应，只有在较长的时间内才能观察到。因此，在未来的研究中还需要加强纵向设计，用一种动态的、长程的视角更全面、更深入地了解人们对流动性的反应，以及流动性如何在更长的时间轴上影响个体、组织和社会。

《中国社会心理学评论》迄今已组织了两辑以"流动性"为主题的特刊，旨在勾勒一种研究的方向和可能，但目前这项工作还十分初步，需要更多研究者的参与，以激发新颖和广泛的学术观点。更重要的是，我们希望这些研究能够延展社会心理学的边界，建立社会心理研究和社会建设之间的联系，让社会心理学的成果更好地服务于社会的发展和民族的振兴。

参考文献

白晶莹、任孝鹏，2021（即将刊发），《"闯关东"和独立我的地区文化》，《中国社会心理学评论》第 20 辑。

蔡禾，张东，2016，《中国城镇劳动力市场中的职业流动及收益——基于 CLDS2012 年和 CLDS2014 年数据的实证研究》，《江海学刊》第 3 期。

陈咏媛，2019，《新中国 70 年农村劳动力非农化转移：回顾与展望》，《北京工业大学学报》（社会科学版）第 4 期。

陈友华、佴莉，2012，《跨境学童：缘起、问题与反思》，《江苏社会科学》第 4 期。

费孝通，1984，《乡土中国》，生活·读书·新知三联书店。

焦璨、尹菲、沈小芳、黄雨赋，2020，《"老漂族"领悟社会支持对孤独感的影响——基于心理弹性、认知功能的中介作用》，《云南师范大学学报》（哲学社会科学版）第 1 期。

李玲、杨宜音，2021（即将刊发），《叠合认同：新媒介参与下随迁母亲的多重身份建构》，《中国社会心理学评论》第 20 辑。

连丽智，2019，《居民感知视角下"候鸟式"旅居养老对三亚影响研究》，硕士学位论文，西北大学。

林晓珊，2014，《流动性：社会理论的新转向》，《国外理论动态》第 9 期。

苗瑞凯、王俊秀，2021（即将刊发），《居住流动性与幸福感：社会安全感的中介作用》，《中国社会心理学评论》第 20 辑。

瞿小敏、郁娇娇、于宜民，2021（即将刊发），《社会态度、政府信任与不同类型移民群体的心理健康》，《中国社会心理学评论》第 20 辑。

孙萍，2019，《"算法逻辑"下的数字劳动：一项对平台经济下外卖送餐员的研究》，《思想战线》第 6 期。

王艺璇，2017，《悖论的合法性：网络粉丝社群对粉丝形象的再现与生产——以鹿晗网络粉丝社群为例》，《中国青年研究》第 6 期。

吴小英，2019，《思想谱系中的家庭及其左右分野——兼论家庭研究的本土化焦虑》，《河北学刊》第 2 期。

武朋卓、谭旭运、董洪杰，2021（即将刊发），《职业流动意愿的类型及其影响机制——基于 CLDS2012 数据的实证研究》，《中国社会心理学评论》第 20 辑。

项飙，2020，《"流动性聚集"和"陀螺式经济"假说：通过"非典"和新冠肺炎疫情看中国社会的变化》，《开放时代》第 3 期。

杨宜音，2010，《人格变迁与变迁人格：社会变迁视角下的人格研究》，《西南大学学报》第 4 期。

赵娜、张莹，2021（即将刊发），《人口流动、信任和生活满意度：一个跨层次中介模型》，《中国社会心理学评论》第 20 辑。

中国信通院、腾讯微信团队，2020，《2019－2020 微信就业影响力报告》，http：//www.caict. ac. cn/kxyj/qwfb/ztbg/202005/P020200514604388340272. pdf。

张春妹、全湘、孙晓铜，2021（即将刊发），《流动儿童城乡文化适应对物质主义的影响：安全感的中介作用——来自武汉市的调查》，《中国社会心理学评论》第 20 辑。

张生、陈丹、苏梅、齐媛，2017，《流动儿童家庭教育研究现状与对策》，《中国特殊教育》第 7 期。

张笑笑，2021（即将刊发），《互联网背景下粉丝的身份认同与认同转换》，《中国社会心理学评论》第 20 辑。

张新生，2015，《同城化社会变迁中的跨界钟摆族群体研究》，博士学位论文，南京大学。

周佳雯、李岩梅，2021（即将刊发），《成年居住流动性对风险资产投资期限偏好的影响》，《中国社会心理学评论》第 20 辑。

周欣彤、李婵艳、韦庆旺，2021（即将刊发），《中国社会变迁知觉的美好明天效应：文化认同与文化自信的作用》，《中国社会心理学评论》第 20 辑。

周懿瑾，2021（即将刊发），《偶像忠诚与部落流动：生产规范与嵌入性的作用——关于粉丝爬墙和脱粉的网络民族志》，《中国社会心理学评论》第 20 辑。

周晓虹，2014，《转型时代的社会心态与中国体验——兼与〈社会心态：转型社会的社会心理研究〉一文商榷》，《社会学研究》第 4 期。

Abrams, D. & Hogg, M. A. 2006. *Social identifications: A social psychology of intergroup relations and group processes.* London and New York: Routledge.

Allport, G. W. 1954. *The nature of prejudice.* Cambridge, MA: Addison-Wesley.

Bain, P. G., Hornsey, M. J., Bongiorno, R., Kashima, Y., & Crimston, D. 2013. Collective futures: How projections about the future of society are related to actions and attitudes supporting social change. *Personality and Social Psychology Bulletin*, 39 (4), 523 – 539.

Benet-Martínez, V. & Haritatos, J. 2005. Bicultural identity integration (BII): Components and psychosocial antecedents. *Journal of Personality*, 73 (4), 1015 – 1050.

Berry, J. W. 1980. Acculturation as varieties of adaptation. In A. Padilla (ed.), *Acculturation: Theory, Models and Findings* (pp. 9 – 25). Boulder: Westview.

Berry, J. W. 1990. Psychology of acculturation: Understanding individuals moving between cultures. In R. W. Brislin (ed.), *Applied Cross-Cultural Psychology* (pp. 232 – 253). Thousand Oaks: Sage Publications.

Berry, J. W. 2006. Stress perspectives on acculturation. In D. L. Sam & J. W. Berry (eds.), *The Cambridge Handbook of Acculturation Psychology* (pp. 43 – 57). Cambridge: Cambridge University Press.

Berry, J. W., Phinney, J. S., Sam, D. L., & Vedder, P. (eds.) 2006. *Immigrant youth in cultural transition: Acculturation, identity and adaptation across nations.* Mawah: Lawrence Erlbaum Associates.

Branscombe, N. R. & Wann, D. L. 1991. The positive social and self concept consequences of sports team identification. *Journal of Sport and Social Issues*, 15 (2), 115 – 127.

Brewer, M. B. 1991. The social self: On being the same and different at the same time. *Personality and Social Psychology Bulletin*, 17 (5), 475 – 482.

Cacioppo, J. T. & Berntson, G. G. 1992. Social psychological contributions to the decade of the brain: Doctrine of multilevel analysis. *American Psychologist*, 47 (8), 1019.

Carr, S. C. 2010. *The psychology of global mobility.* New York: Springer.

Chao, M. M., Franki, Y., H., & Kung, et al. 2015. Understanding the divergent effects of multicultural exposure-sciencedirect. *International Journal of Intercultural Relations*, 47, 78 – 88.

Chen, J., Chiu, C. Y., & Chan, S. F. 2009. The cultural effects of job mobility and the belief in a fixed world: Evidence from performance forecast. *Journal of Personality and Social Psychology*, 97 (5), 851 – 865.

Chen, S. X., Benet-Martínez, V., Wu, W. C., Lam, B. C., & Bond, M. H. 2013. The role of dialectical self and bicultural identity integration in psychological adjustment. *Journal of Personality*, 81 (1), 61 – 75.

Chiu, C. Y., Morris, M. W., Hong, Y., & Menon, T. 2000. Motivated cultural cognition: The impact of implicit cultural theories on dispositional attribution varies as a function of need for closure. *Journal of Personality and Social Psychology*, 78, 247 – 259.

Choi, H. , & Oishi, S. The psychology of residential mobility: a decade of progress. *Current Opinion in Psychology*, 2020, 32: 72 – 75

Dalbert, C. 2009. Belief in a just world. In M. R. Leary & R. H. Hoyle (eds.) , *Handbook of Individual Differences in Social Behavior* (pp. 288 – 297). New York: Guilford Publications.

Douglas, K. M. , Sutton, R. M. , & Cichocka, A. 2017. The psychology of conspiracy theories. *Current Directions in Psychological Science*, 26 (6) , 538 – 542.

Destin, M. & Debrosse, R. 2017. Upward social mobility and identity. *Current Opinion in Psychology*, 18, 99 – 104.

Ellemers, N. , van Knippenberg, A. , Vries, N. D. , & Wilke, H. 1988. Social identification and permeability of group boundaries. *European Journal of Social Psychology*, 18 (6): 497 – 513.

Fiedler, F. E. , Mitchell, T. , & Triandis, H. C. 1971. The culture assimilator: An approach to cross-cultural training. *Journal of Applied Psychology*, 55 (2) , 95 – 111.

Frey, W. H. 2015. *Diversity explosion: How new racial demographics are remaking America.* Washington D. C. : Brookings Institution.

Furnham, A. 2003. Belief in a just world: Research progress over the past decade. *Personality and Individual Differences*, 34 (5) , 795 – 817.

Furnham, A. & Bochner, S. 1986. *Culture shock.* London: Methuen.

Furnham, A. & Procter, E. 1989. Belief in a just world: Review and critique of the individual difference literature. *British Journal of Social Psychology*, 28 (4) , 365 – 384.

Gelfand, M. J. 2019. Universal and culture-specific patterns of tightness-looseness across the 31 Chinese provinces. *Proceedings of the National Academy of Sciences*, 116 (14) , 6522 – 6524.

Hao, J. , Li, D. , Peng, L. , Peng, S. , & Torelli, C. J. 2016. Advancing our understanding of culture mixing. *Journal of Cross-Cultural Psychology*, 47 (10) , 1257 – 1267.

Hong, Y. Y. , Morris, M. W. , Chiu, C. Y. , & Benet-Martínez, V. 2000. Multicultural minds: A dynamic constructivist approach to culture and cognition. *American Psychologist*, 55, 709 – 720.

Hong, Y. Y. & Cheon, B. K. 2017. How does culture matter in the face of globalization? *Perspectives on Psychological Science*, 12 (5) , 810 – 823.

Huynh, Q. L. , Benet-Martínez, V. , & Nguyen, A. M. D. 2018. Measuring variations in bicultural identity across US ethnic and generational groups: Development and validation of the Bicultural Identity Integration Scale—Version 2 (BIIS – 2). *Psychological Assessment*, 30 (12) , 1581 – 1596.

Huynh, Q. L. , Nguyen, A. M. D. , & Benet-Martínez, V. 2011. Bicultural identity integration. In *Handbook of Identity Theory and Research* (pp. 827 – 842) . New York: Springer.

Jost, J. T. 2019. A quarter century of system justification theory: Questions, answers, criticisms, and societal applications. *British Journal of Social Psychology*, 58 (2) , 263 – 314.

Jost, J. T. , Banaji, M. R. , & Nosek, B. A. 2004. A decade of system justification theory: Accumulated evidence of conscious and unconscious bolstering of the status quo. *Political*

Psychology, 25 (6), 881 – 919.

Jost, J. T. , Burgess, D. , & Mosso, C. O. 2001. The integrative potential of system justification theory. *The Psychology of Legitimacy: Emerging Perspectives on Ideology, Justice, and Intergroup Relations*, 363 – 390.

Kashima, Y. , Bain, P. , Haslam, N. , Peters, K. , Laham, S. , Whelan, J. , & Fernando, J. 2009. Folk theory of social change. *Asian Journal of Social Psychology*, 12, 227 – 246.

Kashima, Y. , Shi, J. , Tsuchiya, K. , Kashima, E. , Cheng, S. S. , Chao, M. M. , & Shin, S. H. 2011. Globalization and folk theory of social change: How globalization shapes societal perceptions about the past and future. *Journal of Social Issues*, 67, 696 – 715.

Kashima, Y. & Fernando, J. 2000. Utopia and ideology in cultural dynamics. *Current Opinion in Behavioral Sciences*, 34, 102 – 106.

Kitschelt, H. P. 1986. Political opportunity structures and political protest: Anti-nuclear movements in four democracies. *British Journal of Political Science*, 16 (01), 57 – 85.

Lerner, M. J. & Miller, D. T. 1978. Just world research and the attribution process: Looking back and ahead. *Psychological Bulletin*, 85, 1030 – 1051.

Lewin, K. 1951. *Field Theory in Social Science*. New York: Harper

McClelland, D. C. 1961. *The Achieving society*. New York: Simon and Schuster.

Melody, M. , Chao, Franki, Y. , H. , & Kung, et al. 2015. Understanding the divergent effects of multicultural exposure. *International Journal of Intercultural Relations*, 47, 78 – 88.

Mitzen, J. 2018. Feeling at home in Europe: Migration, ontological security, and the political psychology of EU bordering. *Political Psychology*, 39 (6), 1373 – 1387.

Ng, T. W. , Sorensen, K. L. , Eby, L. T. , & Feldman, D. C. 2007. Determinants of job mobility: A theoretical integration and extension. *Journal of Occupational and Organizational Psychology*, 80 (3), 363 – 386.

Oberg, K. 1960. Cultural shock: Adjustment to new cultural environments. *Practical Anthropology*, (4), 177 – 182.

Oishi, S. 2014. Socioecological psychology. *Annual Review of Psychology*, 65, 581 – 609.

Oishi, S. & Graham, J. 2010. Social ecology: Lost and found in psychological science. *Perspectives on Psychological Science*, 5 (4), 356 – 377.

Oishi, S. , Lun, J. & Sherman, G. D. 2007. Residential mobility, self-concept, and positive affect in social interactions. *Journal of Personality and Social Psychology*, 93 (1), 131.

Oishi, S. , Miao, F. F. , Koo, M. , Kisling, J. , & Ratliff, K. A. 2012. Residential mobility breeds familiarity-seeking. *Journal of Personality and Social Psychology*, 102 (1), 149 – 162.

Oishi, S. , Schug, J. , Yuki, Masaki. , & Axt, J. 2015. *The psychology of residential and relational mobilities*. In M. J. Gelfand, C. Chiu, & Y. Hong (eds.), *Handbook of Advances in Cultural Psychology* (pp. 221 – 272) . New York: Oxford University Press.

Oishi, S. , Talhelm, T. , Lee, M. , Komiya, A. , & Akutsu, S. 2015. Residential mobility and low-commitment groups. *Archives of Scientific Psychology*, 3 (1), 54 – 61.

Pearce, P. L. 2013. *The Social Psychology of Tourist Behaviour: International Series in Experimental Social Psychology*. Amsterdam: Elsevier.

Pew Research Center. 2015. Modern immigration wave brings 59 million to U. S. driving population growth and change though 2065. Philadelphia, PA: Pew Research Center.

Richard, F. D. , Bond Jr, C. F. , & Stokes-Zoota, J. J. 2003. One hundred years of social psychology quantitatively described. *Review of General Psychology*, 7 (4), 331 – 363.

Roccas, S. & Brewer, M. B. 2002. Social identity complexity. *Personality and Social Psychology Review*, 6 (2), 88 – 106.

Sagioglou, C. , Forstmann, M. , & Greitemeyer, T. 2019. Belief in social mobility mitigates hostility resulting from disadvantaged social standing. *Personality and Social Psychology Bulletin*, 45 (4), 541 – 556.

Schug, J. , Yuki, M. , & Maddux, W. 2010. Relational mobility explains between and within culture differences in self-disclosure to close friends. *Psychological Science*, 21 (10), 1471 – 1478.

Shaw, M. E. & Costanzo, P. R. 1982. *Theories of social psychology*. New York: McGraw-Hill.

Smith, L. G. E. , Thomas, E. F. , & McGarty, C. 2015. "We must be the change we want to see in the world": Integrating norms and identities through social interaction. *Political Psychology*, 36 (5), 543 – 557.

Tajfel, H. & Turner, J. 1979. An integrative theory of intergroup conflict. In W. Austin & S. Worchel (eds.), *The social psychology of intergroup relations* (pp. 33 – 47). Monterey: Brooks/Cole Publishing Company.

Thomson, R. , Yuki, M. , Talhelm, T. , Schug, J. , Kito, M. , Ayanian, & A. H. , et al. 2018. Relational mobility predicts social behaviors in 39 countries and is tied to historical farming and threat. *Proceedings of the National Academy of Sciences*, 115 (29), 7521 – 7526.

Ward, C. , Bochner, S. , & Furnham, A. 2001. *The psychology of culture shock*. London: Routledge.

Wright, S. C. & Baray, G. 2012. Models of social change in social psychology: Collective action or prejudice reduction? Conflict or harmony. In J. Dixon & M. Levine (eds.), *Beyond prejudice: Extending the social psychology of conflict, inequality and social change* (pp. 225 – 247). Cambridge: Cambridge University Press.

van Prooijen, J. W. & Van Vugt, M. 2018. Conspiracy theories: Evolved functions and psychological mechanisms. *Perspectives on Psychological Science*, 13 (6), 770 – 788.

UNWOWEN. 2020. From insights to action: Gender equality in the wake of covid 19, https://www. unwomen. org/-/media/headquarters/attachments/sections/library/publications/2020/gender-equality-in-the-wake-of-covid-19-references-en. pdf? la = en&vs = 2156.

Yuki, M. , Schug, J. , Horikawa, H. , Takemura, K. , Sato, K. , Yokota, K. , et al. 2007. *Deve-lopment of a scale to measure perceptions of relational mobility in society*. Sapporo, Japan: Working paper in Hokkaido University.

《中国社会心理学评论》 第 20 辑

第 25～43 页

© SSAP，2021

叠合认同：新媒介参与下随迁母亲的多重身份建构[*]

李　玲　杨宜音[**]

摘　要： 为了照顾同在大城市生活的孙子孙女，随迁母亲跟随子女参与流动，并在跨代同住和适应城市生活的过程中，发生了多重身份的冲突与转换，产生了认同的叠合。为了深入探讨叠合认同，本文通过对 12 位随迁母亲的深度访谈，发现她们在与子女和同辈群体的互动中逐渐建构了以"我们家"（随迁家人身份）、"我们老家"（老家人身份）、"我们（在子女家）带孩子的"（任务群体身份）为标识的三重身份。这三重身份的叠合需要以"家"为核心，在新媒介的帮助下相互交叠又不丧失任一重身份的独特性，才能够应对流动所带来的认同挑战，并在新媒介的使用中进一步延伸和管理多重身份。本研究从理论上将叠合认同的使用语境进行了拓展，对理解中老年流动群体的心理也具有一定的启发意义。

关键词： 流动女性　随迁母亲　叠合认同　多元身份建构　新媒介使用

[*] 本研究获得国家社会科学基金项目的资助（17ASH008）。本文在匿名评审的指导下进行了较大修改，在此对评审人的悉心指导表示感谢。

[**] 李玲，中国传媒大学新闻学院博士研究生；杨宜音，哈尔滨工程大学人文社会科学学院教授、博士生导师。

一　问题的提出与文献回顾

随着城镇化的深入推进以及户籍制的不断完善，新一代流动人口越来越多地选择留在工作机会更多的大城市，跨省联姻越来越普遍，他们的下一代出生后，照料危机日益凸显。随迁母亲作为中国家本位文化下传统女性职能补位的角色，成为城市跨代同住家庭的一员。我国现阶段出现的随迁母亲是指那些在中老年阶段基于第三代抚育需求，在城乡或大小城市之间流动而出现的身份现象。随迁母亲与其他女性流动群体，如打工妹、家政女工，以及投靠儿女的一般流动老人相比，既相似又不同。一般研究会将随迁母亲与流动老人归为同类（如"老漂族"），作为整个社会人口迁徙家庭化的一部分（吴小英，2019），然而随迁母亲的迁移目的明确，工作任务清晰，有类似家政女工的职业流动的特点，但后者参与流动的目的是对就业及薪酬的追求，在身份认同上被排除在雇主"家人"的等级秩序之外（周群英，2019），使用手机也只是因为工作需要，并无意通过媒介来自我赋权（王淑华，2016）。在身份认同上，家政女工与在企业就业的打工妹一样，城市生活改变着她们的家庭观念（陈印陶，1997）和身份认同（严汇、高景柱，2008；王宁、严霞，2011），她们也希望通过将财富转化为消费的方式淡化或缩小与城里人的差异（余晓敏、潘毅，2008）。

对身份认同的研究可追溯到 20 世纪 70 年代的社会认同理论，泰弗尔和特纳等以最简群体范式揭示了社会认同的比较、归类和认定的基本心理过程（Tajfel & Turner，1979）。此后，随着全球化带来的整个社会流动性的增加，社会认同的过程也变得复杂起来，出现了基于移民群体的双文化认同整合模型（Bicultural Identity Integration，BII），该模型在文化适应理论（Berry，1997）的基础上提出，认为双文化身份的个体在整合两种文化时需要考虑距离和冲突两个维度，这两个维度分别代表两种文化的分离程度和紧张程度（Benet-Martínez & Haritatos，2005；Mok & Morris，2013）。然而，越来越多的研究发现，冲突并非只发生在两种文化中，更多的人处在一个多元文化环境当中（Berry & Sam，2014），同时具有多重身份认同（Hong et al.，2016），不同的身份会在不同的环境中被启动（Verkuyten & Pouliasi，2006；Yang，Liao，& Huang，2008）与整合（Jubrana，Horenczykb，& Benet-Martínez，2020）。在此基础上形成的文化会聚心理学（polycultural psychology）认为，个体若能将混搭的文化形态通融创新，形成更为开放的"混融我"，便能够自由自如地面对多元文化生活（杨宜音，

2015）。根据文化混搭的方式，"混融我"又被分为叠合型、统摄型、镶嵌型、融通型和协同型（王进、李强，2019）。可见，不同形式的自我认同最后都延伸到对身份的协商（Deaux，1993）和管理上来，并成为个体不得不做的"认同工作"（identity work，参见 Snow & Anderson，1987；Killian & Johnson，2006），需要在他者期待与自我确认的双向互动中，挑选所属群体类别建构有利于自己的身份认同（赵静、杨宜音，2017）。

　　与其他流动群体相比，随迁母亲的身份意义并不完全在于跨区域、跨城乡的"移动"及适应，她们的母亲身份隐含着中国家庭主义的伦理本位（梁漱溟，2005：70~73）意义，即"以家庭为单位计算成本和收益"（盛洪，2008）。"随迁"意味着作为家庭成员满足家庭需求的责任担当。这一身份获得的动机以及因带娃而形成的任务，让随迁母亲的身份适应具有特殊的意义，对她们的研究需要超越社会和人口的层面。当"随迁"发生后，随迁母亲这一身份到底包含了多少成分？她们是否还要保留自己的家乡身份？她们怎么把握母亲与"家政女工"的区别？她们如何获得新身份，并处理与原有身份之间的关系？她们又借助了哪些资源来化解身份冲突并进行改变？

　　本文希望借鉴叠合认同（adhesive identities）的概念来解释随迁母亲的多元身份建构和"生命历程中认同努力的核心和目标"（方文，2008）。叠合认同是杨凤岗对北美华人基督徒进行研究时提出的，叠合意味着在多元身份建构中的几种认同模式，相互之间没有哪一种占据主导，也不一定要相互排斥，而是可以叠合共存。因为初始研究对象的关系，叠合认同理论更多地被用于宗教信仰（吕云芳，2017；宋宁而、宋枫卓，2020）和移民群体研究（刘琴，2016）。但方文（2008）认为，叠合认同可以脱离宗教和移民语境在普遍的生命过程中使用，既可以是共时性的，也可以是历时性的。

二　研究框架与研究方法

　　随迁母亲的身份包含"跟随"之意，即她们中的大多数虽然是主动选择进入流动群体，却是被动地被带入现代化的生活方式、知识系统和价值观之中的。在城市生活和子女观念的影响下，在新媒介尤其是智能手机的使用中，随迁母亲又在流动之外进行着线下线上的"双迁移"（dual migration，参见 Wang，2016），也正是这一过程让她们重新在有限的权力空间中把握个人生活的主动权，并对身份进行重构。本文的研究框架包括两个层次。一是以她们的双迁移为背景，通过对访谈材料的整理，寻找她们在新环境中重新建立的与之前不一样的"我们感",以及不同的"我们"所代表的身份,具体包括随迁家人身份、老家人身份和特定的任务群体身份。二是透视这样几个身份背后的认同冲突和转变,结合叠合认同理论,讨论随迁母亲不同身份之间的关联,即叠合的认同模式可以帮助她们完成"认同工作",解决认同管理中遇到的问题,并在新媒介的使用中进一步适应城市生活和整个社会的个体化进程。

研究者于 2018 年 12 月至 2019 年 6 月,对 12 名研究对象进行了深度访谈和不同程度的回访。考虑到跨省流动的文化堕距更容易引发认同危机(侯亚杰、姚红,2016),本研究涉及的案例均是跨省流动中的随迁母亲。在具体操作层面使用序贯访谈法,前期选择一两个有限案例,通过半结构化访谈获取研究对象的相关信息和观点,进行多级编码分析,以个案带动理论浮现。比如在了解了一个女方母亲随迁的家庭并建构初步理论模型之后,再找一个男方母亲随迁的家庭与之匹配,在分析一个伴侣未同行的随迁母亲之后,再找一个伴侣共同随迁的母亲进一步分析……如此涵盖不同的类属,在达到理论饱和时停止抽样和访谈,使形成的理论达到最大限度的解释力,并能随时回到原始资料中找到论证的依据。本研究 12 个案例的基本情况如表 1 所示。

表 1　受访随迁母亲案例基本情况

编号	年龄（岁）	奶奶/姥姥	学历	迁出地（省）	迁入地（市）	迁入时间（年）	与子女同住	与配偶一起	是否返乡
案例 1	55	L 姥姥	中专	湖北	北京	2014	是	否	否
案例 2	53	G 奶奶	初中	河北	北京	2008	是	是	否
案例 3	63	T 姥姥	专科	河南	北京	2013	是	否	否
案例 4	56	Q 奶奶	中专	河南	昆明	2014	是	否	否
案例 5	55	D 姥姥	高中	安徽	北京	2018	是	否	否
案例 6	59	M 奶奶	初中	山东	北京	2010	是	是	否
案例 7	55	H 姥姥	高中	湖北	广州	2007	否	否	否
案例 8	59	R 奶奶	小学	黑龙江	北京	2015	是	否	否
案例 9	51	Z 姥姥	小学	湖北	昆山	2017	是	否	否
案例 10	66	Y 奶奶	文盲	湖北	深圳	2013	是	否	是 *
案例 11	72	J 奶奶	初中	湖南	昆明	2013	是	否	否
案例 12	53	F 奶奶	小学	山东	上海	2014	是	是	否

＊注：该案例在迁入期间（2013～2017 年）与子女同住,但老伴晚一年随迁,后因自己身体有恙返乡时老伴没有一起,故采访时不与配偶一起。

　　具体访谈内容包括案例的基本信息（如年龄、籍贯、学历、子女个数和自己兄弟姐妹个数等），随迁状况（来了多久、是否回过老家等），新媒介使用状况（初始使用时机、每天时长、常用功能等），对城市生活的评价（家庭关系、心理适应等）四个方面。这些案例中包括研究者自己的母亲，以及她在小区结交的朋友和经常通过微信聊天的老乡，还有一些是与研究者同龄的人的母亲，对其中与研究者居住距离较近或春节过年有机会见面的随迁母亲进行面访，每次访谈时间均超过 2 小时，对其中距离较远或觉得在子女家不方便面访的随迁母亲通过微信视频或语音进行访谈。12个案例当中，除个别（案例 11）因为"眼睛不好"，手机使用时间在 1 小时以下，其他案例每天使用手机都超过 1 小时，有两个个案（案例 9、案例 4）因为工作（保洁领班、微商）甚至超过 3 小时。该研究整理采访录音文字累计超过 7 万字。

　　在获得完整详细的访谈文本后，采用开放式编码、关联式编码、核心式编码的方式对 12 份个案的文本材料进行编码，从中找到描述性概念后，不断提取出更高一级的归纳性概念，最终提取出三个与身份有关的概念。最后采用拟合优度和反思性评估进行质量评估，具体做法是仔细、反复阅读访谈文本，并与其他有经验的质性研究者讨论文本理解及编码的不同之处，再确定概念关系。

三　研究发现：随迁母亲多重身份的建构与管理

　　围绕随迁母亲的"我们感"进行逐级编码，可以发现三个比较重要的身份，即对话中她们经常会使用的组合，分别是"我们家"、"我们老家"和"我们带孩子的"，三种不同的"我们"构成了随迁母亲比较重要的三重身份，并在三者齐头并进的过程中形成了她们身份的叠合认同。

（一）围绕"我们感"的多重身份建构

1. "我们家"的随迁家人身份

　　随迁母亲所说的"我们家"，特指与子女及孙子孙女共同生活的群体，在配偶没有共同随迁时，其配偶被排除在外。跨代同住的"我们家"在原有的夫妻主轴之中，插入了一个一老一小的纵向亲子副轴。而随迁母亲作为一个外来的"帮忙者"，其实是不自在的，"蛮受憋（受限制）"（案例10）的。育儿权力下移到子女，特别是女儿或儿媳手中（石金群，2016），"孩子主要是他妈管，不让他干啥就不能干啥"（案例 2）。随迁母亲扮演的更多是接送孩子、做饭、打扫、部分采买等生活服务的角色，"在这儿，儿子媳妇都不管我，还是我当家……我做什么他们吃什么"（案例4）。二者的分工形成了家庭劳动任务和权力的有限性和中心化。

分工没有明确的公私界限又需要一定的情感卷入，这种感觉有些像家政工。但是家政工与雇主之间的关系更像是一种微观的政治博弈（林红、胡今阳、王翊君，2019），出于职业道德将"雇主需要放在自己需要之上的一种妥协"（苏熠慧，2011），或为了获得积极职业体验而进行的"深层表演"（梅笑，2020），并不是认同。随迁母亲对孙辈的照料则是出于中国家庭主义的伦理本位，她们的被动迁移本身就是年轻人权力上升、代际重心下移、代际支持关系失衡（刘桂莉，2005；刘汶蓉，2012）的表现。究其原因，仍然是因为孙子孙女让各代人聚集在一起，"祖孙三代人适应一种新的、灵活的家庭结构形式，各种家庭资源向下流动，最重要的是，生活的根本意义已经从祖先身上转移到子孙身上"，形成了一种以晚辈为向心力的"下行式家庭主义"（阎云翔，2017）。在"后父权制时代"（沈奕斐，2009）的"我们家"中，对长辈的自我规训让中老年女性为自己的行为赋予了沉甸甸的意义感和责任感，觉得"这（带孙子）就是责任"（案例5），"就是作为孩子爷爷奶奶，必需的一个活（活计、任务、工作）"（案例12），即使在抚育过程中需要让渡某些作为长辈的权威权力（肖索未，2014），也要完成。

另一方面，随迁家人身份让后喻时代的文化反哺变得更加畅通，形成一下一上的纵向的紧密亲子联结。这种文化反哺集中体现在智能手机的使用上。调查数据显示，帮助子女照看孙子孙女的老年人上网人数占比（57.4%）高于不帮助子女照看孙子女的老年人上网人数占比（41.7%）①，在家庭沟通越来越依赖媒介的时代，手机和微信的使用既有必要性，也有易取性，而跨代同住正好提供了条件。其一是在硬件上，子女会通过代理消费给父母购买智能手机，或更换自己的手机，让父母随意使用旧手机。H姥姥就是通过小女儿的旧手机开始接触网络，"她（小女儿）就把旧手机给我，她说你不会你就到处按，反正这手机也按不坏"（案例7），她这

---

① 数据来源于《生活在此处——社交网络与赋能研究报告》，该报告由中国社会科学院国情调查与大数据研究中心联合腾讯互联网与社会研究中心共同发布，调研考察互联网和社交网络对普通人的赋能，并侧重从日常生活的角度进行阐释和解读。报告的调查数据来源于2016年十个大城市居民进行的抽样调查，共抽取了3000多户家庭进行调查，并从中随机选择50%的家庭对他们的子女进行了配对样本的调查。具体内容参见 http://www.199it.com/archives/564601.html。

才踏实用起了之前不敢用的"高科技"。其二是学习观念的上行，随迁母亲会破除自己"又老又笨，学不了"的陈旧理念，成为数字移民。与子女同住让她们既有人给予鼓励，又有人可请教，拥有很强的学习积极性，与那些留在老家或者自学的同辈群体相比，她们的媒介使用体验更好。Y奶奶虽然没读过书，但在打破观念接触智能手机之后，"一学会了就更加愿意学，很有兴趣。有的他（小儿子）告诉过我，我又忘记了，不会了，我就问"（案例10）。在权力让渡与文化反哺这一下一上的过程中，家人身份再次被强化，"为自己而活的"的个体化意识向上传导，当被问到"如果不带孙儿会怎样"时，她们便对个人需求进行憧憬，比如想回老家种菜园、想上老年大学、想学游泳、想旅游等，选择不再局限于单纯的返乡愿望。

2. "我们老家"的家乡地域身份

随迁母亲多是在中老年阶段进入流动状态，她们生命历程中最重要的时光都在老家，因此有着强烈的乡土社会认同。乡土社会中的差序格局、礼治秩序、熟人社会等"社会记忆"深刻地影响着她们待人处事的方式。就像是置身于"传统－现代"连续体上的"过渡人"（people in transition，参见 Lerner，1958：73），既处在传统之中，又置身于传统之外，既跨进了现代的门槛，又未完全投身于现代的怀抱。尤其与以独生子女为主的子代不同，随迁母亲属于新中国婴儿潮一代，往往有好几个关系紧密的兄弟姐妹，在随迁母亲进城之后，这些留在老家的兄弟姐妹就活跃在她们的手机微信群当中。比如M奶奶"一开始用（智能）手机就是为了跟老家姊妹聊天……'七仙女家族'（的群）就是我们姊妹七个"（案例6）。同样以群的形式存在的还有老家的邻居，"'幸福快乐姐妹情'的群，就是原来住在隔壁玩得好的"（案例5）。不难发现，互联网的"小群效应"（徐志斌，2017）也体现在随迁母亲身上，活跃的小群使得她们可以利用碎片时间进行无顾虑的沟通，"时不时说一句话就可以"（案例2），"没事就聊天"（案例4）。

显然，随迁家人身份虽然有直系的血缘关系，却并不能满足随迁母亲的情感认同需要，用她们的话说，"这里是儿子媳妇的家，老家才是自己的家"（案例12）。"老家"的含义是复杂而丰富的。一方面回老家意味着一种退出跨代同住的可能性，即作为"兜底"和"退路"的安全感，以及在城市生活中找不到的情感性关系，构成她们个体化的重要组成部分之一。此时，手机和微信的使用以一种"可携带社群"（portable community）（Chayko，2008）的形式，把"我们老家"从物理空间的隔离中解放出来，将乡土社会中的血缘和地缘群体"携带"在手机中，即便是时间不连续、空间不确定也能够维持交往，补偿了身体的缺场和原来经由时间积累起来的熟悉感觉。另一方面，当意识到老家回不去时，觉得"回去不是让孩子们担心吗"（案例 7），"老家"转而成为一个精神符号，用于锚定身份，弥补被流动带走的归属感和稳定感的"根"。T 姥姥来北京已经 6 年了，其间自己亲妹妹也因为带孙子来到北京，两姐妹周末还能聚一聚，但提到老家她还是很激动，"前段时间托人在我们那县城里买了一块坟地，我死了就埋在那指定的地方，那有几个熟人"（案例 3）。可见，对于"我们老家"的情感依托，即使时间流逝，亲人在旁，也无法被替代。

研究中还发现随迁时间对"老家人"地域认同的影响。比如 G 奶奶来北京 11 年了，她在访谈中也感慨，"刚出来前几年还想着跟（老家）朋友们聊聊天，现在回去坐一块就感觉可生了"（案例 2）。一旦在城市生活中安顿下来，她们就会更加关心身边的事情，更多地参与到城市家庭和社区生活中，减少在"老家"的事情上花费的时间和精力，"老家人"身份也会变弱。一个有趣的发现是，虽然随迁母亲来自天南海北，对于老家的理解必然有一些地域差异，普通话也带着不同的乡音，但"聊得来"的随迁母亲们会超越这些地域差异，在新的地缘群体中构建新的"熟人社会"。比如邻里之间的"礼尚往来"。Q 奶奶作为一个北方人来到南方，饮食习惯很不一样，但"有时候蒸了包子、馒头，就给他们（邻居）发个语音，我说在家吗？在，就给送过去了"（案例 4）。又如同住一个小区的随迁母亲经常是一家有事都去帮忙，孩子生病了也互相送药。城市文化是线性的、快速的、陌生的，需要不断学习追赶，乡土文化则是循环的、慢节奏的和熟悉的。在"老家人"身份的城市实践当中，城乡差异和乡土文化的共性特点被提取出来，超越地域差异的特殊性，转而成一种更具普遍性的认同形式。

3. "我们带孩子的"任务群体身份

在随迁母亲的访谈中，"我们"的使用场景，除了与家庭、家乡的组合之外，还有一个出现得更加频繁的组合形式——"我们（在子女家）带孩子的"，这一概念包括同一小区里因带孩子认识的人，以及老家那些与自己一样为带孙子孙女而离开家乡的同龄人。社会心理学认为，当个体游离在关系网之外，类别化我们（杨宜音，2008）概念会被情境凸显出来，比如"我们带孩子的"群体，正是因为任务简单明确而浮现出来。这种任务群体身份，一开始是工具性的，比如因为遛娃才认识，相互交流的也都是育儿经验。明确的工具性让"我们带孩子的"群体"虽然没有那么多人脉，但是蛮单纯"（案例1），见面多了会加上微信，"聊得来"的还会深入交往，比如讨论地域差异、代际观念，甚至一起抱怨、感叹，寻找情感共鸣。

　　任务群体的类别化将她们与不带孩子的老家人区别开，与家政工和与子女同住的一般随迁老人区别开。一是她们在日常时间上的不自主与碎片化，使她们在与老家人聊天时存在时间差别，"他们（老家同事）都是不带孩子的，不像我们这种人，杨老师（要带孩子）也忙，我也忙"（案例4）。二是她们的精力有限，难以参与新社区的互动。如果说"老漂族"可以通过"广场舞"实现新社会关系接入（王艳，2019），随迁母亲则不能，L姥姥跟小区组织跳舞的负责人认识后，一直没机会去，"她叫（去跳广场舞）了几次，但时间都不合适，孩子接回来就得做饭了呀"（案例1）。三是空间上的被动性和不自主性。R奶奶隐约听媳妇说要搬离北京，也没多问，只说"反正（我）就是跟着孩子跑，她上哪我上哪"（案例8）。甚至与子女相比，她们的生活也显得更加居无定所，为了孩子学习方便，H姥姥只得单独"把两个孙子带到学校边上租房子住"（案例7）。

　　此外，研究在类别群体中又再次发现了"关系化"（杨宜音、张曙光，2012）锚定效应。在抹去地域差异的特殊性之后，随迁母亲利用微信交流的便利破除了城市高楼的隔离，依据"关系化"逻辑在新地缘群体中构建了一个小圈子的熟人社会，在其中互相点赞、评论，共享服装、染发剂、生活用品等购物链接，甚至约时间组织线下活动，比如周末把孩子交给父母时，"我们这几个带小孩的，等小孩不叫（需要）我们带的时候，就一起出去玩"（案例12）。这种自发自觉的群体活动，着实提高了她们的城市生活参与度和满意度，是工具性认同转变为情感性认同的巨大张力。G奶奶现在住儿子媳妇家，同住的还有老伴和女儿（孩子小姑），一家六口人挤在60平方米的两居室里，"现在感觉也过得挺好，咱也挺满足的"（案例2）。从这里进一步深入分析就会发现，"我们带孩子的"任务群体身份的情感层面，其实包含着随迁母亲对老年生活意义的追寻，即对"家"的意义的再强化。"我们带孩子的"身份暗含着"我们在子女家带孩子的"的意思。"在子女家"带孩子与家政工带孩子是不同的，随迁母亲与这个"家"有着情感和价值的联系。社会情绪选择性理论（Social Emotional Selectivity Theory）认为，随着年龄的增长，人们会认为时间是有限而非充裕的，所以老年人更有可能去追求那些在情感上更有意义的目标（Mohammad & Drolet，2019）。对于随迁母亲而言，照顾孙子孙女就是她们"在情感上更有意义的目标"之一。正如L姥姥所言，"假如说我闺女这么大还没结婚，没有孙儿，我肯定在家得七想八想，说不定还想出病来，催又不敢催"（案例1）。个体选择某一身份认同的重要原因之一便是该"社群的核心价值与个人价值相符"（赵志裕、温静、谭俭邦，2005），"我们（在子女家）带孩子"的群体，正是随迁母亲同龄群体个体价值选择的集中体现，源自女性长辈自我规训的责任感进一步强化了她们的自我身份，提高了她们的自尊和存在的意义感，是她们区别于其他没有在孙子孙女成长中给予辅助的老人的最重要的标签。

（二）叠合身份认同的形成与管理

1. 多层次身份的冲突与协商

通过以上分析发现，随迁母亲与其他女性流动群体相比既有共性又有特性，即"工作"、"家庭"（场域）、"流动"三元素叠加后形成的身份性质。其中，"工作"与"流动"叠加的身份是打工妹，"工作"和"家庭"叠加的身份是家政女工，"流动"和"家庭"叠加的身份是一般流动老人（见图1和表2）。

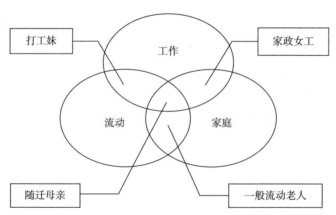

图 1 随迁母亲"流动""家庭"和"工作"三重特点的交叠

表 2 随迁母亲与打工妹、家政女工、一般流动老人的差异

	婚姻/年龄状况	主要工作场域	主要身份	工作任务	劳务薪酬
打工妹	大多未婚/年轻	城市工商服务业	雇员	职业任务	有
家政女工/保姆	年龄婚姻状况不限	城市雇主家庭	雇员	职业性质的家务	有
随迁母亲	已婚/大多老年	城市子女家庭	母亲/岳母	家务	无明确规定
一般流动老人	已婚/老年	城市子女家庭	父母/岳父母	无明确任务/养老	无

　　随迁母亲的"工作"兼有义务性、情感性和工具性，这使得她们的身份变得很模糊，似乎兼具"家里老人"、"流动群体"和"家政工"等多重身份。杨凤岗认为，叠合认同产生于某种身份危机，其形成是一个解构与重构同时进行的过程（Stone Shih，2001）。如果说"我们家"的随迁家人身份是在解决家庭主义和个体化趋势的冲突，"我们老家"的乡土地域身份面对的是城乡文化对立的冲突，"我们（在子女家）带孩子的"任务群体身份则是在追寻生命意义与安享晚年的冲突中浮现出来的。这三种身份就像是三个独立又重叠的圆，在紧张与冲突中不断进行着协商和调和，从而形成了不同层次。

　　第一个层次是保持单一主导的身份（singular identity）而排斥其他身份，有点类似于统摄型混融我，但与此又很不相同。对于已经进入中老年阶段的随迁母亲而言，生命历程已经走了一大半，自我和认同的可塑性无法与年轻的子女相比，她们身在城市环境中，若要将乡土地域身份作为主导，次级身份使其无法被接收和吸纳，反而会陷入"碎片整合"（fragmentary integration）当中。比如 J 奶奶就对儿子满是抱怨，"都说养儿防老，我是没那感觉……我们都拿钱在这里吃，你说我这儿子，我还靠他？我要是在老家生病了也靠不住呀"（案例11），单纯倚赖随迁家人身份的亲子主轴让她变得焦虑和迷茫。而 D 姥姥因为随迁时间短，"老家人"身份仍然十分强烈，但也觉得"很不适应……我女儿要愿意回去，我都想给她搞回（老家）去"。

　　第二个层次是保留其中两个身份（binary identity）。社会的飞速发展让代沟在文化的反哺下依然存在，当带着"我们老家"印记的随迁母亲努力去迎合年轻一代时，不但成功的概率很低，还可能是邯郸学步，无法形成互补或求同存异的镶嵌型或融通型混融我，而是进入"融化整合"（fusive integration）的状态，消融掉原有身份的明显特征，产生城市适应困难，急于退出。她们可能产生强烈的返乡意愿，甚至产生心理因素主导的躯体疾病。比如已返乡的 Y 奶奶在跨代同住期间对以媳妇为主导的城市家庭生活极力迎合，老觉得自己"把媳妇安置（照顾）得不圆满，就是我这么做也没达到她满意的目的，那么做也没有达到她满意的目的"（案例10）。她与保姆的相处又进一步模糊了任务边界，最后身心俱疲，"阿姨（保姆）她把什么事都塞给我，她自己把孩子带出去玩，加上媳妇还不偏（袒）我，所以我心里面就内疚，整个人就累了（瘦了）20 斤下来。结果去检查了又没有病，就只有甲状腺（炎），都是他们气成这样的"（案例10）。"融化整合"并不能让随迁母亲真正融入子女们的生活，反而让她们成为家庭当中的"边缘人"。只有当她们能在不丢失任何特定身份的情况下，将多个身份组合到一起，形成三元身份（trinary identity）时，才可以进入"叠合整合"（adhesive integration）的状态。

2. 叠合身份的形成：选择性同化和选择性保留

当随迁母亲以建设性的方式同时主张任务群体身份，兼容城乡文化，从三个系统中识别选择优质元素，同时剔除劣质元素，即通过选择性同化和选择性保留进行认同重建时，才有可能形成叠合认同。

作为"我们家"的家中老人，她们虽然不能完全认同城市文化，但在文化反哺中也在选择性地同化城市观念，比如逐渐有了边界意识，尽管还很模糊。在权力上，随迁母亲与子女在家务劳动、育儿权力上分工明确。子女不干涉家务，她们也默认家务劳动就是自己分内的事；教育观念不一致时，将自己的意见保留下来，觉得"要想活得快活一点就是装聋作哑"（案例3）。在经济上，随迁母亲将婚后的子女看作独立的经济实体，"那是他们的钱，也不是我们自己挣的钱"（案例12）；接受子女以间接的方式给予的回报，比如节日或生日红包，或者服装、保健品的代理消费。在情感上，随迁母亲很少甚至从不将子女作为烦恼的倾诉对象，要么自我化解，"就随缘吧"（案例8），"往好处想"（案例12），要么找老伴，"骂你叔叔（老伴）"（案例4），或不相关的人，"找网上不认识的人倾诉苦水"（案例7）。

可见，随迁母亲可以在育儿观念、消费习惯等各个方面保留见解，但在边界意识上却在同化和反思。这种反思也延伸到乡土文化中，她们会觉得乡土社会没有隐私，"农村老串门，要是看到谁又上谁家去了，就有人说，你又上他家去了，他看你的眼光都不一样了"（案例3）。她们在与身边人聊天时总是说"我们老家"，与城市的陌生与冷漠相比，那里消费不高，都是熟人；但具体谈到老家时，她们又会将自己与老家人区别开来，"老家你跟他说好多，他都不懂"（案例1），觉得从大城市回老家有面子，"咱在北京说起来有钱了，时不时回去就请他们吃饭"（案例2）。在被媒介"携带"的乡土地域社群当中，她们进行着传统熟人社会里的面子展演，比如在朋友圈转载"有正能量的"（案例3）的内容，在老家群里聊天时，"（虽然）生活不习惯，但是都不聊，就聊去看了长城啦，再把照片发到群里"（案例6）。当人们选择在地位满意的社会中生活时，地位认同与地域认同会达到一致（张文宏、雷开春，2009）。也就是说，尽管眷念乡土文化，但她们依然进行了选择性保留，在老家人和城里人这两个看似互斥的地域身份之间，她们既可以与老家人并列，也可以与城里人为伍，既可以在老家人中代表城里人，也可以在城里人中代表老家人，形成叠合的认同。

双重身份似乎已经很理想了，但并不稳定，仅看到两种身份的转换并没有抓住随迁母亲的认同本质，她们在寻找流动群体共性的同时，还需要明确自己的独特性，中间必然要经历身份重建的混乱过程，甚至会不可避免地感到困惑、沮丧、焦虑和疏离。随着时间和熟悉度的积累，在多种差异巨大的群体身份当中，通过结合新地缘优势和媒介交往的便利、适应互联网的圈群逻辑，城市新社区中的任务群体身份超越空间限制浮现出来。这一身份为随迁母亲提供了一个绝对的基础，让她们可以选择性地拒绝或接受某些来自家庭和地域的东西。正是"我们带孩子的"身份的浮现，使得随迁母亲在类别化和关系化的锚定中，得以在相似的日常时间下进行休闲共享和情感交换。在个体化潮流下，这进一步强化了以"我"为中心的认同选择，将叠合认同推至理想状态。具体关系如图 2 所示。

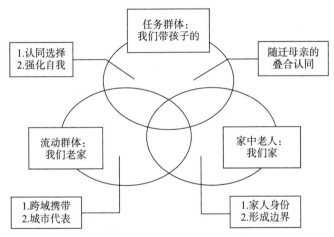

图 2　随迁母亲叠合认同的形成

反观三种叠合在一起的认同选择，无论是作为家人的"我们家"、作为老家人的"我们老家"，还是任务明确的"我们（在子女家）带孩子的"身份，都紧紧围绕着"家"的价值展开。一方面，隔代照护的工作本身就是因"家"而生，兼具责任与压力，有舍弃、有投入、无报酬，甚至有些力不从心。另一方面，在跨代同住的日常互动中，如果说随迁母亲在对子女行为的观察中形成边界意识的上行，那么她们同时也在期待着子女对自己的付出予以回应，如在操作手机时希望被教导而不是被说是"吃饱了撑的"（案例 10），生病时希望孩子能主动买药而不是自己解决（案例

11）。换句话说，只有当子女积极回应——即使不能顺从，却也略尽孝道时，随迁母亲的叠合认同才有可能经历一拆一立被重新建构起来，否则她们便会陷入"碎片整合"或"融化整合"，期待返乡与结束跨代同住，不再是"我们带孩子的"。这种叠合的认同模式不仅体现出身份协商的互动性，还让我们看到，城市个体在现代性的包裹之下依然是一个个具有传统性的灵魂，即使社会在不断地变迁与流动，中国人的家本位并没有发生根本的变化。跨代同住在方便文化反哺的同时，也在强化着原生家庭的代际情感联络，让一些传统观念潜移默化地向下传承，成为应对照料危机和完成认同工作的最优选择。只有当随迁母亲的三种身份从不同的方向相互补充和支撑，没有哪一个成为主导，也没有哪一个被压制住时，进一步对边界的反思和对新身份的管理才成为可能。

3. 叠合身份的拓展和管理

报告显示，社交网络对老年人的赋能可以体现为工具性赋能、社会参与赋能和情感赋能[①]。对随迁母亲来说，作为工具的媒介让她们更加适应城市生活，作为情感的媒介让她们将可以锚定身份的老家"随身携带"，而"我们（在子女家）带孩子的"群体身份则将社会关系与日常生活媒介化（mediatization），带到她们的身份建构当中。如果说个体化迫使人们"将自己作为生活规划和指导的核心"（贝克，2004：106），以至于人们要自主选择认同哪一类群体，并以这种方式来管理自我，那么媒介化则为这种自主选择提供了出口。新媒介对身体的延伸置换了时空，改变了对"在场"的定义，让随迁母亲发现自己原来可以控制自己的处境，唤醒她们相对缺乏的权力意识，并提醒她们拥有更多权力的意义在哪里（Corinne et al.，1998），进而成为发端于"带孩子"又不限于此的个性化群体。

从媒介化的四个过程——延伸（extension）、替代（substitution）、融合（amalgamation）和适应（accommodation）——来看（Schulz，2004；夏瓦，2018：15），随迁母亲的线上交往除了血缘、地缘的延伸和替代，还包括业缘和趣缘的融合和适应。比如，案例 2 因为工作加入了"食堂员工""面点求职"等多个群聊。职业身份在融入城市生活时的促进作用，在使用新媒介之后又被强化，这一点在 Z 姥姥（案例 9）身上表现得更明显，Z姥姥在外孙上小学后便在住处附近找了份保洁的工作，在访谈过程中她一直自信满满地展示工作群中的照片，"每天晚上都要（在群里）发（工作

---

① 《生活在此处——社交网络与赋能研究报告》，http://www.199it.com/archives/564601.html，最后访问日期：2019 年 10 月 10 日。

内容）……我们那里的卫生做得相当好，地上一个纸屑一个烟头都没有"
（案例9）。可见，随着随迁时间的延长，她们已开始适应这样一种需要不
断管理自我和边界的交往方式——对血缘群体或者老家地缘群体，不仅聊
天频率高，"天天得聊一下"（案例2），参与时间长，"随随便便就聊一个
多小时"（案例12），内容也更随意；而对业缘、趣缘群体则以工具性交往
为主，"只看跟我有关系的（聊天内容）"（案例2），"健身群就是相互监
督用的"（案例3），甚至觉得"太吵，看看就删了"（案例1）。可见，通
过媒介赋予的选择权，随迁母亲也在打理着虚拟世界中的多重自我角色，
在线下与线上的双迁移之中，建构和管理着身份延伸的多种可能。

四　结论和意义

综上，随迁母亲以家中老人、流动群体和任务群体这三重身份为基
础，积极主动地进行着多重身份管理的"认同工作"。家中老人身份帮助
她们在家庭中与保姆、月嫂等职业群体区别开来，为文化反哺和代际沟通
创造条件；"老家人"身份凸显流动个体对于乡土熟人社会的认同，与年
轻的流动群体区别开来；而任务群体身份则通过选择性同化和选择性保
留，帮助随迁母亲避开"碎片整合"和"融化整合"的不良认同模式，强
化自我和认同选择，完成多重身份的协商，既不是被动同化，也非简单固
守，而是让三个层次相互叠合又不丧失任一认同的独特性，在此基础上利
用新媒介的赋权进一步拓展和管理生活。需要强调的是，随迁母亲叠合认
同的核心依然是"家"。首先，她们本身就产生于社会流动中，是中老年
女性将更多的生命意义权重放置于家庭之上的人生选择。其次，如果没有
跨代同住的"我们家"中子女们的行动回应与文化反哺，叠合认同也无从
建立。最后，三个层次的"我们感"在有了家的提挈之后才真正有了
内核。

从理论上看，本研究的意义在于将叠合认同的模式扩展到普遍的社会
生活中来。在我国家庭价值理念的引领下，随迁母亲的身份在家庭任务中
成为问题被提出，在流动中发生，在多元身份的叠加中形成和适应，它重
构了家庭中的权力边界、经济边界、情感边界，重构了老家和社区新的交
往关系，甚至开拓了虚拟空间中的生活。叠合认同的模式并不是将"个
人"与"家庭"的关系倒置，而是将其通融。换句话说，如果只是"为自
己而活"，她们可以不随迁，但当"我们（在子女家）带孩子的"任务群
体身份浮现出来后，"家"的价值更为凸显，与家相联系之后，她们的个

体性变得更加丰富、明确，认同选择也更为坚定。

回到现实中可以看到，虽然信息时代同质化与多元化并存，"身份认同总是一个不断变动的过程"（Stuart Hall，1991：277），但通过建立边界叠合多重身份，随迁母亲更容易在流动中获得相对稳定的角色。这对她们的城市适应和身心健康都产生了积极的作用，这种纯粹任务群体的小群效应，对于城市社区心理工作也具有一定的启发意义。通过媒介将老家"携带"在手机里，她们并不必然与"熟人"断了联系，而任务群体的浮现又让她们在重视"家"的同时适当"找到自我"，获得自我价值感的满足，积极建构多元叠合的生命形态。随迁母亲作为一个代表群体，让我们看到身份建构与社会转型之间相生相克的关系。转型的机遇提供了认同选择的自由，也将个体置于风险当中且不得不从事"认同工作"，但时代和岁月的烙印带给家庭的代差问题，又不得不回到传统中寻求解答，以应对认同的危机。

最后，因为新媒介从产品的示能性（affordance，参见 Gibson，1950：35 - 38），即决定新媒介可能如何被使用的特性上，往往是为迎合年轻人而设计的，这使得老年人在使用时会觉得不友好。有一些随迁母亲由于眼睛看不清、操作跟不上等原因，即使在移动互联时代也未能通过智能手机的使用享受到新媒介的赋能。由于本研究将使用新媒介的随迁母亲作为研究重点，研究者在可联系到的范围内对案例进行了刻意挑选，弱化了案例之间的阶层差异。这一不足在未来的研究中有待进一步分析与讨论。

参考文献

施蒂格·夏瓦，2018，《文化与社会的媒介化》，刘君等译，复旦大学出版社。

乌尔里希·贝克，2004，《风险社会》，何博闻译，译林出版社。

陈印陶，1997，《打工妹的婚恋观念及其困扰——来自广东省的调查报告》，《人口研究》第 2 期。

方文，2008，《叠合认同："多元一体"的生命逻辑——读杨凤岗〈皈信、同化和叠合身份认同：北美华人基督徒研究〉》，《社会学研究》第 6 期。

侯亚杰、姚红，2016，《流动人口身份认同的模式与差异——基于潜类别分析的方法》，《人口研究》第 2 期。

梁漱溟，2005，《中国文化要义》，上海人民出版社。

林红、胡今阳、王翊君，2019，《"家"中的"外人"：保姆职业认同探析》，《中国妇女报》2 月 15 日，第 5 版。

刘桂莉，2005，《眼泪为什么往下流？——转型期家庭代际关系倾斜问题探析》，《南昌大学学报》（人文社会科学版）第 6 期。

刘琴，2016，《在美知识移民叠合身份认同的场景呈现及语义表达》，《新闻与传播研究》第 7 期。

刘汶蓉，2012，《反馈模式的延续与变迁——一项关于当代中国家庭代际支持失衡的再研究》，博士学位论文，上海大学文学院。

吕云芳，2017，《荷兰"华二代"佛教徒的叠合身份认同研究》，《华侨华人历史研究》第 2 期。

梅笑，2020，《情感劳动中的积极体验：深层表演、象征性秩序与劳动自主性》，《社会》第 2 期。

沈奕斐，2009，《"后父权制时代"的中国——城市家庭内部权力关系变迁与社会》，《广西民族大学学报》（哲学社会科学版）第 11 期。

盛洪，2008，《论家庭主义》，《新政治经济学评论》第 2 期。

石金群，2016，《转型期家庭代际关系流变：机制、逻辑与张力》，《社会学研究》第 6 期。

宋宁而、宋枫卓，2020，《海神信仰的"叠合认同"：支撑理论与研究框架》，《中国海洋社会学研究》第 8 辑。

苏熠慧，2011，《控制与抵抗：雇主与家政工在家务劳动过程中的博弈》，《社会》第 6 期。

王进、李强，2019，《当代中国人的三重自我及"混融自我"》，《西南民族大学学报》（人文社会科学版）第 5 期。

王宁、严霞，2011，《两栖消费与两栖认同——对广州市 J 工业区服务业打工妹身体消费的质性研究》，《江苏社会科学》第 4 期。

王淑华，2016，《媒介"减权"·网络恐惧·自我区隔——杭州家政女性的媒介接触和使用实践分析》，《浙江传媒学院学报》第 1 期。

王艳，2019，《移动连接与"可携带社群"："老漂族"的微信使用及其社会关系再嵌入》，《传播与社会学刊》第 47 期。

吴小英，2019，《流动性：一个理解家庭的新框架》，《探索与争鸣》第 7 期。

肖索未，2014，《"严母慈祖"：儿童抚育中的代际合作与权力关系》，《社会学研究》第 6 期。

徐志斌，2017，《小群效应：席卷海量用户的隐性力量》，中信出版集团。

严汇、高景柱，2008，《打工妹的身份认同：内涵、根源及影响分析——〈中国女工〉解读》，《山西师大学报》（社会科学版）第 4 期。

阎云翔，2017，《社会自我主义：中国式亲密关系——中国北方农村的代际亲密关系与下行式家庭主义》，《探索与争鸣》第 7 期。

杨宜音，2008，《关系化还是类别化——中国人"我们"概念形成的社会心理机制探讨》，《中国社会科学》第 4 期。

杨宜音，2015，《多元混融的新型自我：全球化时代的自我构念》，《中国社会心理学评论》第 9 辑。

杨宜音、张曙光，2012，《在"生人社会"中建立"熟人关系"——对大学"同乡会"的社会心理分析》，《社会》第 6 期。

余晓敏、潘毅，2008，《消费社会与"新生代打工妹"主体性再造》，《社会学研究》

第 3 期。

张文宏、雷开春，2009，《城市新移民社会认同的结构模型》，《社会学研究》第 4 期。

赵志裕、温静、谭俭邦，2005，《社会认同的基本心理历程——香港回归中国的研究范例》，《社会学研究》第 1 期。

赵静、杨宜音，2017，《城管的身份认同威胁及其身份协商策略》，《学术研究》第 4 期。

周群英，2019，《“家里外人”：家政工身份转换和人类学研究——以阈限理论为视角》，《湖北民族学院学报》（哲学社会科学版）第 2 期。

周裕琼，2018，《数字弱势群体的崛起：老年人微信采纳与使用影响因素研究》，《新闻与传播研究》第 7 期。

Benet-Martínez, V. , & Haritatos, J. 2005. Bicultural identity integration（BII）: Components and psychosocial antecedents. *Journal of Personality*, 73, 1015 – 1050.

Berry, J. W. , & Sam, D. L. 2014. Multicultural societies. In V. Benet-Martínez & Y. Y. Hong (Eds.), *The Oxford handbook of multicultural identity*（pp. 97 – 117）. Oxford Library of Psychology.

Berry, J. W. 1997. Immigration, acculturation and adaptation. *Applied Psychology: An International Review*, 46, 5 – 34.

Chayko, M. 2008. *Portable communities: The social dynamics of online and mobile connectedness*（pp. 141 – 158）. Albany: State University of New York Press.

Corinne, L. , Shefner-Rogers, Nagesh, Rao, Everett, M. , Rogers, & Arun, W. 1998. The empowerment of women dairy farmers in India. *Journal of Applied Communication Research*, 26, 334 – 335.

Deaux, K. 1993. Reconstructing Social Identity. *Personality and Social Psychology Bulletin*, 1, 4 – 12.

Gibson, J. J. 1950. *The perception of the visual world*. Boston, MA: Riverside Press.

Hall, S. 1991. Thequestion of cultural identity. *In Modernity and Its Future*. Cambridge: Polity Press.

Hong, Y. , Zhan, S. , Morris, M. W. , & Benet-Martínez, V. 2016. Multicultural identity processes. *Current Opinion in Psychology*, 8, 49 – 53.

Jubrana, H. , Horenczykb, G. , & Benet-Martínez, V. 2020. Profiles of multi-cultural identity Integration in a Conflictual Context. *International Journal of Intercultural Relations*, 77, 1 – 12.

Killian, C. , & Johnson, C. 2006. I'm not an immigrant: Resistance, redefinition, and the role of resources in identity work. *Social Psychology Quarterly*, 69（1）, 60 – 80.

Lerner, D. 1958. *The Passing of Traditional Society: Moderning the Middle East*. Illinois: Free Press.

Mohammad, A. , & Drolet, A. 2019. The influence of age and time horizon perspective on consumer behavior. *Current Opinion in Psychology*, 26, 94 – 97.

Mok, A. , & Morris, M. W. 2013. Bicultural self-defense in consumer contexts: self-protection motives are the basis for contrast versus assimilation to cultural cues. *Journal of Consumer Psychology*, 23, 175 – 188.

Schulz, W. 2004. Reconstruction Mediatization as an Analytical Concept. *European Journal of Communication*, 19（1）, 87 – 101.

Snow, D. , & Anderson, L. 1987. Identity work among the homeless：The verbal construction and avowal of personal identities. *American Journal of Sociology*, 92（6）, 1336 – 1371.

Shih, C. S. Stone. 2001. Bookreview：Chinese Christians in America：Conversion, assimilation, and adhesive identities. *International Migration Review*, 35（1）, 333 – 334.

Tajfel, H. , & Turner, J. 1979. An integrative theory of intergroup conflict. In W. G. Austin & S. Worchel（Eds. ）, *The social psychology of intergroup relations*（pp. 33 – 37）. Monterey, CA：Brooks/Cole.

Verkuyten, M. , & Pouliasi, K. 2006. Biculturalism and group identification：The mediating role of identification in cultural frame switching. *Journal of Cross-cultural Psychology*, 37（3）, 312 – 326.

Wang, X. Y. 2016. *Social Media in Industrial China*（pp. 183 – 188）. London：UCL Press.

Yang, F. G. 1999. *Chinese Christians in America：Conversion, Assimilation, and Adhesive Identities*（pp. 163 – 200）. Pennsylvania：Pennsylvania State University Press.

Yang, H. S. , Liao, Q. M. , & Huang, X. T. 2008. Minorities remember more：the effect of social identity salience on group-referent memory. *Memory*, 16, 910 – 917.

《中国社会心理学评论》 第 20 辑

第 44～62 页

© SSAP，2021

成年居住流动性对风险资产投资
期限偏好的影响[*]

周佳雯　李岩梅[**]

摘　要：中国城市化进程已具有一定规模，为追求更好的自我发展和居住环境，人口流动已经成为一个不容忽视的社会现象，而成年人正是这种主动流动的主导力量。随着经济的发展，金融资产投资作为经济市场化的重要产物，越来越多的人参与其中。为此，本研究探讨成年居住流动性与投资行为，尤其是与风险资产投资期限偏好的关系。我们通过两个实证研究发现，成年居住流动性越高，风险资产投资期限偏好越短；投资风险容忍度在成年居住流动性与投资期限偏好之间存在显著的间接效应，且具体表现为遮掩效应。本研究揭示了居住流动性对投资行为的影响，深化并充实了居住流动性及投资行为相关的心理模型。希望本研究的结果可以为金融领域的社会心理建设以及培养健康的社会投资心态提供切入点，并为金融安全相关政策的制定提供心理学的依据。

关键词：成年居住流动性　投资期限偏好　风险容忍度　遮掩效应

---

[*]　本研究受国家社会科学基金重大项目"新时代社会治理背景下社会心理服务建设研究"（19ZDA358）支持。

[**]　周佳雯，中国科学院心理研究所，中国科学院大学心理学系硕士研究生；李岩梅，中国科学院行为科学重点实验室，中国科学院心理研究所副研究员，通讯作者，E-mail：liym@psych.ac.cn。

一　引言

社会心理建设的目的在于社会治理，通过营造健康的社会心态，形成稳定且富有活力的社会经济秩序。投资行为是影响、构成社会经济秩序的重要因素。社会环境塑造投资者的心理行为。伴随着我国城镇化的高速发展，人口流动成为社会常态。本研究通过探讨人口流动与投资行为，尤其是与投资期限选择间的关系，揭示其背后的心理机制，为营造与投资相关的健康社会心态、稳定金融安全与金融秩序提供切入点和实证性的依据。

（一）研究背景

2018 年金融业在我国 GDP 中的占比再创新高。截至 2018 年底，参与证券市场投资的自然人数量已突破 1.4 亿人次。然而，值得关注的是，我国证券投资者的交易频率普遍较高，投资产品的持有时间较短。深圳证券交易所 2019 年发布的《2017 年度个人投资者状况调查报告》① 显示，长期价值类证券投资者仅占总账户人数的 26.5%。《2016 年度个人投资者状况调查报告》中个人平均交易频率为 5.6 次/月。上海证券交易所副总经理阙波在 2018 年首届中小投资者服务论坛上公布，2017 年个人投资者的平均持股周期为 20 天。从股市平均换手率来看，2012～2017 年中国股市的平均换手率为 242.8%，东京证券交易所为 108.8% 左右，澳大利亚证券交易的换手率仅为 59.04% 且交易频率为每年 10 次以下②。这些数据显示，我国个体投资者的风险资产投资期限较短。风险资产投资期限（以下简称"投资期限"）是指从开始投资到预先确定的投资回收日为止的期限。

与此同时，中国人口流动进入了活跃期，2010 年流动人口突破 2 亿，2018 年增加到 2.41 亿，约占总人口的 17.2%③。而 2017～2018 年，日本国内流动人口约 229 万，占总人口的 1.8%，澳大利亚国内流动人口约为

① 《2017 年度个人投资者状况调查报告》按照证券账户的地理分布状况，采取分层抽样方式，对调研地区年龄在 18～60 岁、过去 12 个月进行过沪深两市股票交易的 15890 个样本投资者进行问卷调查，涵盖全国 307 个大中小城市。

② 《境内外证券市场个人投资者情况分析比较》，中国结算数据统计分析小组以及 https://www.theglobaleconomy.com/。

③ 《中国统计年鉴 2019》，www.stats.gov.cn/tjsj/ndsj/2019/indexch.htm。

39 万，占总人口的 1.7%①。未来十年，城市化仍是中国经济增长的内在动力之一，预计城市化率会从 2018 年的 58.5% 提高到 70% ~72%②。这意味着人口流动已经并将持续成为中国社会的一个普遍现象。

我国个体投资者投资期限较短的现象是否与人口流动相关？人口流动如何影响投资期限？本研究从居住流动性入手，探讨人口流动与投资期限偏好之间的关系。

从社会生态的视角来看，居住流动在一定程度上创造了一种特殊的人际关系、生活社群与生活环境。它通过改变人与自然/社会环境的关系、改变关系的持续性与稳定性，塑造个体心理行为（Oishi，2014；戴逸茹、李岩梅，2018）。这种改变会影响个体对社会乃至经济关系持续性的预期。居住流动性很可能因此而影响投资期限偏好。另一方面，居住流动常常以获得更高质量的就业、教育、医疗、养老为目的。从行为决策的角度看，居住流动是付出迁移成本、承担迁移风险，以期未来获得更大收益——提高个体/家庭成员生活质量与水平的过程，它通过对预期收益、成本、风险的权衡来影响行为决策。受居住流动影响的未来收益－风险权衡倾向很可能也会对投资期限偏好产生影响。对居住流动进行成本/风险/收益权衡并主导居住流动的是成年人。为此，本研究聚焦成年后的居住流动性（简称"成年居住流动性"），探讨它对投资期限偏好的影响。

（二）成年居住流动性与短期投资期限偏好

流动必然伴随着居住地的改变。居住流动的地理范围不仅包含国内城市与城市之间的迁徙，也包含从一个国家到另一个国家的迁移。为了追求幸福、理想的生活，越来越多的人搬到心仪的城市与国家（Oishi，2010）。但居住流动在生活环境、友谊与家庭关系以及文化等层面都给个体带来了不确定性（Williams & Baláž，2014）。

居住流动性指个人转移其居住地的频率。在个体层面，它指特定时间段个体的搬家次数；在宏观层面，指某一时间段内城市、区域或者国家中流动人口的占比（Oishi，2010）。高居住流动性会使人经常看到新面孔、形成新的社会经济关系。多次搬家或被启动居住流动思维模式

---

① 日本统计局（http://www.stat.go.jp/，最后访问日期：2020 年 1 月 31 日）和澳洲统计局（https://www.abs.gov.au/，最后访问日期：2020 年 1 月 31 日）。

② 《预计未来十年中国城市化率会将提高到 72%》，http://finance.sina.com.cn/zl/2018 - 10 - 20/zl-ihmrasqt1035236.shtml？cre = zl&r = user&pos = 2_1，最后访问日期：2020 年 1 月 31 日。

（Residential mobility mindset）的人，处在不知自己何时还会再次搬家或预期未来还可能搬家的状态中（Eggleston & Oishi，2013）。这种不确定的状态，使人对关系持续时间的期待相对短暂，不愿意建立并维持长期稳定的关系，不愿意通过长期互惠、长期培育的方式获得利益。研究显示，居住流动性越高，人们越不愿意为需要长期培育的未来利益付出努力。高居住流动性的个体更少参与对居住地的亲社会行为或亲环境行为（Oishi，Lun，& Sherman，2007；左世江，2016），因为不确定的状态使他们不能预期自己能否得到长期互惠与长期关系带来的未来收益。Oishi等（2015）的研究，则为居住流动性与短期关系选择偏好的联系提供了更直接的证据。他们发现，有较多搬家经历的人会选择那些容易加入和退出的团体，这些人因为不知是否会再搬家，所以避免选择需要长期承诺的社会关系。他们还发现，这种倾向也反映在经济关系的选择上。在流动性较高的环境中，人们更愿意选择低承诺性的网络服务计划——月租费较高但取消时不另行收费，而不选择高承诺性的服务计划——月租费低却有高额的取消费用。

这些研究说明，居住流动会增强人们对短期关系的偏好，更愿意选择短期就能获得的收益。因为在未来不确定的情境下，快速获得收益才更有利于生存（Todd & Gigerenzer，2007）。成年后较高的居住流动性，会使居住流动思维模式处在慢性启动的状态，使人对长期关系感到不确定。这种不确定感很可能会影响人们对于收获经济利益时间的选择。研究显示，焦虑和不确定感都与对情境的低控制感有关（Smith & Ellsworth，1985），这些消极情绪使人更倾向于谨慎的、规避风险的决策（Lerner & Keltner，2000；2001），因此在进行投资决策时会有更强的时间偏好，希望用更短的时间获取结果/报酬，以减少不确定性。投资是以获取未来货币增值为目的的经济行为（陆剑清、陈明珠，2016），是为了在未来可预见的时期内获得收益或是使资金增值。因此，成年居住流动性很可能使人更愿意选择能够在更近的未来获得投资的收益。因此，我们预测，成年居住流动性越高，投资期限越短（假设1）。

（三）成年居住流动性、风险容忍度与投资期限偏好

1. 成年居住流动性与风险容忍度

风险容忍度是指个人愿意承担风险的程度（Sung & Hanna，1996）。在金融领域，风险容忍度更具体地被定义为当金融资产的未来损益存在不确定性时，个人所愿意接受的风险程度，既包括可接受的不适感程度（如紧

张、焦虑等），也包括可接受的波动金额大小（Gibson，Michayluk，&
Venter，2013；Grable，2000）。研究显示，风险容忍度既是一种相对稳定
的心理特征，也是一种受内外部因素影响的心理状态（Grable & Joo，
2004）。Venter 等（2012）和 Kuzniak 与 Grable（2017）的研究发现，尽管
个体的风险容忍度每年的变化相对较小，但是风险容忍度会随外部环境的
影响而发生改变，如个人生活经历的变化、股票市场回报的变化、经济衰
退的变化等（Yao，Sharpe，& Wang，2011）。居住流动性则可能是影响风
险容忍度的另一种外部环境因素。

居住流动的风险在于，搬迁所造成的成本损失与其可能带来的回报是
无法完全估计的（包括物质或者非物质的）。因此，居住流动被认为是一
种在不确定条件下形成的对风险的预期行为（Williams & Baláž，2012）。
高居住流动性意味着较高的不确定性和风险。Williams 和 Baláž（2014）的
研究结果为揭示居住流动性与风险容忍度的关系提供了初步证据。他们利
用英国人口普查数据，探讨了移民和常住者在风险容忍度上的差异，发现
与常住者相比，有移民经历的人认为移民外国可以获得更好的教育、更高
的收入与更好的生活，更不担心外国的犯罪率以及生活的不便程度，相
信自己有处理移民相关的各种困难的能力。他们的风险容忍度更高，并
且会基于自己的风险应对能力进行更高风险的行为。移民外国是居住流
动的一种。这些结果说明以追求更大利益为目的的居住流动，会提高风
险容忍度，促进相对理性的风险行为选择。风险容忍度的研究也显示，
想得到更多收益的愿望会提高风险容忍度（Anbar & Eker，2019）。成年
后的居住流动多以追求更大利益为目的，如更好的教育资源与工作资源、
更高的幸福感，或高质量的退休生活等（Oishi & Kisling，2009）。频繁
的主动搬家意味着个人愿意接受搬家所带来的不确定性和各种风险，以
获得更大利益。所以我们预测，成年居住流动性越高，投资风险容忍度
越高（假设2）。

2. 风险容忍度与投资期限偏好

已有研究发现，风险容忍度高的人在投资时会选择有风险的资产以
获得更高的回报（Hanna & Lindamood，2004；Neelakantan，2010）。投
资具有产品收益和本金波动的不确定性以及发生时间的不确定性，即存
在与时间相关的风险。收益时间的延迟被认为和风险等价（Keren & Ro-
elofsma，1995）。投资期限越长，这种风险越高。为管理这种风险，个体
投资者对待收益常常比较短视，更容易选择"少而快"而不是"大却
迟"的收益（Hardisty & Weber，2009；Kirby，1997）。然而，风险容忍

度会影响人们对于投资期限的选择（Shoji & Kanehiro，2012）。已有研究直接或间接显示，风险容忍度越高，人们选择延迟报酬的可能性越大。例如，Gollier（2002）对公共投资项目的研究发现，在没有经济萧条预期的背景下，当风险厌恶程度降低时，社会贴现率①随时间的延长而降低。即投资者的风险容忍度越高，所估计的未来事件的效用越大，越注重长期投资项目所产生的效益（比如，减缓全球气候变暖等项目）。而低风险容忍度的投资者赋予未来收益的权重更低，选择延迟报酬的可能性较小，在投资期限的选择上更倾向于短期。例如，防卫型的公司管理者更倾向于短期项目（Thakor，1993）；保守的决策者更注重短期收益而不愿意在研发上投资；经常需要考核业绩的基金经理往往会更注重短期收益，甚至为此而牺牲长期利益（Gollier & Zeckhauser，2002）。Anderhub 等（2001）也发现，风险规避程度和时间折扣率（time discounting）之间存在显著相关，风险规避程度越低，赋予未来收益的权重越大。风险容忍度高的人股票换手率更低，更容易持有长期投资产品（Reddy & Mahapatra，2017）。所以，我们预测投资风险容忍度越高，投资期限越长（假设 3）。

3. 成年居住流动性、风险容忍度与投资期限偏好

综上所述，一方面，成年后的高居住流动性使投资者对需要长期等待才能获得的利益没有信心，更偏好近期收益，因而与投资期限之间存在负向关系。另一方面，成年后的居住流动常常是为了提高生活质量而进行的主动迁移，旨在通过承受迁移所带来的风险次获得更大收益。这种因成年后的居住流动而提高的投资风险容忍度会进一步影响投资期限，即成年居住流动性与风险容忍度之间以及风险容忍度与投资期限之间，很可能分别存在正向关系。因此，成年居住流动性通过风险容忍度影响投资期限的间接路径，很可能会削弱成年居住流动性对投资期限影响的总效应。这种直接与间接效应符号相反，总效应被遮掩的"遮掩效应"（suppressing effects），是中介模型中普遍存在的一种现象（MacKinnon，Krull，& Lockwood，2000；温忠麟、叶宝娟，2014）。因此，我们预测，投资风险容忍度在成年居住流动性与风险资产投资期限偏好之间的间接效应表现为"遮掩效应"，即成年居住流动性通过投资风险容忍度作用于投资期限的间接效应为正，而成年居住流动性对投资期限的直接影响

---

① 社会贴现率（social discount rate）表明了人们对将来发生的各种事情有多重视。较高的社会贴现率，意味着人们对未来的责任感减弱，说明人们只追求眼前利益。

为负（假设 4）。

我们通过两个研究检验以上假设。研究一通过调查被试计划投资期限，研究二通过分析被试在投资情境中选择持有短/中/长期基金的数量，测量投资期限偏好，同时测量投资波动时的焦虑程度、成年后搬家次数，从而探讨成年居住流动性、投资风险容忍度与投资期限偏好之间的关系。

二　研究一：成年居住流动性与计划投资期限偏好

研究一探讨成年居住流动性、投资风险容忍度与计划投资期限偏好之间的关系。

（一）方法

本研究采用网络问卷调查的方法，通过问卷星在线随机发放问卷。为控制投资经验的影响，我们设置了前置筛选题，使有足够投资经验的人才能参与调查。我们还在问卷中插入 3 道陷阱题，测试线上答题者是否认真回答。剔除陷阱题答错问卷后，共回收有效问卷 154 份（男性 60 人，女性 94 人），其答题时间不少于 400 秒，最多不大于 2000 秒。其中，男性占 39%，女性占 61%。

（二）测量工具

成年居住流动性。我们通过询问"从 18 岁到现在您搬过几次家？"测量成年居住流动性。我们还询问了成年前的搬家次数，作为控制变量。为使答题者更容易回忆准确的搬家次数，我们将成年前分成童年与青少年期两个阶段进行询问，分别为"从出生到小学毕业前您搬过几次家？"和"从小学毕业后到 18 岁前您搬过几次家？"。

投资风险容忍度。以往研究指出风险容忍度可以通过个人报告决策时对风险的承受程度，如可接受的损失金额、损失时的焦虑程度等，来测量投资风险容忍度（Prokosch et al., 2019）。因此本研究采用中国银行协会公布的《商业银行理财客户风险评估问卷基本模版》中的相关题目"您的投资出现何种程度的波动时，您会呈现明显的焦虑？"来测量风险容忍度。采用 5 点式量表，1~5 分别表示"本金无损失""本金轻微损失""本金 10% 以内损失""本金 20%~50% 的损失""本金 50% 以上的损失"，分数越高表示风险容忍度越高①。

计划投资期限偏好。采用中国银行协会公布的《商业银行理财客户风险评估问卷基本模版》中的相关题目"您计划的投资期限是多久?"来测量计划投资期限偏好。采用 4 点式量表,1～4 分别表示"1 年以下""1～3 年""3～5 年""5 年以上",分数越高表明个体对风险资产投资期限偏好越长。

此外,我们还对人口学变量、财务状况、投资经验等进行了调查,为控制对投资期限与投资风险容忍度可能产生影响的变量做准备。

(三) 假设检验

由于成年、青少年、童年三阶段居住流动性的数据呈现非正态分布,我们分别对各阶段的搬家次数开两次平方根,使成年、青少年、童年三阶段居住流动性呈正态分布($\beta_{s成年} = 0.293$,$\beta_{k成年} = -0.947$;$\beta_{s青少年} = 1.234$,$\beta_{k青少年} = 0.329$;$\beta_{s童年} = 1.046$,$\beta_{k童年} = -0.240$)。为检验成年居住流动性与计划投资期限偏好、风险容忍度的关系,我们首先建立了以计划投资期限偏好为因变量,以成年居住流动性为自变量的回归方程。控制变量分别为:童年/青少年时期搬家次数($p_{童年} = 0.659$,$p_{青少年} = 0.233$),收入中可投资额($\beta = 0.220$,$p = 0.014$),童年期社会经济地位($p = 0.110$),金融环境对风险投资产品的购买($p = 0.138$)/持有时间的影响($p = 0.161$)以及是否从事金融相关职业($p = 0.477$)。在计划投资期限偏好和成年居住流动性的模型中,$F(1, 145) = 2.034$,$p = 0.046$,尽管有倾向显示,成年期搬家次数越多越想短期投资,但统计结果并不显著($B = -0.605$,$SE = 0.454$,$p = 0.185$)。

温忠麟和叶宝娟 (2014) 提出利用中介效应建模来检验遮掩效应的方法,并指出当间接效应显著,与直接效应符号相反时,按遮掩效应解释。我们采用温忠麟和叶宝娟 (2014) 以及 Preacher 和 Hayes (2004) 提出的中介效应检验方法,使用 Bootstrapping 模型 4 来探讨成年居住流动性、投资风险容忍度与计划投资期限偏好之间的关系。控制变量不变,重复抽样5000 次,结果显示成年期搬家次数与风险容忍度呈显著正相关(路径 a:

① 该量表来自中国银行协会公布的《商业银行理财客户风险评估问卷基本模版》,此版本是中国银行业协会根据《中国银监会办公厅关于 2013 年商业银行理财业务监管工作的意见》(银监办发〔2013〕70 号) 要求,结合当前商业银行理财业务客户风险管理编写的,目前各大金融机构的客户风险测评问卷也是根据此版本做适当的增减。参见 https://www.china-cba.net/Index/show/catid/86/id/4692.html,最后访问日期:2020 年 1 月 31 日。

F（1，145）=3.888，p=0.000，B=0.990，SE=0.494，p=0.047），即成年期搬家次数越多，投资风险容忍度越大，支持假设2。投资风险容忍度与计划投资期限偏好呈正相关，边缘显著（路径b：F（1，144）=2.219，p=0.024，B=0.140，SE=0.076，p=0.066），投资风险容忍度越高，计划投资期限越长，支持假设3。结果还显示，95%的无偏校正置信区间没有包含0（SE=0.105，LLCI=0.003，ULCI=0.459），投资风险容忍度的间接效应显著，大小为0.139，即成年居住流动性越高，风险容忍度越高，计划投资期限越长（见图1）；成年期搬家次数对投资期限偏好直接效应不显著（路径c'：B=-0.744，SE=0.456，p=0.105）。由于间接效应ab（0.139）与直接效应c'（-0.744）符号相反，且总效应c（-0.605）的绝对值小于直接效应c'（-0.744）的绝对值，说明总效应被遮掩，投资风险容忍度在成年居住流动性和计划投资期限的模型中表现出遮掩效应，控制投资风险容忍度后，成年居住流动性对计划投资期限偏好的直接影响变大。上述结果支持了假设4。

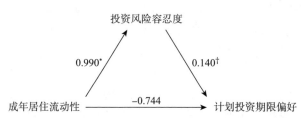

图1　成年居住流动性、计划投资期限偏好和投资风险容忍度三者的关系模型

注：$^*p<0.05$，$^\dagger p<0.1$。

（四）讨论

虽然研究一证实了我们的部分假设（假设2至假设4），但是没能验证成年居住流动性对计划投资期限偏好的直接影响。这很可能由于，研究一通过让被试回答"您计划的投资期限是多久？"测量了计划投资期限偏好，但是没有设置或提示更为真实的投资情境。人们在没有面对具体投资产品的选择时，无法具象思维，从而没能清晰地展现现实生活中的投资倾向。为此，我们在研究二中加入了真实投资产品——基金的选择。

三　研究二：成年居住流动性与风险投资期限偏好

研究二计划让研究参与者对真实投资产品——不同期限基金进行持有

选择。通过这种方法，一方面可以测量对风险资产的投资期限偏好；另一方面可以使研究参与者处在更真实的投资情境中回答测量计划投资期限和投资风险容忍度的问题，以获得更准确的反映投资心理过程的数据，探索成年居住流动性对风险资产投资期限的影响。

（一）方法

本研究采用情境问卷，通过微信和问卷星在线发放。对象为有经验的投资者。调查设置前置筛选题，以获得有投资经验的被试样本。问卷还设置4道检测题，以筛除不认真作答者。参加研究的人，首先阅读基金相关信息，决定是否够买以及持有多长时间，其次回答儿童、青少年、成年居住流动性相关问题，最后完成风险容忍度测量并回答投资经验、投资态度（希望获得高回报的程度）、金融环境影响、收入中可投资额等控制变量相关的问题，最后回答人口学变量问题。

共回收有效问卷159份（男性59人，女性100人），男性占37.1%，女性占62.9%。有效问卷的筛选标准为：答题时间为230~1242秒，且认真作答，筛选题回答正确。

（二）测量工具

居住流动性、投资风险容忍度与计划投资期限偏好：同研究一。

基金投资期限偏好。通过3道基金情境题测量持有时间偏好。情境题取自大众接受度较高的风险投资产品——中等风险基金，其投资标的以企业债券、同业存款或债券和股票混合型为主。所有产品均来自市场真实案例。为使投资期限的选择更清晰，我们对基金产品的收益率进行了调整，使收益率随时间递增。阅读基金的描述以及历史涨跌幅记录后，参与者进行投资操作，选择"是否愿意购买"。随后有购买意愿的人回答"您打算持有多长时间？"，采用7点式量表，选项分别为"1个月""2个月""3个月""6个月""9个月""1年""1年以上"这些常见的持有时间，参与者可以从1~7中任选一项。一般来说，根据投资期限的长短，可以分为短期投资、中期投资、长期投资。短期投资是指持有时间在3个月及以内的证券投资；中期投资是指持有时间在3个月以上、一年以内的投资；长期投资一般是指持有时间在一年及以上的投资（唐立军，2007）。遵从这种常见的分类方式，我们将基金投资期限偏好分为三类："持有时间"选项"1个月""2个月""3个月"为短期，"6个月""9个月"为中期，"1年"及"1年以上"为长期，并创建"短期基金持有数量"

"中期基金持有数量""长期基金持有数量"三个变量。当被试对 3 种基金均做出了"购买"选择，并且在"持有时间"上做出短、中、长期基金选择时，其短/中/长期基金持有的个数分别为这三个变量的取值；如果被试对这三种基金都不选择购买，则短/中/长期基金的持有个数取值为 0、0、0。持有短/中/长期任一时间段基金数量越多，则意味着越偏好这个期限。

（三）数据分析和结果

1. 成年居住流动性、计划投资期限偏好与投资风险容忍度

（1）成年居住流动性对计划投资期限偏好的直接影响。为使成年、青少年、童年三阶段居住流动性达到正态分布，分别对各阶段的搬家次数开两次平方根（$\beta_{s成年} = 0.597$，$\beta_{k成年} = -0.323$；$\beta_{s青少年} = 1.519$，$\beta_{k青少年} = 1.64$；$\beta_{s童年} = 1.491$，$\beta_{k童年} = 1.376$）。建立以计划投资期限为因变量，以成年居住流动性为自变量的回归方程。控制变量分别为童年/青少年时期搬家次数、收入中可投资额、投资经验、投资态度、金融环境影响。由于年龄、性别无显著影响（$ps = 0.228$；0.835），在以下分析中不作为控制变量使用。在成年居住流动性与计划投资期限偏好的模型中，$F(1, 151) = 6.532$，$p = 0.000$，控制其他相关变量，成年期搬家次数与计划投资期限边缘显著（$B = -0.612$，$SE = 0.338$，$p = 0.072$），成年期搬家次数越多，计划投资期限越短，支持假设 1。除此以外，结果还显示投资经验越丰富，投资期限越长（$B = 0.146$，$SE = 0.055$，$p = 0.009$）；投资态度越积极即越喜欢高风险高收益，投资期限也越长（$B = 0.216$，$SE = 0.098$，$p = 0.029$）；对金融环境越敏感，计划投资期限越短（$B = -0.211$，$SE = 0.054$，$p = 0.000$），说明金融环境作为一种不确定因素也会对投资期限产生影响。

（2）成年居住流动性对计划投资期限偏好的间接效应。使用 SPSS Process 对投资风险容忍度是否为成年居住流动性对计划投资期限偏好影响的中介变量进行分析。采用温忠麟和叶宝娟（2014）以及 Preacher 和 Hayes（2004）提出的中介效应检验方法，使用 Bootstrapping 模型 4 检验方法来研究间接效应。成年期搬家次数与风险容忍度呈边缘相关（路径 a：$F(1, 151) = 3.565$，$p = 0.001$，$B = 0.790$，$SE = 0.422$，$p = 0.064$），即成年期搬家次数越多，投资风险容忍度越大，与研究一结果一致，支持假设 2。风险容忍度与计划投资期限偏好呈正相关（路径 b：$F(1, 150) = 6.675$，$p = 0.000$，$B = 0.158$，$SE = 0.064$，$p = 0.015$），风险容忍度越高，

计划投资期限越长，与研究一结果一致，支持假设 3。95％ 的无偏校正置信区间内，成年期搬家次数与计划投资期限偏好的间接效应没有包含 0（SE ＝ 0.095，LLCI ＝ 0.0005，ULCI ＝ 0.380），风险容忍度的间接效应显著，大小为 0.125；同时，成年期搬家次数与计划投资期限偏好直接效应也显著（路径 c'：B ＝ － 0.737，SE ＝ 0.336，p ＝ 0.030），直接效应为 － 0.737。基于间接效应与直接效应符号相反，且总效应 c（－ 0.612）的绝对值小于直接效应 c'（－ 0.737）的绝对值，可以得到风险容忍度在模型中具有遮掩效应，支持假设 4，即成年居住流动性越高计划投资期限偏好越短，且成年居住流动性通过投资风险容忍度影响了投资期限，控制投资风险容忍度后，成年居住流动性对计划投资期限偏好的影响加强。

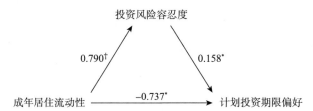

图 2　成年居住流动性、计划投资期限偏好和投资风险容忍度三者关系模型

注：$^* p < 0.05$，$^† p < 0.1$。

2. 成年居住流动性、基金持有期限偏好与投资风险容忍度

（1）成年居住流动性对基金持有期限偏好的直接影响。建立以成年居住流动性为自变量，短/中/长期基金持有数量为因变量的方程，控制变量不变，进行回归分析。结果显示，在短期基金持有数量的模型中，$F_短$（1，151）＝ 2.080，p ＝ 0.049，成年后的搬家次数可以正向预测短期基金持有数量（B ＝ 1.355，SE ＝ 0.436，p ＝ 0.002），即成年居住流动性越高，持有短期风险基金的个数越多，更偏好短期持有基金，说明真实投资产品的研究结果与之前研究相呼应，支持假设 1。

中/长期基金持有数量与成年期搬家次数的模型检验均不显著，$F_中$（1，151）＝ 1.132，p ＝ 0.346；$F_长$ ＝（1，151）＝ 1.433，p ＝ 0.196。

（2）成年居住流动性对基金持有时间关系的间接效应。对不同期限的基金持有数量进行 Bootstrap 间接效应检验，分析投资风险容忍度是否对成年居住流动性与基金投资期限偏好的关系产生影响。根据温忠麟和叶宝娟（2014）以及 Preacher 和 Hayes（2004）提出的中介效应检验方法，使用 Bootstrapping 模型 4 检验方法，重复抽样 5000 次，分析结果如下（见表 1）。成年期搬家次数与投资风险容忍度呈边缘相关（路径 a：F（1，151）＝

3.565，$p = 0.001$；B = 0.790，SE = 0.422，$p = 0.064$），即成年期搬家次数越多，投资风险容忍度越大。在成年期搬家次数、投资风险容忍度共同作用于因变量短/中/长期基金持有数量的方程中，$F_{短}$（1，150）= 2.064，$p = 0.043$；$F_{中}$（1，150）= 1.051，$p = 0.401$；$F_{长}$（1，150）= 1.976，$p = 0.053$，投资风险容忍度与长期基金持有数量正相关（路径 b：$B_{长期}$ = 0.243，SE = 0.104，$p = 0.021$），一定程度上说明了投资风险容忍度越高，持有长期基金的数量就会上升，长期持有风险资产偏好变强，支持假设 3。

表 1　成年期搬家次数、投资风险容忍度与短/中/长期持有基金数量的关系

	B	标准误	p	LLCI	ULCI
成年期搬家次数→投资风险容忍度	0.790	0.422	0.064	-0.045	1.624
成年期搬家次数→短期基金持有数量	1.445	0.440	0.001	0.576	2.315
成年期搬家次数→中期基金持有数量	-0.561	0.447	0.212	-1.444	0.323
成年期搬家次数→长期基金持有数量	-0.886	0.545	0.106	-1.963	0.192
投资风险容忍度→短期基金持有数量	-0.115	0.084	0.174	-0.280	0.051
投资风险容忍度→中期基金持有数量	-0.061	0.085	0.476	-0.229	0.107
投资风险容忍度→长期基金持有数量	0.243	0.104	0.021	0.038	0.449

成年期搬家次数和短/中/长期基金持有数量关系的间接效应检验结果（见表 2）显示，投资风险容忍度仅在长期持有基金数量的模型中间接效应显著（$ab_{长期}$ = 0.192，SE = 0.139，LLCI = 0.002，ULCI = 0.566），95% 的置信区间内未包含 0，但是成年期搬家次数对长期基金持有数量没有直接影响（路径 c'：$B_{长期}$ = -0.886，SE = 0.545，$p = 0.106$）。由于间接效应和直接效应符号相反，且成年期搬家次数与长期基金持有数量的总效应 c（-0.694）绝对值小于直接效应绝对值 c'（-0.886），说明成年居住流动性通过风险容忍度对长期基金持有偏好产生影响，风险容忍度具有遮掩效应，即成年居住流动性越大，风险容忍度越高，对长周期基金持有偏好增加，控制风险容忍度后，成年居住流动性对长期基金持有数量负向影响扩大（见图 3），这一结果支持了假设 4。而在短期持有基金数量的模型中，虽然投资风险容忍度的间接效应不显著（$ab_{短期}$ = -0.091，SE = 0.087，LLCI = -0.358，ULCI = 0.019），但成年期搬家次数与短期基金持有数量的直接效应显著（路径 c'：$B_{短期}$ = 1.445，SE = 0.440，$p = 0.001$），说明成年居住流动性可以很好地正向预测短期基金持有偏好，投资风险容忍度在短期投资行为中不存在遮掩效应。

表2　投资风险容忍度对成年居住流动性与短/中/长期持有基金数量关系的间接效应

因变量	投资风险容忍度（M）			
	a * b	标准误	LLCI	ULCI
短期基金持有数量	− 0.091	0.087	− 0.358	0.019
中期基金持有数量	− 0.048	0.088	− 0.321	0.069
长期基金持有数量	0.192	0.139	0.002	0.566

注：a * b 表示间接效应的效应值。

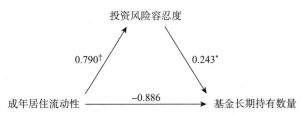

图3　成年居住流动性、基金长期持有数量和投资风险容忍度三者的关系模型

注：$^* p < 0.05$，$^† p < 0.1$。

（四）讨论

研究二验证了成年居住流动性对风险资产计划投资期限偏好的直接影响（假设1），以及成年居住流动性通过风险容忍度对计划投资期限偏好产生影响，投资风险容忍度在成年居住流动性与计划投资期限偏好的关系中具有遮掩作用（假设2至假设4）。同时通过对基金不同投资期限偏好的分析，再次验证了假设1至假设4，即成年期搬家次数对短期基金持有偏好有直接影响，搬家次数越多，越愿意更多持有短期基金，但是投资风险容忍度在成年期搬家次数与短期基金持有偏好的关系中没有遮掩作用；另一方面，结果显示成年居住流动性通过投资风险容忍度对长期基金持有数量产生间接影响，且表现为遮掩效应。

四　总讨论

本研究基于社会心理学视角，从不同角度采用不同的测量方法探索了成年居住流动性对风险资产投资期限的影响及其背后的心理机制。通过计划投资期限偏好和不同期限基金持有数量对投资期限偏好进行测量，发现：（1）成年居住流动性越高，投资期限越短；（2）成年居住流动性越高，投资风险容忍度越高，投资期限越长；（3）成年居住流动性通过投资风险容忍度对投资期限偏好的间接影响，削弱了成年居住流动性对投资期限偏好带来的负向影响，风险容忍度是成年居住流动性与投资期限偏好之间关系的遮掩变量。

（一）成年居住流动性与短期投资期限偏好

成年居住流动性之所以导致短期投资期限偏好，其原因在于多次搬迁使社会关系、情感联结等频繁变化。这种不确定的状态会降低人们对于关系持续性的期待，降低人们对通过长期的方式获得收益的信心。人们会根据环境做出合理的决定（Todd & Gigerenzer，2007）。在高居住流动性的状态下，快速收获利益，才能更好地管理不确定感，更好地适应生活环境，进而更有利于生存。因此，在高居住流动的社会生态中，短期投资策略更符合"生态合理性"（ecological rationality）。

（二）成年居住流动性、投资风险容忍度与投资期限偏好

进一步发现，成年居住流动性同时还会促进风险容忍度的提升，风险容忍度越高，对较长投资期限的偏好越大。这一间接效应出现的原因在于，成年后的高居住流动性强化了人们通过承担较长时间所带给投资的风险以获取更高收益的愿望。成年后的居住流动多是以追求更高质量的生活，即更大利益为目的的主动迁移。人们愿意为达到这一目的而承受风险（Williams & Baláž，2014）。成年后的多次搬迁，会增加人们承受风险的意愿，提高其风险容忍度。风险容忍度越高，越容易选择"大却迟"的延迟报酬，越容易出现通过长期投资获得更大收益的倾向。

但成年居住流动性通过风险容忍度对长期投资期限偏好的这种促进，削弱了自身与较短投资期限偏好之间的关系，遮掩了其对较短期投资期限偏好的直接影响。遮掩效应之所以出现，是由于人们的投资行为在受到社会生态影响的同时，也受到了动机的影响。具体而言，在居住流动塑造的特殊社会生态作用于投资期限偏好的同时，促成居住流动的动机通过提高风险容忍度也作用于投资期限偏好。只不过前者与后者作用方向相反。

（三）研究意义

居住流动已经成为我国居民日常生活的一部分，在 1968～2018 年，中国城镇常住人口从 1.7 亿到增加到了 8.3 亿，这一数字将继续随着中国城

镇化进程进一步增长①。中国人口的流动方向多是由农村流向城市，由经济欠发达地区流向经济发达地区，由中西部地区流向东部沿海地区；流动目的多是出于工作、生活等原因而离开户籍所在地到另一地居住②。居住流动已经成为一个庞大群体的共同经历。这种经历改变了个体与社会的关系（Oishi et al.，2013）。本研究进一步发现，这种经历还会改变个体与经济的关系、个体对未来的认知。成年居住流动性越高，越偏好短期投资，而这种偏好却被风险容忍度所遮掩。这些发现，揭示了我国投资者投资期限较短这一现象背后的社会心理机制。同时说明，社会的高流动性会使人高估未来的不确定性，导致投资行为的短视化与非理性，影响对金融市场的信心，进而影响经济秩序的稳定性。在社会心理建设的过程中，应关注流动性对投资心理行为的影响，调节因流动而带来的不确定感，培育健康的社会投资心态。

以往居住流动性的研究主要针对群体关系、个体发展以及居住流动性带来的社会心理现象等，本研究丰富了对居住流动性对经济心理行为影响的探索。我们综合个人风险承受能力对成年居住流动性与投资期限及投资产品选择进行分析，发现了三者之间的关系。这一发现不仅拓展了原有居住流动性的研究框架，而且在微观经济学领域个人投资行为的分析上，也是一个崭新的思路和方向。此外，本研究从宏观社会现象着手，深入研究微观投资者的投资行为以及其背后的行为成因。有关居住流动性与投资期限关系及其背后心理机制的这些发现，一方面给未来宏观决策提供参考，促使人们在制定金融安全相关政策时，注意到流动性及其相关心理行为在金融投资领域的影响；另一方面，也可以让金融机构在未来的产品研发和销售过程中更清楚地了解投资者的投资行为和投资趋势。

（四）研究局限与展望

本研究仍存在诸多不足之处，有待后续进一步完善。首先，在通过基金持有时间测量投资期限偏好的研究中，未能发现风险容忍度在成年居住流动性与基金短期持有偏好关系中的作用。这很可能是由于没能使用连续变量作为测量工具，导致短期持有与长期持有没能表现在一个连续体上。未来研究应进一步摸索更为合适的测量工具，确认三者之间的关系，比如，我们在研究二中发现，成年居住流动性对计划投资期限存在间接效

---

① 新浪吴晓波专栏：《预计未来十年中国城市化率会将提高到72%》以及 2018 年统计局数据。
② 信息来源于《中华人民共和国人口与计划生育法》以及《中国流动人口发展报告 2018》。

应，同时成年居住流动性和计划投资期限的直接效应（c'）显著，且 a *
b * c' < 0，根据 Zhao 等（2010）和温忠麟与叶宝娟（2014）提出的检验
办法，表明仍可能存在其他方向相反，符号为负的中介路径，这个发现给
我们未来的研究提供了思路和方向。将来的研究可以探索是否存在其他中
介/调节因素，如焦虑。已有研究显示居住流动会使人产生焦虑感（Oishi
et al.，2012），而焦虑则会使人更容易选择保守性的投资策略（Gambetti &
Giusberti，2012）

其次，我们的研究仅选取了比较有代表性的中等风险基金作为风险资
产进行分析，以后的实验可以对不同金融产品进行对比分析，可依次分为
银行存款、债券、基金、股票、期货等等，因为不同投资者的投资经验不
同，产品细分后的调查结果会更有针对性。最后，本研究重点分析了成年
后的居住流动性和风险投资产品的持有意愿和持有时间，未来的研究也可
以从童年和青少年不同时期设计，全面分析居住流动性对投资行为的
影响。

参考文献

戴逸茹、李岩梅，2018，《居住流动性对心理行为的影响》，《心理科学》第 5 期。
陆剑清、陈明珠，2016，《投资心理学》，清华大学出版社。
唐立军，2007，《证券经纪人》，中国工商出版社。
温忠麟、叶宝娟，2014，《中介效应分析：方法和模型发展》，《心理科学进展》第 5 期。
左世江，2016，《居住流动性对亲环境行为的影响及其作用机制》，硕士学位论文，北
    京师范大学心理学系。
Anbar, A. & Eker, M. 2019. The effect of sociodemographic variables and love of money on fi-
    nancial risk tolerance of bankers. *Business & Economics Research Journal*, 10（4），855 – 866.
Anderhub, V., Güth, W., Gneezy, U., & Sonsino, D. 2001. On the interaction of risk and
    timepreferences: An experimental study. *German Economic Review*, 2（3），239 – 253.
Eggleston, C. & Oishi, S. 2013. Is Happiness a Moving Target? The Relationship Between
    Residential Mobility and Meaning in Life. *The Experience of Meaning in Life*（pp. 333 –
    345）. Springer Netherlands.
Gambetti, E. & Giusberti, F. 2012. The effect of anger and anxiety traits on investment deci-
    sions. *Journal of Economic Psychology*, 33（6），1059 – 1069.
Gibson, R., Michayluk, D., & Venter, G. V. D. 2013. Financial risk tolerance: An analysis
    of unexplored factors. *Published Paper*, 22.
Grable, J. E. 2000. Financial risk tolerance and additional factors that affect risk taking in every-
    day money matters. *Journal of Business and Psychology*, 14（4），625 – 630.
Grable, J. E. & Joo, S. H. 2004. Environmental and biopsychosocial factors associated with

financial risk tolerance. *Journal of Financial Counseling and Planning*, 15（1）, 73 – 82.

Gollier, C. & Zeckhauser, R. J. 2002. Horizon length and portfolio risk. *Social Science Electronic Publishing*, 24（3）, 195 – 212.

Gollier, C. 2002. Time horizon and the discount rate. *Journal of Economic Theory*, 107（2）, 463 – 473.

Hardisty, D. J. & Weber, E. U. 2009. Discounting future green：Money versus the environment. *Journal of Experimental Psychology General*, 138（3）, 329.

Hanna, S. D. & Lindamood, S. 2004. Changes in financial risk tolerance, 1983 – 2001. *Social Science Electronic Publishing*.

Keren, G. & Roelofsma, P. 1995. Immediacy and certainty in intertemporal choice. *Organizational Behavior and Human Decision Processes*, 63（3）, 287 – 297.

Kirby, K. N. 1997. Bidding on the future：Evidence against normative discounting of delayed rewards. *Journal of Experimental Psychology：General*, 126, 54 – 70.

Kuzniak, S. & Grable, J. E. 2017. Does financial risk tolerance change over time? A test of the role macroeconomic, biopsychosocial and environmental, and social support factors play in shaping changes in risk attitudes. *Financial Services Review*, 26, 315 – 338.

Lerner, J. S. & Keltner, D. 2000. Beyond valence：Toward a model of emotion-specific influences on judgement and choice. *Cognition & Emotion*, 14（4）, 473 – 493.

Lerner, J. S. & Keltner, D. 2001. Fear, anger, and risk. *Journal of Personality & Social Psychology*, 81（1）, 146.

Mackinnon, D. P. , Krull, J. L. , & Lockwood, C. M. 2000. Equivalence of the mediation, confounding and suppression effect. *Prevention Science*, 1（4）, 173 – 181.

Neelakantan, U. 2010. Estimation and impact of gender differences in risk tolerance. *Economic Inquiry*, 48（1）, 228 – 233.

Oishi, S. , Lun, J. , & Sherman, G. D. 2007. Residential mobility, self-concept, and positive affect in social interactions. *Journal of Personality and Social Psychology*, 93（1）, 131 – 141.

Oishi, S. , Ishii, K. , & Lun, J. 2009. Residential mobility and conditionality of group identification. *Journal of Experimental Social Psychology*, 45（4）, 913 – 919.

Oishi, S. & Kisling, J. 2009. The mutual constitution of residential mobility and individualism. In R. S. Wyer Jr. , C. -Y. Chiu, & Y. Y. Hong（Eds. ）, *Understanding culture：Theory, research, and application*（pp. 223 – 238）. New York：Psychology Press.

Oishi, S. 2010. The Psychology of Residential Mobility：Implications for the Self, Social Relationships, and Well-Being. *Perspectives on Psychological Science*, 5（1）, 5 – 21.

Oishi, S. , Miao, F. F. , Koo, M. , Kisling, J. , & Ratliff, K. A. 2012. Residential mobility breeds familiarity-seeking. *Journal of Personality and Social Psychology*, 102（1）, 149 – 162.

Oishi, S. , Kesebir, S. , Miao, F. F. , Talhelm, T. , Endo, Y. , Uchida, Y. , & Norasakkunkit, V. 2013. Residential mobility increases motivation toexpand social network：But why? *Journal of Experimental Social Psychology*, 49, 217 – 223.

Oishi, S. 2014. Socioecological psychology. *Annual Review of Psychology*, 65（1）, 581 – 609.

Oishi, S. , Schug, J. , Yuki, M. , & Axt, J. 2015. The psychology of residential and relational mobilities. In M. J. Gelfand, C. Y. Chiu, & Y. Y. Hong (Eds.), *Handbook of advances in culture and psychology: Running head: Residential and relational mobility* (pp. 221 – 272). Oxford: Oxford University Press.

Preacher, K. J. & Hayes, A. F. 2004. SPSS and SAS procedures for estimating indirect effects in simple mediation models. *Behavior Research Methods, Instruments, & Computers*, 36, 717 – 731.

Prokosch, M., Gassen, G., Ackerman, J., & Hill, S. 2019. Caution in the time of cholera: Pathogen threats decrease risk tolerance. *Evolutionary Behavioral Sciences*, 13 (4), 311 – 334.

Reddy, K. S. & Mahapatra, M. S. 2017. Risk tolerance, personal financial knowledge and demographic characteristics-evidence from India. *Journal of Developing Areas*, 51 (3), 51 – 62.

Shoji, I. & Kanehiro, S. 2012. Intertemporal dynamic choice under myopia for reward and different risk tolerances. *Economic Theory*, 50 (1), 85 – 98.

Smith, C. A. & Ellsworth, P. C. 1985. Patterns of cognitive appraisal in emotion. *Journal of Personality and Social Psychology*, 48 (4), 813 – 838.

Sung, J. & Hann, S. D. 1996. Factors Related to Risk Tolerance. *Journal of Financial Counseling and Planning*, 7, 11 – 20.

Thakor A. V. 1993. Information, investment horizon, and price reactions. *Journal of Financial and Quantitative Analysis*, 28 (4), 459 – 482.

Todd, P. M. & Gigerenzer, G. 2007. Environments that make us smart: Ecological rationality. *Current Directions in Psychological Science*, 16, 167 – 171.

Van de Venter, G., Michayluk, D., & Davey, G. 2012. A longitudinal study of financial risk tolerance. *Journal of Economic Psychology*, 33, 794 – 800.

Williams, A. M. & Baláž, V. 2012. Migration, risk and uncertainty: Theoretical perspectives. *Population Space and Place*, 18, 67 – 80.

Williams, A. M. & Baláž, V. 2014. Mobility, risk tolerance and competence to manage risks. *Journal of Risk Research*, 17 (8), 1061 – 1088.

Yao, R., Sharpe, D. L., & Wang, F. 2011. Decomposing the age effect on risk tolerance. *The Journal of Socio-Economics*, 40, 879 – 887.

Zhao, X., Lynch, J. G., Chen, Q. 2010. Reconsidering Baron and Kenny myths and truths about mediation analysis. *Journal of Consumer Research*, 37, 197 – 206.

《中国社会心理学评论》　第 20 辑

第 63～77 页

© SSAP, 2021

人口流动、信任与生活满意度：
一个跨层次中介模型

赵　娜　张　莹*

摘　要：居住地的变化与个体生活满意度的关系受到各界学者的广泛关注。本研究以中国综合社会调查（CGSS）数据为基础，采用跨层次分析方法，从人口流动率的角度，探讨人口流动与生活满意度的关系，进一步分析信任在二者之间的中介机制。研究发现，28 个省（自治区、直辖市）居民的生活满意度水平差异显著，流动人口能见度对生活满意度具有显著的负向预测作用。同时研究还表明，认同信任在流动人口能见度（二层变量）与生活满意度之间起中介作用，但是流动人口能见度对个体的一般信任水平没有影响。本研究结果不仅可以帮助我们更好地理解居住流动与生活满意度的关系和机制，而且有利于我们更好地把握和应对居住流动对个体的消极影响。

关键词：流动人口能见度　认同信任　生活满意度　跨层次分析

一　引言

随着全球化的发展与城镇化进程的加快，人们为了追求更好的生活，会经常改变自己工作和生活的居住地，而且这一趋势还在不断增强。自改革开放以来，我国居民的居住流动比例在逐年增长，居住地的频繁变化已

---

* 赵娜，中央财经大学社会与心理学院心理学系副教授，硕士生导师，通讯作者，E-mail：zhaoeve@126.com；张莹，中央财经大学社会与心理学院心理学系讲师。

经成为与个体和社会不可分离的重要事件。居住流动性对人们的影响，尤其是对个体生活满意度的影响已受到诸多学科的广泛关注，包括心理学、人口学、老年学、流行病学等（Oishi, 2010）。社会心理学领域也有大量相应的研究成果（Oishi & Schimmack, 2010; Dhoore, Daenekindt, & Roose, 2019; Nancy et al., 1996; Larson, Bell, & Young, 2004）。然而，综合来看，这些研究的关注点在于居住流动性与生活满意度的关系，对其中的机制和原因的探讨还不多。除此之外，随着中国经济的发展与城镇化进程的加快，居住流动性问题已十分严峻。最后，在中国特殊的文化背景下，西方已有研究结果的文化适用性还有待考察（Houle & Martin, 2011）。基于以上原因，本研究旨在在中国社会文化背景下，以中国综合社会调查（CGSS）为基础，采用跨层次分析方法探索中国居民居住流动性与生活满意度的关系，并进一步探讨不同的信任类型在其中的作用。对此问题的探索不仅有助于更好理解当前居民居住流动性的影响，而且可以更好把握和应对未来发展过程中居住流动性给个体带来的危害。

（一）居住流动性

居住流动性（residential mobility）是指人们居住地变化的频率（Oishi, 2010）。从个体层面来看，它被定义为一个人在某个时间段或未来期待的时间段内在居住地上变动的次数。从宏观层面来看，它是指某个社区、城市、州或者国家在某个阶段或者未来的某个阶段居民流动的比率（Oishi, 2010）。

目前，有关居住流动性的主要研究方法为问卷调查法。即通过测量方式对被试进行问卷调查，以获得被试的居住流动性与个体心理、行为之间关系。回忆法也是经常被研究者使用的方法（Oishi, Lun, & Sherman, 2007）。如让被试回忆自己曾经历过的流动事件（如 5 岁以前、初高中、大学等不同阶段的流动性事件），并描述相应的原因（Oishi, 2010; Oishi & Schimmack, 2010）。综合来看，当前有关居住流动的实验室研究相对较少，大多数研究还是通过情景模拟等方法来启动个体的居住流动性感知。本研究尝试采用跨层次分析的方法，从流动人口占比的角度来探讨流动性与生活满意度的关系。所采用的指标为流动人口能见度，它是指某地区流入人口数占常住人口数的百分比，即该地区的 100 个常住人口中，有多少人是流动人口。同一时间点流动人口能见度越大，说明该地区的流动人口越常见（段成荣、袁艳、郭静，2013）。

（二）居住流动和生活满意度

居住流动与个体的情绪、认知、心理状态及行为等都密切相关。作为个体重要的生活评价指标之一，居住流动与个体的生活满意度有着密切的联系。随着社会的发展，许多居民为了获得更好的教育、工作与生活环境而选择搬家。从这个角度来看，居住流动对幸福感的影响有可能是积极的。因为人们搬到一个新的居住地时，在主观上相信一个新的地方或一种新的生活方式会给自己带来更多的幸福（Oishi et al.，2009）。然而，人们通常低估了与住宅搬迁相关的成本。因为新的生活状态将会为个体增添很多不可预测性，从这个方面来看，居住流动性对生活满意度的影响可能是消极的。

"分离假说"（Dissociative Hypothesis）认为社会流动是一种破坏性的事件，它可能反映在人们对自己生活的评价上（Stokols & Shumaker，1998）。Sorokin（1927）认为，流动性对人们有一种"分离效应"，它会导致个体的社会心理问题。进一步研究表明，流动的分离性后果可能会反映在个体的生活满意度上（Zang & Graaf，2016）。这种观点认为，社会流动让个体从熟悉的社会环境转移到一个新的环境中，并需要适应不同的社会行为和规范（Ellis & Lane，1967）。而在新的环境中，流动中的个体需要进行广泛的行为和文化调整，这最终会引起他们的心理紧张，导致其社交关系的短暂脱节。Sorokin（1927）认为，居住流动性会导致一系列的心理和社会问题。目前，已经有很多研究成果支持该理论。如从短期上来看，居住流动性会影响个体的焦虑感和孤独感等即时心理反应（Oishi et al.，2012），从长期上来看，居住流动性对个体自我概念的发展有消极的影响（Oishi，Lun，& Sherman，2007）等。

由居住流动造成的社交网络中断以及与搬家相关的压力对个体的主观幸福感有消极的影响（Oishi，2010）。这种影响可能体现在两个方面：幸福感的来源及幸福感的体验。搬家带来的不确定性及需要重建人际关系网络的压力都是个体幸福感的来源，它们对个体生活满意度的体验感会产生重大的影响。已有研究将居住流动性对个体生活满意度生产消极影响的原因归咎为社会关系质量的驱动作用（Oishi & Schimmack，2010）。有研究表明，早期建立稳定的友谊可以为未来的社会关系提供坚定的基础。在居住流动的过程中，如果人们离开了稳定的社会关系与生活环境，还需要重新建立社交网络。而重新建立社会网络其实是一件比较困难的事，这将会影响到人们的社会态度，使其社会关系质量下降，幸福体验降低。目前已有相关证据支持该观点。如有研究认为，居住流动性与儿童和青少年的疾病有关（Adam，2004；Jelleyman & Spencer，2008）。Oishi 和 Schimmack（2010）发现，儿童居住流动性与成年后的心理健康显著负相关，人格在二者的关系中起调节作用。流动的个体有可能对他们的婚姻和家庭更满意，但是对人际关系的满意度更差。总之，当个体的居住地发生改变时，其为了适应相关的社会规范将会付出更多的社会努力。这些压力对个体的生活满意度会产生消极的影响。

本研究采用流动人口能见度作为居住流动性的指标。流动人口一般是指在一定时间长度内，跨越了一定的空间范围而且没有发生户籍变动的人口（段成荣、杨舸、马学阳，2012）。这一类人口的心理健康是人口学领域长期关注的问题，关注焦点最初聚焦在人口的性传播疾病等问题，最近逐渐转移到其心理健康、社会适应等问题。流动人口面临着健康、报销、孩子教育等问题。而在流动人口能见度大的地方，常住人口也同样面临着信任建立的风险、对他人的接纳等问题。因此，我们认为城市层面上的人口能见度越大，即流动人口占总人口的比例越大，人们的幸福感越低。在此基础上，我们提出假设 1：流动人口能见度对个体的生活满意度具有显著的负向预测作用。

（三）认同信任的中介作用

信任是人际关系的润滑剂，是社会得以顺利运转的基础（Nyqvist，Nygard，& Jakobsson，2012）。人际信任的建立会受到很多因素的影响，如信任双方的人际关系、信任者所处的社会情景等。近年来学者一致认为，中国人的信任水平在下降，人们正经历着信任危机（辛自强、周正，2014）。我们认为，居住流动性是导致信任下降的重要因素之一。风险是信任的最重要因素，信任只存在于风险情境中（Simpson et al.，2007）。在信任建立的过程中，人们对不确定性的感知很重要，其不确定在人际关系中的付出是否可以获得回报。居住地变化往往会给人一种不确定感，在这种情况下，人们总是怀疑要建立关系的人是不是"正确"的人，是不是可以信赖（Sorrentino et al.，1995）。对于居住流动频繁的人来说，其被迫需要改变已经建立的社会关系，创建新的社会网络，面临着与新环境和陌生人打交道的挑战。因此居住流动性对个体的人际信任会产生消极的影响。已往的研究发现，居住地流动频繁的个体，其个人主义倾向更高，对外群体的认同感较低，因此与外群体的合作行为也较少（Oishi，Lun，& Sherman，2007）。居住地频繁变更的个体对周围的环境和人的依赖性与信任程度往往较低。居住流动性让个体感受到更多的不确定性。当个体处在缺乏确定感和安全感的情况下，其对外界的普遍性信任水平和适应能力会明显下降。

信任一般被分为两类，即一般信任和特殊信任。一般信任是指个体在对他人没有任何已知信息的情况下所固有的信任水平（Dinesen，2012）。一般信任更偏向于人格特质，不会随情景的变化而发生改变。特殊信任是指个体对不同的目标或者在不同的人际发展阶段所产生的信任水平（Zhao et al.，2019）。这种信任水平一般随着情景或者信任对象的变化而发生改变。在此基础上，已有研究认为中西方文化下人们在这两种类型的信任上存在明显的差异。因为"关系"（guanxi）对中国人非常重要。人际信任的建立容易受到家族式关系的影响，人与人的间接关系在人际信任中起着重要的作用。研究者又进一步把特殊信任分为了算计信任（calculus-based trust）和认同信任（identification-based trust，参见 Lewicki & Bunker，1995；Zhao et al.，2019）。算计信任是指人们的信任建立在反复权衡利益的基础上，而认同信任是指基于对方的特点而不是利益基础建立的信任。已有研究发现，不同的文化背景下个体的信任在表现形式上存在差异。与西方文化相比，中国文化下个体更容易表现出认同信任，尤其是对熟人的认同信任水平更高（Zhang & Bond，1993）。

首先，我们认为居住流动性对这两种信任类型有不同的影响。基于一般信任水平不会随情景的改变而发生改变，我们认为居住流动对个体的一般信任水平没有显著影响。但是，居住流动性对个体的认同信任则可能产生显著的影响作用。已往研究表明，流动性情景下，个体的人际关系更容易形成较浅的社会纽带，且个体对人际关系的投资会降低（Lun，Oishi，& Tenney，2012）。在某个固定环境中，如果有新的个体出现，全体居民都要付出更多的努力来建立和维持人际信任。同时，居住流动性可能会破坏信任建立的过程（Cho et al.，2019）。因为信任本身就需要在反复接触中建立，而流动性容易中断这种反复关系。中国文化是一种"情景导向"的文化，因此人们在不同的情景下对不同目标个体的信任水平也会发生改变。认同信任关系的建立不依靠利益判断（Holmes & Rempel，1985），而是以关系的亲密性为基础，以儒家思想为支撑。在传统社会中，由于居住流动性普遍较低，信任的建立是基于较长时间的了解才完成的，因此人们的信任水平普遍较高。而随着社会的发展，居住地变换的频繁程度增加，关系网变得更加淡薄，人们的认同信任将会受到很大的影响。在流动人口能见度大的城市或者地区，个体间（流动人口与流动人口之间，流动人口与本地人口之间）的人际关系网不深入，人们基于传统人际关系网基础上建立起的认同信任水平会降低。因此，我们认为，流动人口能见度对认同信任会有显著的负向预测作用。

其次，认同信任对个体的生活满意度有负向的预测作用。居住流动性会通过降低个体的认同信任，进一步降低人们的生活满意度。已有研究认为，个体的信任水平越高，他们的生活满意度越高（Helliwell，2003）。如果个体有可以信赖的亲密朋友或邻居，他们的孤独和自卑程度将会降低（Helliwell & Putnam，2004）。这些间接证据说明，社会关系是有价值的，人们之间的相互信任可以使人们更快乐，进而影响到他们的生活满意度（Elgar et al.，2011）。良好的信任基础可以降低个体压力和心理剥夺感，进而提高其生活满意度（Biswas-Diener，& Diener，2006）。基于以上分析，我们认为认同信任在流动人口能见度和生活满意度起到桥梁作用，并提出假设 2：认同信任在流动人口能见度与生活满意度之间起中介作用。

（四）研究框架

本研究旨在前人研究的基础上，在中国文化背景下，对流动人口能见度、信任水平与生活满意度的关系进行进一步研究，采用跨层分析的方法来探索不同省份居民的流动人口能见度与生活满意度的关系；同时，进一步探讨两种信任形式（一般信任和认同信任）在流动人口能见度和生活满意度之间的中介作用。以往的研究表明，多层次分析相较于传统方法具有许多优势（Preacher，Michael，& Zhang，2010）。在本研究中，我们使用多层次分析中的 2 - 1 - 1 模型来评估跨层次的中介效果（其中"2"表示省级变量，"1"表示个人水平变量）（见图 1）。

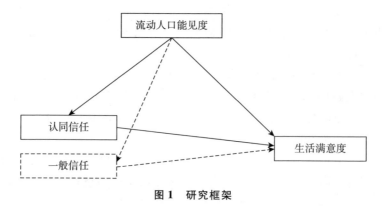

图 1　研究框架

二　方法

（一）被试

本研究数据来源于 2015 年中国人民大学社会系开展的中国综合社会调查（CGSS）。本数据包括大陆的 28 个省（自治区、直辖市），包括北京、上海、天津、广州、深圳 5 个大城市，样本规模为 10968 人（男 46.8%，女 53.2%），年龄范围在 18～95 岁，平均年龄 50.40 岁（$SD=16.89$）。

（二）变量

1. 流动人口能见度（二层变量）

本研究中的居住流动性指标来源于 2010 年第六次全国人口普查数据光盘汇总表，以及样本量为 1267381 的统计数据（段成荣、袁艳、郭静，2013）。同样，我们采用段成荣等人（2013）所使用过的"流动人口能见度"作为二层变量。各省（自治区、直辖市）流动人口能见度见表 1。

表 1　各省（自治区、直辖市）流动人口能见度（%）

省份	流动人口能见度	省份	流动人口能见度
上海	40.99	陕西	10.37
北京	33.28	四川	10.23
广东	32.51	广西	9.96
浙江	32.46	重庆	9.93
福建	25.15	湖北	9.93
内蒙古	22.00	黑龙江	9.69
宁夏	18.31	云南	9.59
江苏	17.66	山东	9.16
青海	16.64	湖南	8.37
天津	16.25	安徽	8.36
山西	12.98	江西	8.35
辽宁	12.38	河北	8.23
贵州	11.25	河南	7.57
吉林	10.43	甘肃	7.29

注：数据来源于段成荣、袁艳、郭静（2013）。

2. 信任

在 CGSS 调查中，采用 13 道题目测量信任水平。代表性题目如："在不直接涉及金钱利益的一般社会交往/接触中的信任度——（城镇的）远邻/街坊或（乡村）邻居以外的同村居民"，采用 1 ~ 5 点计分，1 代表"大多数不可信"，5 代表"大多数是可信的"。这些题目围绕不同的信任对象进行设计，这些对象包括邻居、亲人、同事、朋友、同学、兴趣相同的人（如一起参加宗教活动的人）及陌生人。为了更好地理解这 13 道题目的结构，我们对此进行了探索性因素分析。

首先，采用主成分分析法及斜交旋转，结果发现，13 道题目共凝聚在两个因素上。这两个因素的方法解释率共为 60.69%。分析发现，信任对象为邻居、邻居以外的同村居民、同村的同姓人士、同村的非同姓人士、亲戚、同事、老同学等 7 道题目附在第一个因子上，因子载荷从范围为 0.559 ~ 0.794；而信任对象为交情不深的朋友、外地相遇的同乡、一些参加业余活动的人、一起参加宗教活动的人、一起参加公益活动的人及陌生人等 6 道题目附在第二个因子上，因子载荷范围为 0.607 ~ 0.715。基于这些题目的特点，我们把这两个因素分别命名为认同信任（信任对象为朋友、邻居）和一般信任（信任对象为陌生人）。探索性因素分析的结果见表 2。其中一般信任和认同信任在本研究中的 α 系数分别为 0.88 和 0.86。

表 2 探索性因素分析结果

因子	特征根		代表性题目
	总	方差解释率	
认同信任	6.30	48.47%	你在多大程度上信任你的邻居？
一般信任	1.60	12.22%	你在多大程度上相信一起参加健身的人士？
Total		60.69%	

3. 生活满意度

本数据对生活满意度的测量采用单项问题："你对自己的生活满意吗？"，采用 1 ~ 5 点计分，其中 1 表示"强烈不满"，5 表示"强烈满足"。分数越高，表示个体对自己的生活满意度水平越高。

（三）数据分析方法

我们采用已往研究者所采用的跨层中介模型分析方法（Preacher，Michael，& Zhang，2010），分析自变量（流动人口能见度）、中介变量

（认同信任和一般信任）和因变量（生活满意度）之间的关系。在统计软件包 Mplus 7.0 中进行了分层线性建模。

三　结果

（一）描述性因素分析

本研究中各变量的描述性统计分析结果见表 3。从表中我们可以看出，流动人口能见度和生活满意度呈显著负相关，$r = -0.066$，$p < 0.01$，即流动人口能见度越高的地方，个体的生活满意度越低。同时，流动人口能见度与两种信任形式都呈现显著负相关（认同信任，$r = -0.399$，$p < 0.01$；一般信任，$r = -0.038$，$p < 0.05$）。同时还可以发现，认同信任与生活满意度呈正相关（$r = 0.193$，$p < 0.01$）；一般信任与生活满意度也呈现正相关（$r = 0.101$，$p < 0.01$）。

表 3　变量的描述性统计分析结果

	M（SD）	1	2	3	4	5	6
流动人口能见度	15.50（10.00）	—					
性别	—		—				
年龄	50.40（16.89）	0.007		1			
认同信任	3.71（0.67）	-0.399**	-0.040**	-0.002	1		
一般信任	2.88（0.73）	-0.038*	-0.006	0.023	0.239**	1	
生活满意度	3.85（0.93）	-0.066**	0.015	0.002	0.193**	0.101**	1

注：* $p < 0.05$，** $p < 0.01$。

（二）流动人口能见度与生活满意度的关系：信任的跨层次中介作用

本研究中，我们以流动性为组间水平变量，以认同信任、一般信任及生活满意度为个体水平变量，做跨层次中介作用分析，依次检验回归系数进行多层次中介效应检验。本研究首先对层 1 变量按组均值进行中心化处理，同时将组均值在层 2 截距方程式进行中心化。通过这种方法分离组间和组内中介效应，可以精确估计多层次中介效应的大小（方杰、张敏强、邱皓政，2010）。其次，对根据模型进行零模型检验，得到不同省市的生活满意度的组内相关系数 ICC = 0.159，该值大于 0.059 的标准，说明不同省份之间的生活满意度存在差异，有必要进行跨层次分析。

表 4　认同信任的跨层次中介效应检验

模型	参数估计					
	γ_{00}	γ_{01}	γ_{02}	γ_{10}	σ^2	τ_{00}
模型 1：零模型 L1：生活满意度$_{ij} = \beta_{0j} + r_{ij}$ L2：$\beta_{0j} = \gamma_{00} + \mu_{0j}$	3.862 **				0.543 **	0.112 **
模型 2：流动人口能见度—生活满意度 L1：生活满意度$_{ij} = \beta_{0j} + r_{ij}$ L2：$\beta_{0j} = \gamma_{00} + \gamma_{01}$c（流动性）$+ \mu_{0j}$	2.946 **	− 0.134 **			0.513	0.039 *
模型 3：流动人口能见度—认同信任 L1：认同信任$_{ij} = \beta_{0j} + r_{ij}$ L2：$\beta_{0j} = \gamma_{00} + \gamma_{01}$a（流动性）$+ \mu_{0j}$	1.665 **	− 0.356 **			0.440	0.041 *
模型 4：流动人口能见度，认同信任—生活满意度 L1：满意度$_{ij} = \beta_{0j} + \beta_{1j}$（认同信任）$+ r_{ij}$ L2：$\beta_{0j} = \gamma_{00} + \gamma_{01}$c'（流动性）$+$ γ_{02}（认同信任）$_{ij} + \mu_{0j}$ $\beta_{1j} = \gamma_{10}$b	1.198 **	− 0.114 *	− 0.122 **	− 0.178 **	0.590	0.003 *

注：$^*p < 0.05$，$^{**}p < 0.01$。

　　跨层次中介效应检验的具体步骤如下。首先，将性别和年龄作为控制变量，根据模型 2 建立多层次回归方程，检验流动性对生活满意度的总效应 (c)。结果显示，流动人口能见度对生活满意度具有显著的负性预测作用，$\gamma_{01} = -0.134$，$p < 0.01$。其次，根据模型 3 建立多层次回归模型，以检验流动人口能见度对信任量的效应 (a)。结果显示，流动人口能见度对认同信任具有显著的负向预测作用，$\gamma_{01}{}^a = -0.356$，$p < 0.01$。最后，在模型 4 中，我们探讨了流动人口能见度对生活满意度的直接效应 c' 和在控制中介变量后的间接效应 (b)。从表 4 中可以看出，认同信任对生活满意度具有显著的负向预测作用，$\gamma_{10}{}^b = -0.178$，$p < 0.01$。在二层上的组间效应对生活满意度也具有显著的负向预测作用，$\gamma_{02} = -0.122$，$p < 0.01$。结果发现，在控制认同信任的影响之后，尽管流动人口能见度对生活

满意度的影响依然是显著的，$\gamma_{01} = -0.114$，$p < 0.05$，但是效应值从 -0.134 上升到 -0.114，说明认同信任在流动人口能见度与生活满意度之间起不完全中介作用。采用相同的分析方法，结果显示流动人口能见度对一般信任直接预测作用不显著，$\gamma_{01(a)} = -0.028$，$p > 0.05$。因此，我们没有对此结果进行进一步分析。

四　讨论

随着经济的发展与城镇一体化进程的加速，居民的居住流动更加频繁。尽管国内对生活满意度的研究比较多，但是系统地探讨居住流动性与生活满意度之间的关系还比较少。本研究中我们采用了 2015 年全国综合社会调查中 28 个省（自治区、直辖市）的 10968 个样本对各城市层次上的流动人口能见度与生活满意度之间的关系进行了分析，并进一步探讨了两种不同的信任在其中的中介作用。结果显示，28 个省（自治区、直辖市）的居民在生活满意度水平上有显著差异，各省份不同的人口流动率可以显著预测生活满意度。同时，认同信任在流动人口能见度与生活满意度之间起中介作用，而一般信任在其中的影响则不显著。

（一）跨层次分析的必要性

以往针对居住流动性和生活满意度的关系的研究多数采用单层变量，与此不同，本研究采用了跨层分析的方法，同时考虑到了省级变量及个体变量，得出了更精确可靠的结论。在线性结构方程模型中，有两个基本假设，即方差齐性假设及残差独立性假设，但当考虑到二层变量时，这两个假设通常是不成立的，因为同组内的个体比不同组的个体之间更加相似。在这种情况下，如果不考虑二层变量，无论是在统计方法上还是在实际意义上，分析效力都略显不足。跨层分析既可以考虑到组间的差异，也可以考虑到组内的差异，使结果更精确（张雷、雷雳、郭伯良，2003：3）。本研究中，28 个省（自治区、直辖市）的居住生活满意度之间的差异显著（ICC = 0.159 > 0.059），非常有必要对这种差异进行进一步分析。进一步分析发现，不同城市的居住流动率是影响个体生活满意度的因素之一。同时，该研究表明，流动人口能见度对个体的认同信任水平有消极影响，认同信任是流动人口能见度与生活满意度的中介。本研究通过较大的样本，弥补了小样本及有关实验研究外部效度的问题。

（二）居住流动性与生活满意度

搬家给人带来了快乐还是悲伤？本研究结果认为，居住流动频繁对个体的生活满意度有消极影响。然而，以往有关此话题的研究发现，居住流动性与生活满意度之间的关系并不确定。一些研究认为，人们在搬家后的生活满意度会增加（Nancy et al.，1996）。也有部分研究发现，搬家后个体的生活满意度会下降（Larson，Bell，& Young，2004）。至于为什么会出现这种不一致的结果，原因还不确定。有部分研究发现，性格比较外向、更善于社交的人搬家后的幸福感和生活满意度会增加，由此可能推测人格在二者的关系中起调节作用（Carp & Carp，1980）。但是大部分研究仍然认为居住流动性对生活满意度具有消极影响。本研究从"分离假设"的观点出发，认为搬家对个体的生活满意度起消极作用。居住地的变化是一种消极的生活压力事件，对个体的心理健康及生活体验都会产生消极影响，尤其是对儿童的创伤更大，因为儿童对新环境的控制力比较弱。频繁搬家还会使儿童的学业表现下降，并表现出问题行为。更严重的是，儿童时期居住地的频繁改变还会影响到他们成年后的幸福感。本研究采用大样本数据验证了该观点，即流动人口越多的省区，居民的生活满意度也越低。

（三）两种信任类型及作用

在本研究中，居住流动性对认同信任有显著的负向预测作用，即居住流动人口越多的地区，人们的认同信任水平越低，在对相应的控制变量进行控制后，该效应仍然显著。这表明无论人们搬家的目的有何差异，流动经历都有可能降低个体对周围环境与人的信任。信任是人际关系建立的重要前提，而正常、健康的社交往往被认为是影响个体身心健康的重要因素。研究发现，随着全球化的发展，人们的信任水平发生了显著下降。《中国社会心态研究报告》（2012~2013）曾指出，人际不信任在扩大，群体间不信任在加深和固化，已经低于60分的及格线，这会导致社会内耗和冲突加剧。但是以往研究也指出，信任是中国传统文化最重要的特质之一，仅次于孝顺（Lee，2003）。针对这种不一致，我们认为区分信任的类型在研究中是不可忽略的。一般信任更像是一种人格特质，它通常不易随环境而发生改变。而认同信任是围绕不同对象产生的信任水平，具有情景导向。因此，信任下降的社会现象也许是不同类型的信任发生了不同的变化。比如，随着经济的发展、制度的完善、居住流动性的加强，人们的算计信任水平提高了，而认同信任水平却降低了。人们在做出某种行为时更多参考法律依据等以保证自己的利益不受损。本研究发现，唯有认同信任在流动人口能见度与生活满意度之间起到了中介作用，而一般信任则不起作用。这可能与我国的文化背景有关。中国文化是一种情境文化。在传统文化背景下，人们建立信任关系不需要考虑太多利益风险，而是基于与邻里和亲人的长期交往，在认同的基础上建立信任关系。但是随着居住流动性的增加，人们难以在短时间内建立起认同信任，而较低的认同信任对个体的生活满意度又会有比较消极的影响。

　　总之，随着我国城市化的不断推进，居民的居住流动日益频繁，人口流动率也在迅速上升。居住流动性对个体的心理和行为都带来了诸多的影响。本研究通过对 28 个省（自治区、直辖市）的居民数据进行分析，一方面丰富了该领域的实证研究，弥补了实验室研究外部效度不足的缺点，为以后的相关研究提供部分支持；另一方面，为如何提升居民的生活满意度提供新的思路，也为如何增进高流动地区个体间的信任和合作行为提供一定的理论支持。尽管如此，本研究仍然存在以下不足之处。

　　首先，由于本研究数据选自现存的数据库，因此分析内容还比较受限。如本研究所采用的生活满意度量表仅有一个题目，在测量学上还存在短板，因为一道题目的量表在代表心理结构的完整性方面仍有所不足。其次，二层变量的样本量偏少。本研究中二层变量共纳入了 28 省（自治区、直辖市）的数据，从统计学的角度来看，样本量偏小。建议在未来的研究中，既可以从省级的角度出发，也可以从不同的经济发展的市级数据出发，如在一线城市、二线城市等不同城市里采取分层抽样，扩大二层数据的样本量。最后，建议未来的研究继续从更加微观的角度来探讨居住流动性对个体心理行为的影响，如采用情景回忆法来启动个体的流动经历，以得到更加精确的因果关系结论，增强相关研究结果的内部效度。

参考文献

方杰、张敏强、邱皓政，2010，《基于阶层线性理论的多层级中介效应》，《心理科学进展》第 8 期。

段成荣、杨舸、马学阳，2012，《中国流动人口研究》，中国人口出版社。

段成荣、袁艳、郭静，2013，《我国流动人口的最新状况》，《西北人口》第 6 期。

张雷、雷雳、郭伯良，2003，《多层线性模型的应用》，教育科学出版社。

辛自强、周正，2012，《大学生人际信任变迁的横断历史研究》，《心理科学进展》第 3 期。

Adam, S. 2004. Would perfect mobility be perfect? *European Sociological Review*, 20（1），1 –

11.

Biswas-Diener, R. , & Diener, E. 2006. The subjective well-being of the homeless, and lessons for happiness. *Social Indicators Research*, 76 (2), 185 – 205.

Carp, F. M. & Carp, A. 1980. Person-environment congruence and sociability. *Research on Aging：An International Bimonthly Journal*, 2 (4), 395 – 415.

Cho, S. , Lim, U. , Andersson, M. , Kim, E. , & Kohlhase, J. E. 2019. Residential mobility and social trust in urban neighborhoods in the Seoul metropolitan area, Korea. *The Annals of Regional Science*, 63, 117 – 145.

Dhoore, J. , Daenekindt, S. , & Roose, H. 2019. Social mobility and life satisfaction across European countries：A compositional perspective on dissociative consequences of social mobility. *Social Indicators Research*, 144 (3), 1257 – 1272.

Dinesen, P. T. 2012. Does generalized (dis) trust travel? Examining the impact of cultural heritage and destination-country environment on trust immigrants. *Political Psychology*, 33 (4), 495 – 511.

Ellis, R. A. & Lane, W. C. 1967. Social mobility and social isolation a test of Sorkin's dissociative hypothesis. *American Sociological Review*, 32 (2), 237 – 253.

Elgar, F. J. , Davis, C. G. , Wohl, M. J. , Trites, S. J. , & Martin, M. S. 2011. Social capital, health and life satisfaction in 50 countries. *Health & Place*, 17 (5), 1044 – 1053.

Helliwell, J. F. & Putnam, R. D. 2004. The social context of well-being. *Biological Sciences*, 359 (1449), 1435 – 1446.

Helliwell, J. F. 2003. How's life? Combining individual and national variables to explain subjective well-being. *Economic Modelling*, 20 (2), 331 – 360.

Houle, J. N. , & Martin, M. A. 2011. Does intergenerational mobility shape psychological distress? Sorokin revisited. *Research in Social stratification and Mobility*, 29 (2), 193 – 203.

Rempel, J. K. , Holmes, J. G. , & Rempel, J. K. 1985. Trust in close relationships. *Journal of Personality and Social Psychology*, 49 (1), 95 – 112.

Jelleyman, T. & Spencer, N. 2008. Residential mobility in childhood and health outcomes：a systematic review. *Journal of Epidemiology and Community Health*, 62 (7), 584 – 592.

Larson, A. , Bell, M. , & Young, A. F. 2004. Clarifying the relationships between health and residential mobility. *Social Science & Medicine*, 59 (10), 2149 – 2160.

Lee, C. Y. 2003. Do traditional values still exist in modern Chinese societies? *Asia Europe Journal*, 1 (1), 43 – 59.

Lewicki, R. J. & Bunker, B. B. 1995. Trust in relationships：A model of development and decline. In B. B. Bunker & J. Z. Rubin (Eds.), *Conflict, cooperation, and justice：Essays inspired by the work of Morton Deutsch* (pp. 133 – 173). San Francisco, CA：Jossey-Bass.

Lun, J. , Oishi, S. , & Tenney, E. R. 2012. Residential mobility moderates preferences for egalitarian versus loyal helpers. *Journal of Experimental Social Psychology*, 48 (1), 291 – 297.

Nyqvist, F. , Nygard, M. , & Jakobsson, G. 2012. Social participation, interpersonal trust, and health：A study of 65-and 75-year-olds in western Finland. *Scandinavian Journal of Public Health*, 40 (5), 431 – 438.

Oishi, S. 2010. Residential mobility, self-concept, and positive affect in social interactions. *Jour-Perspectives on Psychological Science*, 5 (1), 5 – 21.

Oishi, S. & Schimmack, U. 2010. Residential mobility, well-being, and mortality. *Journal of Personality and Social Psychology*, 98 (6), 980 – 994.

Oishi, S., Lun, J. & Sherman, G. D. 2007. Residential mobility, self-concept, and positive affect in social interactions. *Journal of Personality and Social Psychology*, 93 (1), 131 – 141.

Oishi, S., Miao, F., Koo, M., Kisling, J., & Ratliff, K. A. 2012. Residential mobility breeds familiarity-seeking. *Journal of Personality and Social Psychology*, 102 (1), 149 – 162.

Oishi, S., Whitchurch, E., Miao, F. F., Kurtz, J., & Park, J. 2009. "Would I be happier if I moved?" Retirement status and cultural variations in the anticipated and actual levels of happiness. *Journal of Positive Psychology*, 4 (6), 437 – 446.

Preacher, K. J., Michael, J. Z., & Zhang, Z. 2010. A general multilevel SEM framework for assessing multilevel mediation. *Psychological Methods*, 15 (3), 209 – 233.

Smider, N. A., Essex, M. J., & Ryff, C. D. 1996. Adaptation to community relocation: the interactive influence of psychological resources and contextual factors. *Psychology and Aging*, 11 (2), 362 – 372.

Simpson, J. A. 2007. Psychological foundations of trust. *Current Directions in Psychological Science* (*Wiley-Blackwell*), 16 (5), 264 – 268.

Sorokin, P. A. 1927. *Social mobility*. New York: Harper and Brothers.

Sorrentino, R. M., Holmes, J. G., Hanna, S. E., & Sharp, A. 1995. Uncertainty orientation and trust in close relationships: Individual differences in cognitive styles. *Journal of Personality and Social Psychology*, 68 (2), 314 – 327.

Stokols, D., & Shumaker, S. A. 1982. The psychological context of residential mobility and well-being. *Journal of Social Issues*, 38 (3), 149 – 171.

Zang, E. & de Graaf, N. D. 2016. Frustrated achievers or satisfied losers? Inter-and intragenerational social mobility and happiness in China. *Sociological Science*, 3, 779 – 800.

Zhang, J. X. & Bond, M. H. 1993. Target-based interpersonal trust: Cross-cultural comparison and its cognitive model. *Acta Psychologica Sinica*, 25 (2), 54 – 62.

Zhao, N., Shi, Y. Y., Xin, Z. Q., & Zhang, J. X. 2019. The impact of traditionality/modernity on identification-and calculus-based trust. *International Journal of Psychology*, 54 (2), 237 – 246.

《中国社会心理学评论》 第 20 辑

第 78～91 页

© SSAP，2021

居住流动性与幸福感：社会安全感的中介作用

苗瑞凯　　王俊秀[*]

摘　要：居住流动日益频繁，已成为政府和学界不可忽视的社会问题。居住流动虽促进了城市之间的文化交流和经济发展，但同时也对流动人口的心理和行为产生了深远的影响。本研究通过对 22669 个样本的调查，探讨居住流动性与幸福感的关系以及社会安全感在其中的中介作用，结果表明：（1）居住流动性与幸福感、人身安全感、财产安全感呈显著负相关，与环境安全感呈显著正相关；（2）人身安全感、财产安全感、环境安全感在居住流动性和幸福感之间起着部分中介作用，但作用存在差异，居住流动性通过人身安全感、财产安全感的降低对幸福感产生消极影响，但通过环境安全感的提升可以缓解对幸福感的消极影响。

关键词：居住流动性　幸福感　社会安全感　人身安全感

一　引言

随着经济的发展以及城市化进程的加快，区域间资源分配与发展的差异越来越大，越来越多人为了获得更好的教育、工作和生活方式而搬迁到其他城市。据国家统计局发布的数据显示，中国流动人口已经从 2000 年的 1.44 亿增长到 2018 年的 2.86 亿，居住流动逐渐成为一种社会常态。大规

---

* 苗瑞凯，中国社会科学院研究生院社会学系博士研究生；王俊秀，中国社会科学院社会学所研究员、博士生导师，通讯作者，E-mail：casswjx@163.com。

模的居住流动虽然对社会经济的繁荣以及城市之间的文化交流做出了巨大贡献（张华初，2014），但也造成了就业困难、社会秩序混乱等社会问题，一系列问题加之居住地社会环境的变化给安土重迁的国人心理带来了持续且深入的影响（戴逸茹、李岩梅，2018）。十九大报告已提出要"加强社会心理服务体系建设，培育自尊自信、理性平和、积极向上的社会心态"。居住流动群体的比例日渐扩大，培育和维护居住流动人口的积极心态，是社会和谐与稳定的重要保障，应成为社会心理服务体系建设的重要环节。

居住流动人口的心理和行为表现亦受到学界的关注。心理学研究针对居住流动性与幸福感的关系做了一些探索，发现居住流动性对幸福感有显著的负向影响，即住所搬迁越频繁，幸福感越低。但以往研究在分析其内在机制时，多是从社会关系断裂、社会支持减少等社会资本角度出发（Oishi & Schimmack，2010；Flouri，Mavroveli，& Midouhas，2013；Coley & Kull，2016），忽略了与搬迁流动关联密切的社会风险因素。与居住稳定人口相比，频繁搬迁的个体首先要面对的是新环境的社会风险，社会风险在心理层面的直接反应则是社会安全感。因此，有必要从社会风险的角度明确居住流动性对幸福感的影响及其内在机制。这一方面有助于了解当前社会背景下居住流动人口的社会安全需求，另一方面也可以为政府及相关部门在制定流动政策、提升居住流动人口安全感和幸福感时提供参考。

（一）居住流动性与幸福感的相关研究

居住流动性（residential mobility）是指在一定时间内人们居住地变换的频繁程度（Oishi，2010）。社会生态心理学认为，社会生态对个体心理与行为有着不可忽视的影响，其中，居住流动因强调社会生态环境"动态"的方面而成为研究热点（戴逸如、李岩梅，2018）。已有研究表明，居住流动会影响个体的幸福感，居住流动越频繁，幸福感越低（Oishi & Schimmack，2010；Salehi et al.，2015）。

Oishi 和 Schimmack（2010）对美国 7000 多名成年人进行了为期十年的追踪调查，以检验居住流动性与幸福感之间的关系。研究发现，被试在童年期搬家越频繁，成年后幸福感越低；而且相比于性格外向的人，性格内向的人的居住流动性与幸福感之间呈现更加明显的负相关关系。研究还进一步证明了这种负向关系是由于缺乏亲密的社会关系所导致的，内向者原先的社会关系网络遭到破坏，在新环境中又难以迅速建立亲密的社会关系，以致其社会支持资源不足，产生孤独、焦虑，幸福感降低。Magdol

（2002）还曾利用美国的一项全国性的家庭调查数据对居住流动性与幸福感关系的性别差异进行了探索。研究在控制了社会阶层、婚姻状况等变量后，发现居住流动性对女性的负面影响更大，一方面居住流动可能伴随着女性职业、生活习惯的变化，另一方面亲戚距离的增加导致的社会联系减弱给女性带来了更多的慢性压力。因此，与男性相比，女性更容易出现抑郁等负性情绪，影响了幸福体验。目前国内关于居住流动性的研究还处于起步阶段，但针对高居住流动群体——流动人口幸福感的研究相对较多。谢霏雾等（2015）以上海市为例分析了流动人口的幸福感，发现超过一半（58.4%）的流动人口幸福感处于较低水平，而且社区融入程度对幸福感影响最大，社区融入度越高，流动人口的幸福感也越高。张雅欣、孙大鑫（2019）利用2014 年"中国劳动力动态调查"数据研究了迁移行为对幸福感的影响，同样发现，相比于没有流动行为经历的个体，有流动行为经历的个体幸福感显著降低。

综合以往的研究来看，居住流动性对幸福感的不利影响已得到国内外较为普遍的认同，但以往研究多是从社会关系变化、社会支持资源减少等社会资本缺失角度进行解读，却忽略了与流动关联密切的社会风险因素。贝克（2004：19 ~ 20）认为现代社会已进入风险社会，风险无处不在。而流动人口更容易感知各种社会风险（杨舸，2017），社会风险在个人心理层面的直接反应是社会安全感。因此，探索社会安全感在居住流动性与幸福感之间的关系，有利于找到影响流动人口幸福感的关键因素。

（二）居住流动性、社会安全感与幸福感

Oishi 和 Talhelm（2012）在对过去居住流动性相关研究进行总结的基础上提出，居住流动性所带来的直接心理反应有：条件性认同、焦虑、预期孤独感、不确定感以及耗竭等。相关研究表明焦虑、不确定感等负面心理感受是衡量安全感的关键指标，例如丛中、安丽娟（2004）曾利用因素分析对安全感的结构进行了探索，发现确定控制感是其核心因子；杨经纶（2013：30）通过问卷调查发现不安恐慌、逃离回避、烦躁多动是不安全感的主要表现。可见，居住流动性与安全感之间有着紧密的关联。

安全感是指个体对可能出现的危险或风险的预感，以及个体在应对处置时的有力感，主要表现为确定感和控制感（丛中、安丽娟，2004）。心理学中的精神分析学派以及人本主义学派是最早开始系统探讨安全感这一概念的。这些前期研究认为安全感是一种人格特质，由早期童年经验所导致，是影响心理健康的重要因素（高觉敷，1982：391）。后来，社会学家

吉登斯提出安全感不仅包括作为人格特征的本体性安全感，还包含受外在环境变化影响的社会安全感（吉登斯，2000：115～118）。随着社会的发展和科技的进步，维尔认为现代社会已进入了充满风险的"不安全时代"，影响安全感的社会风险不再仅仅局限于社会治安方面，还包括经济、政治、生态等方方面面的因素，并将安全感分为个人安全感、经济安全感、环境安全感、政治安全感等方面（Vail，1999：5～8）。维尔对安全感的划分，也代表着安全感的研究方向从本体性安全感转向了社会安全感，不仅拓展了安全感研究的范围，使其不再局限于个体层面，而且有利于更精准地把握影响安全感的社会因素。国内学者王俊秀（2008）在借鉴维尔对安全感的划分的基础上，提出了人身安全感、财产安全感、环境安全感、交通安全感、食品安全感、医疗安全感、劳动安全感等社会安全感类型。吉登斯（2000：80）认为安全感主要来自四种信任类型：亲缘、地缘、宗教和传统，但在现代社会中，流动人口原有的信任类型已经失去了赖以存在的环境和条件，社会的高风险首先对流动人口的社会安全感造成了直接的冲击（杨青，2014）。对流动人口来说，在新的环境更容易遭遇新的生存风险和环境风险（金小红、陈薇，2011）。国内学者王俊秀（2008）所划分的社会安全感类型主要包括人身安全感、财产安全感以及环境安全感三个方面，人身安全感主要是在面对影响生命、健康的风险时的感受，财产安全感主要是在面对工作、个人财产及金融等经济方面风险时的感受，环境安全感主要是在面对水、空气等环境风险时的感受。因此，本研究也主要从这三个方面的社会安全感进行分析。

　　虽然目前没有研究直接考察居住流动性与人身安全感、财产安全感及环境安全感的关系，但张斐（2016）分析比较了深圳市本地社区居民和外来流动人口的社会安全感，发现流动人口对治安状况的评价比本地居民低，而无论是流动人口还是本地居民，皆认为影响治安状况的主要原因是外来人口过多。除社会治安外，流动人口还需要面对新环境中工作稳定性和经济安全方面的问题。此外，李培林、李炜（2010）曾利用中国社会状况综合调查（CSS）数据对居住流动较为频繁的农民工经济状况和社会态度进行了调查，发现农民工虽然在收入和社会保障水平方面都有了显著提高，但由于在新的环境中生活压力加大以及担心社会治安等风险问题，他们的人身安全感、财产安全感仍然受到较大的影响。流动人口以及农民工在居住流动人口中占有较大比例，从以上研究可以看出居住流动性对人身安全感、财产安全感可能存在负面影响。除人身安全感、财产安全感外，湛东升等（2017）还对流动人口的定居意愿进行了调查，发现流动人口会优先考虑环境因素，如公共服务设施是否便利、自然环境是否安全舒适等，而这一因素直接影响了环境安全感。顾鹏、马晓明（2012）以经济发展程度较高的深圳市沙湾河流域为例调查了流动人口的环境满意度，研究结果发现在调查的流动人口中，有 21.5% 和高达 61.9% 的被调查者表示"满意"和"一般"，仅有 10.5% 和 6.1% 的被调查者表示"不满意"和"很差"。研究者分析认为，虽然经济发展带来了一定的污染，但住宅区的局部居住环境仍然比较优越，流动人口的环境满意度相对较高。因而，居住流动性对环境安全感的影响可能与人身安全感、财产安全感不同，居住流动性对环境安全感可能存在正向影响。

马斯洛在其需要层次理论中认为安全感是人类的基本需要，安全需要的满足是心理健康和幸福感的基础，当安全感缺失时，个体容易产生敏感多疑、焦虑、恐惧、情绪不稳等心理问题，难以获得较高的幸福感（Maslow，1945；李彦牛、王艳芝，2008；铁怡、赵久波、张小远，2014）。师保国等（2009）调查了北京市流动儿童安全感与幸福感的关系，流动儿童安全感得分显著低于城市稳定儿童，"流动"是其幸福感降低的重要因素。国内学者王俊秀、刘晓柳（2019）通过 20000 多人的大样本调查分析了民众社会安全感和幸福感的关系，研究结果显示社会安全感和幸福感呈显著的正相关关系，这也说明无论对流动人口还是居住稳定人口，社会安全感都是一种底线，是提升幸福感的基础。综合以上的研究，我们认为人身安全感、财产安全感以及环境安全感在居住流动性与幸福感之间起着中介作用。

综上所述，本研究基于社会安全感的视角，探讨居住流动性对幸福感的影响及其内在机制，主要有两个研究目的：（1）分析在中国背景下居住流动性与幸福感的关系；（2）探讨人身安全感、财产安全感以及环境安全感在居住流动性与幸福感之间的中介作用。

二 研究方法

（一）调查对象

数据来自 2017 年中国社会心态调查（Social Mentality Survey），由中国社会科学院社会学研究所社会心理学研究中心编制。2016 年 8 月到 2017 年 4 月，通过凯迪数据研究中心研发的问卷调研 APP"问卷宝"，向在线样本库的全国用户（共约 110 万人，覆盖全国 346 个地级城市）推送问卷，随后依靠用户分享问卷的方式来进行滚雪球式发放。目前问卷宝在问卷质量控制方面能够根据调查目的向特定用户精准推送问卷，用户需要经过系统认证才能参与调查，并且系统可以检测被调查者在问卷填写过程中的特征，对不认真作答的用户进行剔除并列入黑名单，从而确保数据的可靠性。问卷收回后，课题组进一步利用测谎题、答题完成的情况等对问卷进行筛选。调查最初共收回全部作答问卷 24364 份，经筛选后最终得到有效成人问卷 22669 份，问卷有效率为 93.04%。其中男性样本 12897 人，占56.9%，女性样本 9772 人，占 43.1%，与第六次人口普查数据（男性51.27%，女性48.73%）相比，女性比例略低，但无显著差别。年龄范围在 18~70 岁，平均年龄为 26.9±8.21 岁，受教育程度为大学本科以下的占 63.5%，大学本科及以上的占 36.5%。受互联网用户特点影响，样本库中中青年（18~45 岁）比例相对较高，受教育程度也相对高于全国人口普查数据（大学本科以下占 83.68%），但大学本科以下群体仍占多数。具体人口统计学特征见表 1。

表 1　调查对象的人口统计学特征

项目	类别	人数（人）	有效百分比（%）
性别	男	12897	56.9
	女	9772	43.1
年龄	90 后	13779	60.8
	80 后	6549	28.9
	70 后	1668	7.4
	60 后及更年长	673	3.0
受教育程度	小学及以下	366	1.6
	初中	1915	8.4
	高中	6573	29.0
	大专	5550	24.5
	大学本科	7248	32.0
	研究生及以上	1017	4.5

（二）调查工具

1. 居住流动性

居住流动性的测量参照 Oishi 和 Schimmack （2010）的方式，使用自我报告的方法，请作答者结合 5 岁以来的搬迁经历，判断自己的居住流动性，采用李克特 7 点计分形式，分别为 1 "非常不频繁" 到 7 "非常频繁"，得分越高，说明居住流动越频繁。

2. 社会安全感

社会安全感测量采用王俊秀（2008）编制的《社会安全感问卷》。选取其中对人身安全感、财产安全感、环境安全感的测量，包含 3 个题目，分别测量被调查者在人身安全、财产安全、环境安全三个方面的安全感程度，均采用李克特 7 点计分形式，分别为 1 "非常不安全" 到 7 "非常安全"，得分越高，说明安全感越高。

3. 幸福感

幸福感测量借鉴中国社会状况综合调查（CSS）中对幸福感的测量题目，请作答者判断 "总的来说，我是一个幸福的人"。该测量方式已在诸多研究中得到应用（祝仲坤、冷晨昕，2018；赵卫华、冯建斌，2020），采用李克特 7 点计分形式，分别为 1 "非常不同意" 到 7 "非常同意"，得分越高，说明幸福感越高。

（三）统计分析

采用 SPSS 24.0 对数据进行描述性统计及相关分析，利用 SPSS Process 插件按照 Preacher 和 Hayes（2008）提出的 Bootstrap 法进行中介效应检验。Bootstrap 法是一种从样本中有放回地重复取样获得 n 个 Bootstrap 样本中介效应估计值的方法，将这些估计值按照数值大小从小到大进行排序得到一个序列 C，其中第 97.5 百分位数和第 2.5 百分位数构成一个置信度为 95% 的置信区间，若置信区间不包含 0，则说明中介效应显著。为避免序列 C 的中值等于原样本数据得到的中介效应估计值而带来的区间估计偏差，Bootstrap 程序采用检验力更高的偏差校正的非参数百分位 Bootstrap 法（温忠麟、叶宝娟，2014；陈瑞、郑毓煌、刘文静，2014；方杰、张敏强，2012）。

三　数据统计与分析

（一）居住流动性、社会安全感和幸福感的相关分析

相关分析结果表明（见表 2），居住流动性与幸福感、人身安全感、财产安全感呈显著负相关，与环境安全感呈显著正相关，人身安全感、财产

安全感、环境安全感与幸福感之间均呈显著正相关关系。

表 2　各变量相关分析及描述性统计

	1	2	3	4	5	6	7	8	9
性别	1								
年龄	0.07**	1							
受教育程度	0.01	-0.02**	1						
收入	-0.07**	0.37**	0.19**	1					
居住流动性	-0.04**	0.03**	0.02*	0.12**	1				
幸福感	0.06**	-0.05**	0.07**	-0.02*	-0.06**	1			
人身安全感	-0.07**	0.00	0.09**	0.04**	-0.07**	0.26**	1		
财产安全感	-0.07**	-0.02**	0.05**	0.02*	-0.08**	0.29**	0.70**	1	
环境安全感	-0.06**	-0.07**	0.00	0.00	0.05**	0.19**	0.36**	0.38**	1
M	1.43	27.38	3.90	3.51	2.84	4.81	4.50	4.63	3.63
SD	0.50	8.28	1.12	1.71	1.44	1.42	1.32	1.30	1.47

注：$^* p < 0.05$，$^{**} p < 0.01$；1~9 分别为：性别、年龄、受教育程度、收入、居住流动性、幸福感、人身安全感、财产安全感、环境安全感。

（二）社会安全感的中介作用检验

本研究以居住流动性作为自变量，幸福感作为因变量，人身安全感、财产安全感、环境安全感作为中介变量。采用 Hayes（2013：125 - 129）编制的 SPSS 宏中的 Model4，在控制性别、年龄、受教育程度、收入的条件下，对社会安全感在居住流动性与幸福感之间的中介效应进行检验。当模型引入人身安全感、财产安全感、环境安全感后，居住流动性对幸福感的直接效应显著（$\beta = -0.04$，$p < 0.001$，95% CI：$-0.05 \sim -0.03$），人身安全感（$a_1 * b_1 = -0.006$，SE $= 0.001$，95% CI：$-0.009 \sim -0.005$）、财产安全感（$a_2 * b_2 = -0.015$，SE $= 0.002$，95% CI：$-0.019 \sim -0.013$）、环境安全感（$a_3 * b_3 = 0.005$，SE $= 0.001$，95% CI：$0.003 \sim 0.006$）在居住流动性与幸福感之间的中介效应均显著，中介效应占总效应的 32.2%（具体结果见表 3 与图 1）。

表3　中介效应检验结果

	因变量							
	人身安全感		财产安全感		环境安全感		幸福感	
	β	95% CI	β	95% CI	β	95% CI	β	95% CI
性别	-0.07***	-0.09 ~ -0.06	-0.07***	-0.08 ~ -0.05	-0.05***	-0.06 ~ -0.04	0.09***	0.08 ~ 0.10
年龄	0.01	-0.01 ~ 0.02	-0.02**	-0.04 ~ -0.01	-0.08***	-0.09 ~ -0.06	-0.04***	-0.05 ~ -0.03
受教育程度	0.08***	0.07 ~ 0.10	0.04***	0.03 ~ 0.06	-0.01	-0.02 ~ 0.01	0.05***	0.04 ~ 0.07
收入	0.02**	0.01 ~ 0.04	0.02**	0.01 ~ 0.04	0.02**	0.01 ~ 0.04	-0.01	-0.03 ~ -0.00
居住流动性	-0.07***	-0.09 ~ -0.06	-0.08***	-0.10 ~ -0.07	0.05***	0.03 ~ 0.06	-0.04***	-0.05 ~ -0.03
人身安全感							0.09***	0.07 ~ 0.11
财产安全感							0.19***	0.17 ~ 0.21
环境安全感							0.09***	0.08 ~ 0.11
R^2	0.018		0.014		0.010		0.112	
F	84.63***		65.28***		47.58***		355.34***	

注：* $p < 0.05$，** $p < 0.01$，*** $p < 0.001$，下同。

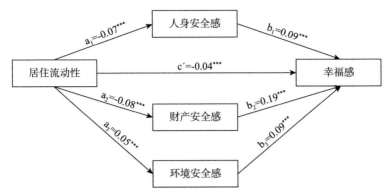

图1　社会安全感在居住流动性与幸福感间的中介作用

四　总结与讨论

提高居住流动人口的幸福感，不仅有利于流动个体自身的发展和社会适应，而且对流动人口家庭的和谐乃至国家的稳定都十分重要。本研究综合考察了居住流动性与幸福感的关系以及人身安全感、财产安全感、环境安全感在其中的中介作用，从社会安全感的角度揭示了居住流动性影响幸福感的内在机制，不仅丰富和验证了社会生态因素与个体内在因素相互作用影响个体发展的理论，而且了解了居住流动人口的社会安全需求，对其幸福感的维护及政策的制定具有重要的参考价值。

（一）结果与讨论

研究结果发现，居住流动性与幸福感呈显著负相关，即居住流动越频繁，幸福感越低，这与以往的研究结果相一致（Oishi et al.，2011），也验证了在中国背景下搬迁对流动人口幸福感的负面影响。Holmes 与 Rahe（1967）曾对 43 项生活压力事件进行排名，居住流动（搬迁）排名第 28 位。中国是一个人情社会，国人历来安土重迁，有着根深蒂固的家乡情怀，频繁流动对民众来说无疑是一个压力较大的生活事件，而且压力 - 应激理论认为，在经历压力性生活事件后，个体会采取一系列的应对策略，但频繁经历压力性生活事件则会对个体的身心健康产生严重的负面影响（Lever，2008）。相比于居住稳定的个体，居住流动频繁的个体需要经常面对新环境的挑战，适应未知的新环境以及应对各种突发事件需要更多精神和物质上的付出，会带给个体较大的压力（Oishi et al.，2009），而且搬迁的个体脱离原先的社会关系网后，在新环境通常会形成一种短暂且开放的人际关系，在面对压力时难以获得亲朋好友的支持（Nisic & Petermann，2013），产生较低的幸福体验。

此外，研究还发现，人身安全感、财产安全感，环境安全感三类社会安全感在居住流动性与幸福感之间起着部分中介作用，但作用存在差异。这为我们理解居住流动性对幸福感的影响提供了新的视角：频繁搬迁会使个体面临更多的人身和财产风险，降低了人身安全感与财产安全感，进而影响幸福感。一项研究北京市城市移民社会安全问题的实证调查发现，受访者比较担忧的是收入问题和个体安全问题（荆玉斗，2016：13～15），这与我们的研究结果也较为一致。从研究结果看，受居住流动性影响最大的是财产安全感，财产安全是个体生活的保障，一方面频繁的搬迁会导致个体工作与收入的不稳定；另一方面居住流动地的生活成本往往高于原住地，收支不平衡容易引起流动个体较多的财产不安全感。其次，居住流动性也负向影响个体的人身安全感，人身安全是个体生存的基础，居住流动群体人身安全感低，从侧面反映出当前社会在治安等方面仍然存在着一定的问题，流动群体对居住地可能出现的意外人身危险的预防和处理缺乏信心。人身安全感与财产安全感的缺乏导致个体安全感需要难以得到满足，而安全感这一基本需要的满足是个体追求高层次需要、获得幸福感的前提和保障，社会安全感的缺乏影响了居住流动群体的幸福体验。但是，与人身安全感、财产安全感不同的是，研究结果显示，居住流动性会通过增强环境安全感缓解其对幸福感的消极影响。湛东升等（2017）的调查已发现流动人口会优先选择公共服务设施便利、自然环境安全舒适的城市居住，安全舒适的环境为环境安全感提供了保障，有效减少居住流动过程中个体感受到的精神压力，缓解搬迁对幸福感带来的不利影响。

（二）研究启示

从研究结果的影响路径来看，维护居住流动人口的社会安全感和幸福感可以从以下两个关键环节入手。

第一，要从源头上减少社会风险，构建多元主体参与的社会风险治理体系，提升居住流动群体的人身安全感和财产安全感。首先，政府是社会风险治理最为重要的主体，需完善市场就业机制，消除不同户籍性质居民的基本公共服务供给差异，为居住流动人口提供平等合适的就业机会，增强居住流动人口的财产安全风险抵抗能力。其次，社区作为社会风险治理的合作主体，要加强社区环境治理能力，消除社区治安风险，做好居住流动人口的帮扶工作，提供有力的社会支持。最后，频繁居住流动的个体自身也要积极融入新环境，提高自身的风险化解和适应能力。

第二，要加强社会心理服务体系建设，帮助缓解居住流动群体的不安全心态。社会心理服务体系建设的目标是培育良好的社会心态，离不开基层工作人员及社区工作者的参与。首先，要加强对基层工作人员及社区工作者的心理学培训，为居住流动人口普及心理健康常识，使其能够准确定位自身的安全感状况；其次，可以建立心理援助平台，通过心理咨询热线、心理自助、互助等心理支持服务系统缓解不安全感危机。

（三）研究不足

本研究虽深入分析了社会安全感在居住流动性与幸福感之间的内在影响机制，但仍存在一定的不足之处。其中，本研究对居住流动群体并未进行区分，居住流动群体既包括被动流动，也包括主动流动，而主动的居住流动有可能缓冲对幸福感的负面影响，未来的研究可从主被动的角度进一步探讨居住流动性对幸福感的差异影响机制。

参考文献

安东尼·吉登斯，2000，《现代性的后果》，田禾译，译林出版社。

陈瑞、郑毓煌、刘文静，2014，《中介效应分析：原理、程序、Bootstrap 方法及其应用》，《营销科学学报》第 4 期。

丛中、安莉娟，2004，《安全感量表的初步编制及信度、效度检验》，《中国心理卫生杂志》第 2 期。

戴逸茹、李岩梅，2018，《居住流动性对心理行为的影响》，《心理科学》第 5 期。

方杰、张敏强，2012，《中介效应的点估计和区间估计：乘积分布法、非参数 Bootstrap 和 MCMC 法》，《心理学报》第 10 期。

高觉敷，1982，《西方近代心理学史》，人民教育出版社。

顾鹏、马晓明，2012，《流动人口环境满意度的调查分析——以深圳市沙湾河流域为例》，《特区经济》第 1 期。

金小红、陈薇，2011，《流动青少年犯罪：生存风险与环境风险的影响——城市流动青少年犯罪状况调查》，《城市问题》第 11 期。

荆玉斗，2016，《社会分层视角下的城市移民社会安全问题研究》，硕士学位论文，中共中央党校。

李培林、李炜，2010，《近年来农民工的经济状况和社会态度》，《中国社会科学》第 1 期。

李彦牛、王艳芝，2008，《领悟社会支持及安全感与大学生自杀态度的相关分析》，《中国学校卫生》第 2 期。

师保国、徐玲、许晶晶，2009，《流动儿童幸福感、安全感及其与社会排斥的关系》，《心理科学》第 6 期。

铁怡、赵久波、张小远，2014，《安全感与幸福感：爱与归属感的中介作用和恋爱的调节作用》，《中国健康心理学杂志》第 4 期。

王俊秀，2008，《面对风险：公众安全感研究》，《社会》第 4 期。

王俊秀、刘晓柳，2019，《现状、变化和相互关系：安全感、获得感与幸福感及其提升路径》，《江苏社会科学》第 1 期。

温忠麟、叶宝娟，2014，《中介效应分析：方法和模型发展》，《心理科学进展》第 5 期。

乌尔里希·贝克，2004，《风险社会》，何博闻译，译林出版社。

谢霏雯、陈宏胜、刘于琪、李志刚，2015，《中国大城市流动人口幸福感研究——以上海为例》，《现代城市研究》第 12 期。

杨经纶，2013，《大学生心理不安全感特点及其与社会信任的关系研究》，硕士学位论文，中国地质大学（北京）。

杨舸，2017，《流动人口与城市相对贫困：现状、风险与政策》，《经济与管理评论》第 1 期。

杨青，2014，《安全感调节下流动人口人际信任的建构机制研究》，《内蒙古社会科学》（汉文版）第 5 期。

张斐，2016，《城市化进程中的移民融入与群体安全感建构——以深圳市 A、B 两个社区为例》，《管理观察》第 16 期。

张华初，2014，《流动人口主观幸福感的影响因素——以广州市为例》，《城市问题》第 10 期。

张雅欣、孙大鑫，2019，《人口流动如何影响主观幸福感——基于主观社会地位的中介效应》，《系统管理学报》第 6 期。

湛东升、张文忠、党云晓、戚伟、刘倩倩，2017，《中国流动人口的城市宜居性感知及其对定居意愿的影响》，《地理科学进展》第 10 期。

赵卫华、冯建斌，2020，《住房对农民工主观幸福感的影响分析——基于 CSS（2013）数据的实证研究》，《东北师大学报》（哲学社会科学版）第 5 期。

祝仲坤、冷晨昕，2018，《互联网使用对居民幸福感的影响——来自 CSS2013 的经验证据》，《经济评论》第 1 期。

Coley, R. L. & Kull, M. 2016. Cumulative, timing-specific, and interactive models of residential mobility and children's cognitive and psychosocial skills. *Child Development*, 87（4），1204 – 1220.

Flouri, E., Mavroveli, S., & Midouhas, E. 2013. Residential mobility, neighborhood deprivation and children's behavior in the UK. *Health and Place*, 20, 25 – 31.

Hayes, A. F. 2013. Introduction to mediation, moderation, and conditional process analysis: A regression-based approach. New York, USA: Guilford Press, 125 – 129.

Holmes, T. H. & Rahe, R. H. 1967. The social readjustment rating scale. *Journal of Psychosomatic Research*, 14, 121 – 132.

Lever, J. P. 2008. Poverty, stressful life events, and coping strategies. *The Spanish Journal of Psy-*

chology, 11, 228 – 249.

Magdol, L. 2002. Is moving gendered? The effects of residential mobility on the psychological well-being of men and women. *Sex Roles*, *47* (11), 553 – 560.

Maslow, A. H. A. 1945. Clinically derived test for measuring psychological security-insecurity. *Journal of General Psychology*, 33, 21 – 41.

Nisic, N. & Petermann, S. 2013. New city = New friends? The restructuring of social resources after relocation. *Comparative Population Studies*, *38* (1), 199 – 226.

Oishi, S. 2010. The psychology of residential mobility: Implications for the self, social relationships, and well-being. *Perspectives on Psychological Science*, *5* (1), 5 – 21.

Oishi, S. & Schimmack, U. 2010. Residential mobility, well-being, and mortality. *Journal of Personality and Social Psychology*, *98* (6), 980 – 94.

Oishi, S. & Talhelm, T. 2012. Residential mobility: What psychological research reveals. *Current Directions in Psychological Science*, *21* (6), 425 – 430.

Oishi, S., Krochik, M., Roth, D., & Sherman, G. D. 2011. Residential mobility, personality, and subjective and physical well-being an analysis of cortisol secretion. *Social Psychological and Personality Science*, *3* (2), 153 – 161.

Oishi, S., Whitchurch, E., Miao, F., Kurtz, J., & Park, J. 2009. 'Would I be happier if I moved?' Retirement status and cultural variations in the anticipated and actual levels of happiness. *Journal of Positive Psychology*, *4* (6), 437 – 446.

Preacher, K. J. & Hayes, A. F. 2008. Asymptotic and resampling strategies for assessing and comparing indirect effects in multiple mediator models. *Behavior Research Methods*, *40* (3), 879 – 891.

Salehi, A., Harris, N., Sebar, B., & Coyne, E. 2015. The relationship between living environment, well-being and lifestyle behaviours in young women in shiraz, iran. *Health and Social Care in the Community*, *25* (1), 68 – 72.

Vail, J. 1999. "Insecure Times: Conceptualizing Insecurity and Security." In J. Vail, J. Wheelock, and M. Hill (Eds.), *Insecure Times: Living with Insecurity in Contemporary Society*. London and New York: Routledge, 5 – 8.

《中国社会心理学评论》 第 20 辑
第 92~115 页
© SSAP, 2021

社会态度、政府信任与不同类型移民群体的心理健康[*]

瞿小敏 郁姣娇 于宜民[**]

摘 要: 基于 "2017 年城市化与新移民调查" 数据, 本研究考察了双向的社会交往意愿、社会冲突意识、社会问题感知等社会态度对知识型移民与务工型移民心理健康的效应。结果表明:(1)双向的社会交往意愿通过提高知识型移民的政府信任, 对其心理健康具有积极效应。社会冲突意识对知识型移民的心理健康具有消极影响, 政府信任在这一过程中具有部分中介作用。(2)本地居民对移民的交往意愿对务工型移民心理健康具有积极影响, 而社会冲突意识、社会问题感知对务工型移民心理健康具有消极影响, 并且政府信任在这些影响过程中具有部分中介作用。据此, 关注知识型移民与务工型移民在社会流动过程中社会态度的形塑、提高移民群体的政府信任水平是促进其心理健康的重要途径。

关键词: 知识型移民 务工型移民 社会态度 政府信任 心理健康

---

* 本研究是国家社会科学基金重大项目 "新社会阶层的社会流动与社会政治态度研究" (17ZDA111)、国家社会科学基金重点项目 "新社会阶层的社会流动与政治态度研究" (17ASH004) 的阶段性成果。

** 瞿小敏, 华东政法大学社会发展学院社会管理系讲师, 通讯作者, E-mail: millie_ qu@ 163. com; 郁姣娇, 贵州省社会科学院副研究员; 于宜民, 华东政法大学社会发展学院社会学系讲师。

一　引言

改革开放以来，市场机制打开了人口流动的大门，我国的人口迁移进入了活跃期。截至 2016 年底，我国流动人口的规模已达到 2.45 亿人（国家卫生和计划生育委员会流动人口司，2017：3）。时至今日，我国已经全面进入由人口迁移和流动主导人口态势的时期。

潮起潮涌的人口流动给我国社会的发展和管理带来了新的问题和挑战。随着人口流动性的增强，移民群体研究开始受到社会各界包括学界的关注，相关研究关注的焦点之一是移民群体在城市的融入状况，具体涉及经济融合、文化适应、社会适应、结构融合以及身份认同五个主要维度（周皓，2012）。随着社会整体发展以及公众对心理健康的日益关注，移民群体城市融入分析框架中逐渐纳入了心理健康维度（岳经纶、李晓燕，2014）。近年来，有关移民群体心理健康的研究越来越受到重视。

从熟悉的生活和工作场域迁移至新的环境，伴随着空间上的转移，诸如工作不稳定、社会网络解构、社会支持缺乏、语言交流障碍、文化差异等诸多问题出现，这些都可能对移民群体的心理健康产生一定负面影响。尤其是对于在教育与职业技能等资源禀赋方面更为弱势的务工型移民群体，诸如社会交往匮乏、社会经济地位低下等困境可能成为其心理负担的根源性因素（Nair et al.，1990）。相比于非移民，移民群体在迁移和流动过程中在社会环境、劳动生活习惯、职业适应性、人际关系等方面都发生了很大变化，随之而来的是其在态度、意识以及心理状态等各方面的改变。显然，移民群体的心理健康状态受到多个维度因素的影响。从社会维度出发，分析其在迁移和流动过程中形成的态度、意识，以及这些态度、意识对其心理健康的作用和影响机制，有利于探索提高移民群体身心健康的社会途径，对于实现移民群体与城市居民的社会融合、促进社会和谐稳定发展具有重要意义。

本研究旨在考察不同类型移民群体在流动过程中的心理健康状况，探讨与流动经历有关的各种社会态度因素对其心理健康的作用并挖掘其内在作用机制，以期为移民群体相关社会政策的制定以及可及性的公共服务的实现提供理论和现实依据。

二　相关研究

（一）地域流动与移民群体的心理健康

社会适应与社会融入是移民群体研究的焦点。随着生活质量概念的扩展，心理健康维度被纳入社会适应与社会融入的分析框架，移民群体的心理健康问题也逐渐成为一个非常重要的公共卫生问题。关注移民群体的心理健康状况，探索提高各类移民群体心理健康的多元途径，对于提高流动人口生活质量、促进"健康中国 2030"的实现具有积极意义。

国际上有关地域迁移经历对移民群体心理健康作用的研究结论并不统一。多数研究认为地域迁移对个体的精神健康状况及健康服务的获得具有消极影响（Agudelo-Suárez et al.，2009；Finch et al.，2000）。迁移过程中产生的各种压力、大量社会关系的损失，以及气候、语言、文化、风俗习惯等各个方面的改变（Pawliuk et al.，1996），会直接作用于移民群体并使他们心情沮丧，甚至让他们感到被疏远（Davies & Mckelvey，1998）。在城市遭遇歧视经历会显著降低移民的幸福感和生活质量（Knight & Gunatilaka，2010；Wang et al.，2010），并显著增加其心理压力和心理疾病的发生率（Lin et al.，1979）。但也有研究认为移民的心理健康状况好于和他们处于相似社会经济地位的当地居民，尤其是当移民群体在流动状态中找到工作、经济收入提高时，这些经历对他们的心理健康有一定的积极作用（Li et al.，2007）。

我国大规模的人口流动整体上呈现从不发达地区向发达地区流动的基本特征，具体表现为人口由内陆地区落后省份向东南沿海发达省份流动、由农村向城市流动、由小城镇向中大城市流动。向城市流动并在城市中务工经商的农村剩余劳动力占流动人口的大多数，并且大多以"农民工"或"进城农民"的形象出现，已经演化成为城市中的新生社会群体。

由于这一社会群体规模庞大且长期处于流动的状态，我国对于移民群体心理健康的研究主要集中在对农民工群体心理健康以及精神健康状况的评估（何雪松、黄富强、曾守锤，2010；刘林平、郑广怀、孙中伟，2011；刘国权、孙崇勇，2008）。相关研究普遍认为，农民工群体的心理健康状况令人担忧。由于城乡二元户籍制度、城乡文化冲突、贫富差距加大、向上流动机会狭窄等诸多社会因素，农民工极易出现心理失范现象，进而引发心理问题并可能发酵为越轨、犯罪甚至集群行为等行为失范（张书维、王二平、周洁，2010；蔡瑞林、陈万明、丁道韧，2015）。迁移过程对这一群体的心理健康具有负面影响，相关心理问题包括焦虑、人际关系敏感、偏执和敌意等（蒋善、张璐、王卫红，2007）。

此外，致力于提高该群体的心理健康状况，大量研究对农民工群体心理健康的影响因素展开了分析（刘亮、高汉、章元，2018），讨论了性别、年龄、婚姻状况（蒋善等，2007）、社会经济地位（程菲、李树苗、悦中山，2018）等个体特征因素，家庭经济条件等家庭特征因素（刘连龙、李琼、夏芸，2012），工作时长、工作环境状况等工作特征因素（胡荣华、葛明贵，2008）、住房状况（张文宏、刘琳，2015），以及社会支持（刘越等，2011；于海燕、俞林伟，2018）、社会资本（胡荣、陈斯诗，2012）、社会融合（张文宏、雷开春，2008；郝晓宁、孙继艳、薄涛，2018）、文化适应（程菲、李树苗、悦中山，2015）等社会文化因素对该群体心理健康的作用。

（二）研究工具

现有研究在移民群体心理健康状况的评估及影响因素分析方面取得了大量成果，促进了社会各界对移民群体心理健康状况的关注。然而，已有研究仍存在两方面不足。首先，对移民群体心理健康影响因素的讨论更多聚焦于收入、住房、就业、社会保障等物质因素的作用，侧重于分析社会支持、社会资本等客观因素的作用，对社会维度影响因素的关注，如对个体在迁移过程中基于特定的社会环境形成的具体的认知、感受、立场、态度等主观因素的讨论则不够充分。

我国正处于社会转型的特殊时期，受到多维二元结构的影响（张海东，2018），移民群体在居住、就业、教育、卫生等各个方面面临着与非移民差别化的对待。在迁移与社会适应过程中，人们可能在识别、承认自身处境或观察到的周遭社会现象之后，形成某种特定的评价、感受和立场（唐有才、符平，2017）。这些评价、感受和立场以及与之相关的社会态度，一定程度上体现了移民群体对社会适应与社会融入的切实感受。在这种制度背景下，考察诸如移民与本地人之间双向的社会交往意愿、社会冲突意识、社会问题感知等社会态度及其对移民群体心理健康状况的影响，能够客观评价移民群体在迁入新的地域后能否很好地适应新环境，体现了其社会融合的程度。

社会融合与移民群体的心理健康之间存在一定的相关性，良好的社会融入对移民群体的心理健康会产生积极影响（李树苗等，2008）。社会融合是一个循序渐进的过程，它包含文化适应、结构融合、婚姻同化、认同性融合、态度接受、行为接受以及民主性融合等方面（Gordon & Ebrary，1964）。然而，以往研究侧重于分析移民群体在经济和文化等客观方面的融合，对于认同性融合、态度融合等方面，诸如社会交往意愿、对社会冲突和社会问题的感知等未能给予足够的关注。由于经历了地域迁移，移民群体面临着社会生活的解构与重构，其在新的居住地能否重新建构新的社会支持网络、能否适应新的居住地的文化，这些因素都将影响其在新的居住地的社会融入程度，从而影响其心理健康的状况。一方面，移民群体是否愿意与本地人进行社会交往、能否感受到被本地人接纳，体现了社会融合的程度。相比于本地居地，移民在流动过程中伴随着既有社会网络的丧失，因此他们在社会融入过程中对于新的社会网络的建立以及基于新的社会网络形成的社会支持具有非常高的需求。宋林飞（2005）指出城市居民对流动人口的接纳程度与后者的心理健康具有相关性，城市居民对流动人口的社会排斥程度越高，流动人口心理状态就差。在极端的情况下，移民群体如果不能实现与城镇居民的社会融合，可能会因此增加自身所面临的身心压力而相应提高自身的犯罪率。反之，良好的社会交往意愿对移民群体的心理健康能够产生积极的效应。在我国快速城市化的过程中，实现移民群体和本地居民的融洽相处有利于建设和谐城市，是城市化和城市建设的重要目标。另一方面，相比于本地居民，移民群体（尤其是务工型移民）在迁移过程中将面临一定的需求和问题，如果最基本的生活需求得不到满足或者在解决问题的过程中遭遇了不平等的待遇，很容易形成"剥夺感"。社会学解释的剥夺不是指剥夺的行为，而是指一种被剥夺的状态，这种状态一方面指客观经济的被剥夺状态，另一方面指被剥夺者的一种主观心理状态（李强，2004）。对群体间社会冲突以及社会问题的感知对于移民群体的心理健康或具有负面效应。

其次，已有关于移民心理健康的研究在建立参照时主要关注移民群体与本地居民心理健康状况的比较（程菲等，2018），并且聚焦于"农民工"或"进城农民"等务工型移民群体，却忽略了移民群体内部的差异性，对移民群体缺乏类型分析。从社会分层角度来看，移民内部具有巨大的差异性，不同受教育程度、不同收入的移民在职业稳定性、社会网络资源、社会融入能力上存在巨大差异。例如，根据不同阶层移民群体在资源禀赋方面存在的巨大差异，参考韦伯斯特对移民群体的界定，可以将移民群体划分为知识型移民和务工型移民。其中，"知识型移民"是指接受过高等教育、掌握相应知识与技能，在不同地域之间进行流动，以在新的迁入地定居为目标并定居一年以上的迁移人口（陈常花、朱力，2008）。在我国，知识型移民与务工型移民在教育、收入、职业技能、社会网络等方面的资源迥异，因此两类移民群体在迁移过程中面临的社会环境以及社会生活状况存在很大差别，这使得两者对社会的态度以及其与社会之间的关系可能迥异，从而影响其最终的心理健康状况。具体来看，社会态度对不同类型移民群体心理健康的作用机制也可能存在不同路径，需要进一步关注。

长期以来，移民研究和阶层研究之间的交叉并未得到充分重视。对于知识型移民这一相对高学历的流动人口群体，无论是学术层面还是政策层面的关注都还较少。目前，国内对知识型移民的研究非常少，仅有的几篇文章都集中探讨国内知识型移民的适应性问题（陈常花、朱力，2008；豆小红，2012；汪琳岚，2014）。诚然，知识型移民在经济上相对独立、稳定，且自身有着较为开放的心态，并且具有政策上的落户优势，他们与务工型移民在社会融入的模式、程度、影响因素等方面存在很大的差异。相比于务工型移民，知识型移民在社会适应方面具有一定优势（陈常花、朱力，2008）。然而，在大城市生活成本高、住房压力大和工作节奏快等现实背景下，知识型移民群体的心理健康状况不仅影响其自身生活质量，而且关乎其去留意愿（陈纪波等，2013）。目前学界缺乏对这一群体心理健康的专门性研究，更缺乏两类移民群体心理健康的对比研究。

从社会维度出发，本文探讨了社会交往意愿、社会冲突意识、社会问题感知等社会态度因素对知识型移民与务工型移民心理健康的作用及其机制，一定程度上能够弥补以上两方面的局限。

（三）政府信任对于提高移民群体心理健康的作用

在人口流动成为我国人口基本态势的情况下，需要探索多元途径提高流动人口心理健康、促进流动人口的生活质量，尤其需要关注政府效能在移民群体心理健康的建设过程中的积极效用。移民群体的政府信任就是他们基于理性的认知判断，在与政府的交往过程中的具体形塑（张成福、边晓慧，2013）。现代国家中，政府作为绝对的责任主体，通过维护公众的权利、增进群众的福祉，以获得人民的信任（唐铁汉，2005）。国家和社会、政府和人民之间的信任不仅仅能够赋予政府权力合法性，更具有激活社会效率的显著功能，能为社会发展产生绩效（Putnamr et al.，1993）。社会学家认为政府信任存在于政府和公众在长期社会交往实践中的互动关系之中（Miller，1974），这种复杂的社会关系既受宏观秩序的制约，又能够被微观互动所突破（朱荟，2014）。

考察政府信任在社会态度对移民群体心理健康影响过程中的具体效应具有非常重要的意义。移民在对新的居住地的适应过程中必然涉及生活的重建，在此过程中对社会融合、社会冲突、社会问题的感受会在一定程度上影响其对政府效能以及对整个社会质量的评价，从而影响他们的心理健康。同时，相比于非移民，移民在生活的重建中对教育、医疗、就业、住房等公共服务具有更大的现实需求，政府在公共服务领域以及基本设施方面的供给能否满足移民群体的利益与需要，关乎移民对于政府的评价。如若政府在提高社会融合、化解社会冲突、建设社会公正公方面的效能无法令其满意，必然会降低其对政府效能的心理期待。同样地，如若政府没有能力满足他们的公共性福利需求，他们对政府执政能力的心理预期将会被破灭，导致政府信任危机（Susan & Deborah，1988），甚至危及移民的心理健康状况。

对移民群体的政府信任的探究在转型期的中国显得尤为必要，因为移民群体对政府的评价一定程度上是评判社会转型成功与否的重要标准。我国社会具有明显的多维二元结构特征。这种结构性特征是社会矛盾的根源，蕴藏着一定的社会风险（张海东，2018）。受到这种多维二元结构的影响，我国在经济社会的各个方面呈现出异质性，移民在社保保障与公共服务的获得方面和本地居民存在极大差异，甚至在移民群体内部，这种差异也很明显。知识型移民具有较高的教育资本，能够通过稳定就业获取固定收入，并且更有可能获得与本地居民相似的社会保障和社会福利。相比之下，务工型移民普遍面临着临时性就业的风险，难以确保收入的稳定性，因此在社会保障和社会福利的获取方面存在诸多劣势。两类移民在职业稳定性、社会网络资源、社会融入能力等资源禀赋方面的差异，使得他们在迁移过程中遇到的问题和风险也不尽相同。知识型移民与务工型移民对社会接纳、社会冲突、社会问题的感知，以及对政府效能的评价可能因此呈现出差异性。这些差异在宏观层面关乎整个社会的和谐稳定，在微观层面关乎移民群体的心理健康状况，影响其在新的居住地的去留。因此，需要考察政府信任在社会态度对移民心理健康影响过程中的间接效应，从而检验个体对社会环境的感知，尤其是其与政府在长期社会交往实践中的互动关系，如何具体作用于其心理健康状况。

三　研究设计

（一）研究假设

显然，流动人口的心理健康状况不仅取决于其自身特征，而且受到其所处社会环境及个体与社会环境之间关系的影响。检验社会态度的作用，实际是从社会维度出发，考察知识型移民与务工型移民在迁移过程中形成的与社会环境相关的感受与态度对其心理健康的作用。为了获得支持以上观点的实证证据，我们提出如下有关社会态度作用的假设。

双向交往意愿假设：移民群体对于本地人是否愿意与其相处、合作的感知，以及移民群体与本地人相处、合作的意愿，一定程度上体现了迁入地社会融合的程度，甚至能够反映社会包容和社会质量（张海东、从玉飞，2011）。因此，通过以下假设考察双向的社会交往意愿对不同类型移民群体心理健康的作用。

假设1a：交往意愿（本地居民→移民）对知识型移民群体的心理健康具有显著正向作用。

假设1b：交往意愿（本地居民→移民）对务工型移民群体的心理健康具有显著正向作用。

假设2a：交往意愿（移民→本地居民）对知识型移民群体的心理健康具有显著正向作用。

假设2b：交往意愿（移民→本地居民）对务工型移民群体的心理健康具有显著正向作用。

社会冲突意识假设与社会问题感知假设：移民群体对不同群体之间社会冲突的感受以及所处地区各种社会问题严重程度的感受对其心理健康的作用，能够从侧面反映迁入地社会融合的程度以及社会治理的水平。由此，提出以下假设。

假设3a：社会冲突意识对知识型移民群体的心理健康具有显著负向作用。

假设3b：社会冲突意识对务工型移民群体的心理健康具有显著负向作用。

假设4a：社会问题感知对知识型移民群体的心理健康具有显著负向作用。

假设4b：社会问题感知对务工型移民群体的心理健康具有显著负向

作用。

同时，通过建立以下假设检验政府信任在社会态度对知识型移民及务工型移民心理健康影响过程中的间接效应，尝试描绘社会态度影响不同类型移民群体心理健康的具体路径。

假设5a.1：政府信任在交往意愿（本地居民→移民）对知识型移民心理健康影响过程中具有中介效应。

假设5a.2：政府信任在交往意愿（移民→本地居民）对知识型移民心理健康影响过程中具有中介效应。

假设5a.3：政府信任在社会冲突意识对知识型移民心理健康影响过程中具有中介效应。

假设5a.4：政府信任在社会问题感知对知识型移民心理健康影响过程中具有中介效应。

假设5b.1：政府信任在交往意愿（本地居民→移民）对务工型移民心理健康影响过程中具有中介效应。

假设5b.2：政府信任在交往意愿（移民→本地居民）对务工型移民心理健康影响过程中具有中介效应。

假设5b.3：政府信任在社会冲突意识对务工型移民心理健康影响过程中具有中介效应。

假设5b.4：政府信任在社会问题感知对务工型移民心理健康影响过程中具有中介效应。

（二）数据来源

研究数据来源于上海大学“都市新移民研究创新团队”和“城市化调查研究网络平台”共同组织展开的“2017年城市化与新移民调查”①。该项目以我国新时期的居民流动情况为主题，聚焦于居民的移出和移入等现实问题。调查数据覆盖了我国黑龙江省哈尔滨市、吉林省长春市和延吉市、辽宁省沈阳市和鞍山市、河南省郑州市、天津市、福建省厦门市、广东省广州市、湖南省长沙市10个城市。② 调查采用了多阶段混合抽样（Multi-stage Composed Sampling）的方法，分区/县级市、居/村委会、居民

---

① 本文使用的数据来自由上海大学“都市新移民研究创新团队”和“城市化调查研究网络平台”共同组织展开的“2017年城市化与新移民调查”。在此对数据的提供方表示感谢。

② 由于论文撰写时延吉市的调查还未完成，本文实际采用的是9个城市的数据。

户、居民 4 个阶段抽样。每个城市抽取 20 个居/村委会作为调查实施地点，共 200 个居/村委会。以每个居/村委会的地图地址为抽样框作为实地抽样的基准，调查时抽取相应的家庭户、集体户。每个居/村委会完成 25 份调查问卷，共完成 5000 份调查问卷。调查采用入户面访的方式。调查对象为在现居住地址内在本市居住满 6 个月及以上、且目前在该地址居住了 7 天或将要居住 7 天以上，16~65 周岁的中国公民；警察、现役军人、无工作经历的学生不纳入抽样框。

该数据包含了与研究主题密切相关的变量，较好地满足了研究需要。对数据进行梳理后，筛选了有迁移经历的移民群体作为研究对象。最终，符合研究需求的移民群体样本量为 2530 个。根据被访者职业区分知识型移民与务工型移民，通过被访者职业编码进行划分。其中，国家机关、党群组织企事业单位负责人，专业技术人员、办事人员和有关人员等职业大类被划分为知识型移民，样本量为 1226 个；商业工作人员，服务型工作人员，农林牧渔水利业生产人员，生产工人、运输工人和有关人员等职业大类被划分为务工型移民，样本量为 1304 个。

(三) 变量测量

1. 因变量

研究以移民群体的心理健康作为因变量，采用抑郁量表 (CES-D) 测量抑郁情绪症状，以此作为对心理健康状况的测量。该量表包括 20 道询问研究对象主观感觉及行为的题目，每题有 4 个选项："没有"、"很少"、"常有"以及"一直有"。对于 16 个负向问题，如"我因一些小事而烦恼""我不大想吃东西"等，以上选项分别计 0、1、2、3 分。对于 4 个正向问题，如"我对未来充满希望""我很愉快"进行反向计分。以量表得分均值作为抑郁情绪得分，得分越高代表被访者抑郁程度越高，心理健康状况越差。

2. 自变量

以双向的社会交往意愿、社会冲突意识、社会问题感知等社会态度作为研究的解释变量，考察这些与迁移经历有关的主观态度对移民群体心理健康状况的影响。

双向的社会交往意愿涉及本地人是否愿意与移民群体交往以及移民群体是否愿意与本地人交往两个方面。分别通过询问作为移民群体的研究对象对本地人是否愿意与其一起工作、聊天、做邻居、做亲密朋友、做亲戚（结婚）、一起参与社会管理六个方面的感受，以及移民群体是否愿意与地本人在以上方面进行交往进行测量。选项分别为"很不愿意"、"不太愿意"、"无所谓"、"愿意"和"非常愿意",分别记为 1、2、3、4、5 分。通过因子分析形成两个因子。其中,"交往意愿(本地居民→移民)"因子分析的 KMO 值为 0.8927,Bartlett's 球形度检验显著,该因子解释了 72.75% 的总方差。"交往意愿(移民→本地居民)"因子分析的 KMO 值为 0.9036,Bartlett's 球形度检验显著,该因子解释了 73.85% 的总方差。

社会冲突意识通过询问研究对象对穷人与富人之间、老板与员工之间、官员与百姓之间、本地人与外地人之间、医生与患者及其家属之间五个方面社会冲突的严重程度进行测量,选项分别为"不严重"、"不太严重"、"一般"、"比较比较严重"和"非常严重",分别记为 1、2、3、4、5 分。因子分析的 KMO 值为 0.8192,Bartlett's 球形度检验显著。据此提取出"社会冲突意识"因子,该因子解释了 54.64% 的总方差。

社会问题感知通过询问研究对象对食品/药品安全问题、网络(电信)诈骗、经济不景气、群体事件(聚众闹事)、个人隐私泄露、教育不公平六个方面社会问题的严重程度的感受进行测量,选项分别为"不严重"、"不太严重"、"一般"、"比较比较严重"和"非常严重",分别记为 1、2、3、4、5 分。因子分析的 KMO 值为 0.80,Bartlett's 球形度检验显著。据此提取出"社会问题感知"因子,该因子解释了 46.17% 的总方差。

3. 中介变量

以政府信任作为中介变量,通过询问研究对象对中央政府、地方政府、军队的信任程度进行测量,将信任度分为 5 个等级,分别为"完全不信任"、"不太信任"、"一般"、"比较信任"和"非常信任",根据信任度由低到高分别记为 1、2、3、4、5 分。因子分析的 KMO 值为 0.7284,Bartlett's 球形度检验显著。据此提取出"政府信任"因子,该因子解释了 80.77% 的总方差。

4. 控制变量

选取性别、年龄、婚姻状况、中共党员身份、宗教信仰、患慢性疾病情况、受教育程度、收入、居住面积、住房产权状况、户籍、社会保障状况、迁移时长等与个体社会生活状况相关的变量作为控制变量。

相关变量根据研究需要进行了梳理与重新赋值,相关变量的描述性分析结果如表 1 所示。

表 1　相关变量测量及描述性分析

变量名称	变量赋值	知识型移民					务工型移民				
		N	M	SD	MIN	MAX	N	M	SD	MIN	MAX
性别	1＝男性，0＝女性	1226	0.44	0.50	0.00	1.00	1304	0.48	0.50	0.00	1.00
年龄		1226	41.81	13.44	17.00	67.00	1304	40.80	12.91	16.00	65.00
婚姻状况	1＝有配偶，0＝无配偶	1226	0.76	0.43	0.00	1.00	1304	0.77	0.42	0.00	1.00
中共党员身份	1＝中共党员，0＝非中共党员	1226	0.23	0.42	0.00	1.00	1304	0.06	0.23	0.00	1.00
宗教信仰	1＝有宗教信仰，0＝无宗教信仰	1209	0.10	0.30	0.00	1.00	1294	0.15	0.35	0.00	1.00
患慢性疾病情况	1＝有慢性疾病，0＝无慢性疾病	1222	0.15	0.35	0.00	1.00	1301	0.13	0.34	0.00	1.00
受教育程度	0＝未上过学，5＝小学/私塾，9＝初中，12＝高中/中专/技校，15＝大学专科，16＝大学本科，19＝硕士，22＝博士	1222	13.46	4.06	0.00	19.00	1290	10.82	3.43	0.00	19.00
收入	年收入取对数（以 e 为底）	1226	11.73	2.00	6.49	16.12	1304	11.32	1.77	6.68	16.12
居住面积		1198	83.02	35.53	10.00	320.00	1268	68.15	30.91	4.00	200.00
住房产权状况	1＝有住房产权，0＝无住房产权	1204	0.59	0.49	0.00	1.00	1272	0.44	0.50	0.00	1.00
户籍	1＝非农业户口，0＝农业户口	1225	0.67	0.52	0.00	6.00	1303	0.46	0.50	0.00	1.00
社会保障状况	1＝有社会保障，0＝无社会保障	1226	0.87	0.34	0.00	1.00	1304	0.77	0.42	0.00	1.00
迁移时长	调查年份－迁移年份	1222	13.24	12.27	0.00	73.00	1295	13.01	11.90	0.00	63.00
交往意愿（本地居民→移民）	对本地居民是否愿意与其交往的感受相关题项因子得分（0～100 标准化）	120	73.58	14.25	0.00	100.00	128	70.72	14.31	8.15	100.00

续表

变量名称	变量赋值	知识型移民					务工型移民				
		N	M	SD	MIN	MAX	N	M	SD	MIN	MAX
交往意愿（移民→本地居民）	对是否愿意与本地居民交往的相关题项因子得分（0~100标准化）	121	69.25	14.68	0.00	100.00	129	67.29	14.72	0.00	100.00
社会冲突意识	相关题项因子得分（0~100标准化）	1224	50.78	16.73	0.00	100.00	1291	49.76	17.66	0.00	100.00
社会问题感知	相关题项因子得分（0~100标准化）	1221	54.79	17.54	0.00	100.00	1293	52.69	17.69	0.00	100.00
政府信任	相关题项因子得分（0~100标准化）	1221	73.78	17.95	4.84	100.00	1297	72.48	18.75	0.00	100.00
心理健康	抑郁量表（CES-D）题项得分均值	1198	0.60	0.38	0.00	2.35	1258	0.62	0.38	0.00	2.35

四　数据分析结果

（一）社会态度、政府信任对不同类型移民群体心理健康的作用

通过回归分析考察双向的社会交往意愿、社会冲突意识、社会问题感知、政府信任等因素对知识型移民与务工型移民心理健康的影响，回归分析结果如表 2 所示。

表 2　知识型移民与务工型移民心理健康影响因素回归分析

	模型 1		模型 2		模型 3	
	知识型	务工型	知识型	务工型	知识型	务工型
性别	- 0.05 **	- 0.03	- 0.06 **	- 0.03	- 0.06 ***	- 0.03
	(0.02)	(0.02)	(0.02)	(0.02)	(0.02)	(0.02)
年龄	- 0.00	- 0.00 ***	- 0.00	- 0.00 ***	- 0.00	- 0.00 ***
	(0.00)	(0.00)	(0.00)	(0.00)	(0.00)	(0.00)
婚姻状况[a]	- 0.05 *	- 0.04	- 0.07 **	- 0.05	- 0.07 **	- 0.05 *
	(0.03)	(0.03)	(0.03)	(0.03)	(0.03)	(0.03)
中共党员身份[b]	- 0.07 ***	0.04	- 0.07 **	0.05	- 0.06 **	0.06
	(0.03)	(0.05)	(0.03)	(0.05)	(0.03)	(0.05)
宗教信仰[c]	0.02	0.01	0.04	0.03	0.04	0.03
	(0.04)	(0.03)	(0.04)	(0.03)	(0.04)	(0.03)
患慢性疾病情况[d]	0.06	0.10 ***	0.06	0.09 **	0.06 *	0.08 **
	(0.04)	(0.03)	(0.04)	(0.03)	(0.04)	(0.03)
受教育程度	0.00	- 0.01 **	0.00	- 0.01 **	0.00	- 0.01 **
	(0.00)	(0.00)	(0.00)	(0.00)	(0.00)	(0.00)
收入	- 0.00	0.00	- 0.00	0.00	- 0.00	0.00
	(0.01)	(0.01)	(0.01)	(0.01)	(0.01)	(0.01)
居住面积	- 0.00	- 0.00	- 0.00	- 0.00	- 0.00	- 0.00
	(0.00)	(0.00)	(0.00)	(0.00)	(0.00)	(0.00)
住房产权状况[e]	- 0.01	0.03	- 0.00	0.04	- 0.00	0.05 *
	(0.03)	(0.03)	(0.03)	(0.03)	(0.03)	(0.03)
户籍[f]	- 0.05 **	- 0.03	- 0.05 **	- 0.02	- 0.05 *	- 0.02
	(0.02)	(0.03)	(0.02)	(0.03)	(0.02)	(0.02)

续表

	模型 1		模型 2		模型 3	
	知识型	务工型	知识型	务工型	知识型	务工型
社会保障状况 g	- 0.06 *	0.01	- 0.05	0.01	- 0.05	0.01
	(0.03)	(0.03)	(0.04)	(0.03)	(0.04)	(0.03)
迁移时长	- 0.00	0.00	- 0.00	0.00	- 0.00	0.00
	(0.00)	(0.00)	(0.00)	(0.00)	(0.00)	(0.00)
交往意愿 本地居民→移民			- 0.02 *	- 0.06 ***	- 0.02	- 0.05 ***
			(0.01)	(0.01)	(0.01)	(0.01)
交往意愿 移民→本地居民			- 0.02 *	- 0.01	- 0.02	- 0.00
			(0.01)	(0.01)	(0.01)	(0.01)
社会冲突意识			0.03 **	0.03 ***	0.02 *	0.03 **
			(0.01)	(0.01)	(0.01)	(0.01)
社会问题感知			0.01	0.03 ***	0.01	0.03 **
			(0.01)	(0.01)	(0.01)	(0.01)
政府信任					- 0.04 ***	- 0.04 ***
					(0.01)	(0.01)
常数项	0.85 ***	0.86 ***	0.82 ***	0.84 ***	0.81 ***	0.84 ***
	(0.11)	(0.10)	(0.11)	(0.10)	(0.11)	(0.10)
N	1143	1190	1114	1160	1112	1159
R^2	0.04	0.03	0.06	0.07	0.07	0.08

注：*** $p < 0.01$，** $p < 0.05$，* $p < 0.1$，下同。参照组：a 无配偶，b 非中共党员，c 无宗教信仰，d 无慢性疾病，e 无住房产权，f 农业户口，g 无社会保障。

模型 1 考察控制变量对因变量的作用。对于知识型移民，性别、婚姻状况、中共党员身份、户籍、社会保障状况等变量对抑郁情绪的作用显著。男性抑郁得分低于女性，已婚者抑郁得分低于未婚者，中共党员抑郁得分低于非中共党员，城市户籍移民抑郁得分低于农业户籍移民，有社会保障者抑郁得分低于无社会保障者。对于务工型移民，年龄、患慢性疾病情况、受教育程度等变量对抑郁情绪的作用显著。年龄越高，务工型移民抑郁得分越低，患慢性疾病显著增强了务工型移民的抑郁情绪，受教育程度越长抑郁得分越低。

模型 2 考察双向的社会交往意愿、社会冲突意识、社会问题感知等解释变量对因变量的作用。对于知识型移民，在 $p < 0.1$ 显著性水平下，交往意愿（本地居民→移民）以及交往意愿（移民→本地居民）对其心

理健康的作用显著，假设 1a、2a 得到验证。双向的社会交往意愿越高，知识型移民群体的抑郁得分越低，其心理健康状况越好。在 $p < 0.05$ 显著性水平下，社会冲突意识对其心理健康的作用显著，假设 3a 得到验证。对社会冲突的感受越强烈，知识型移民的抑郁得分越高，其心理健康状况越差。对于务工型移民而言，在 $p < 0.01$ 显著性水平下，交往意愿（本地居民→移民）对其心理健康的作用显著，假设 1b 得到验证。本地人愿意与其交往的程度越高，务工型移民群体的抑郁得分越低，其心理健康状况越好。在 $p < 0.01$ 显著性水平下，社会冲突意识与社会问题感知对其心理健康的作用显著，假设 3b、4b 得到验证。对社会冲突和社会问题的感受越强烈，务工型移民的抑郁得分越高，其心理健康状况越差。

模型 3 考察政府信任对因变量的作用。在 $p < 0.01$ 显著性水平下，政府信任对知识型移民与务工型移民心理健康的作用显著。对政府的信任程度越高，两类移民群体的抑郁情绪得分越低，其心理健康状况越好。一定程度上，政府信任对两类移民群体的心理健康具有保护作用。对于知识型移民而言，模型中加入政府信任变量后，双向的社会交往意愿对心理健康的显著作用消失，社会冲突意识对心理健康作用的回归系数变小。对于务工型移民而言，模型中加入政府信任变量后，交往意愿（本地居民→移民）对其心理健康作用的回归系数变小，社会冲突意识与社会问题感知对心理健康作用的显著性水平减小。结果表明，政府信任在各种社会态度因素对两类移民心理健康影响过程中或具有中介作用，有必要进行中介效应检验。

（二）政府信任在社会态度对移民群体心理健康影响过程中的中介作用

中介变量（mediator）是一个重要的统计概念（Duncan et al.，1972：284）。表 2 的分析结果提示了政府信任作为中介变量，在社会态度对不同类型移民群体心理健康的影响过程中或具有间接作用。根据 Baron 和 Kenny（1996）提出的依次检验回归系数的方法，参考温忠麟等（2004）在其做法上提出的检验程序进行中介效应检验。政府信任的中介效应分析结果如下。

表 3 政府信任在社会态度对知识型移民心理健康影响作用中的中介效应分析

	回归	1			2			3		
	因变量	Y			M			Y		
		SE	β	t	SE	β	t	SE	β	t
知识型移民	X_1	0.013	-0.024	-1.90*	0.031	0.068	2.21**	0.013	-0.021	-1.63
	X_2	0.014	-0.023	-1.68*	0.033	0.094	2.86***	0.014	-0.019	-1.42
	X_3	0.013	0.029	2.28**	0.031	-0.123	-3.98***	0.013	0.025	1.95*
	X_4	0.012	0.009	0.73	0.030	-0.064	-2.17**	0.012	0.006	0.51
	M							0.012	-0.038	-3.07***
	R^2	0.0647			0.106			0.0734		
	F	4.46***			7.81***			4.81***		

表 4 政府信任在社会态度对务工型移民心理健康影响作用中的中介效应分析

	回归	1			2			3		
	因变量	Y			M			Y		
		SE	β	t	SE	β	t	SE	β	t
务工型移民	X_1	0.012	-0.055	-4.6***	0.031	0.102	3.34***	0.012	-0.051	-4.23***
	X_2	0.013	-0.007	-0.56	0.032	0.120	3.69***	0.013	-0.002	-0.12
	X_3	0.012	0.033	2.85***	0.029	-0.114	-3.86***	0.012	0.028	2.43**
	X_4	0.012	0.030	2.61***	0.030	-0.097	-3.28***	0.012	0.026	2.27**
	M							0.011	-0.042	-3.69***
	R^2	0.070			0.122			0.0813		
	F	5.06***			9.59***			5.60***		

注：X_1 交往意愿（本地居民→移民），X_2 交往意愿（移民→本地居民），X_3 社会冲突意识，X_4 社会问题感知，M 政府信任，Y 心理健康（抑郁情绪）。

对于知识型移民：回归 1 中，双向的社会交往意愿、社会冲突意识对抑郁得分的作用显著。回归 2 中，双向的社会交往意愿、社会冲突意识、社会问题感知对政府信任的作用显著。回归 3 中，政府信任对抑郁得分的作用显著（$p < 0.01$），相关系数为 -0.038，双向的社会交往意愿对抑郁得分作用显著性消失，社会冲突意识对抑郁得分作用相关系数降低。以上逐步回归分析表明对于知识型移民而言，政府信任在双向的社会交往意愿对抑郁情绪的影响过程中具有完全中介作用，在社会冲突意识对抑郁情绪的影响过程中具有部分中介作用，假设 5a.1、假设 5a.2、假设 5a.3 得到验证。

对于务工型移民：回归 1 中，交往意愿（本地居民→移民）、社会冲突意识、社会问题感知对抑郁得分的作用显著。回归 2 中，以上变量对政府信任的作用显著。回归 3 中，政府信任对移民抑郁得分的作用显著（ $p < 0.01$ ），相关系数为 -0.042 ，而交往意愿（本地居民→移民）、社会冲突意识、社会问题感知对抑郁得分作用相关系数降低。根据以上逐步回归分析结果，对于务工型移民而言，政府信任在交往意愿（本地居民→移民）、社会冲突意识、社会问题感知对抑郁情绪的影响过程中具有部分中介作用，假设 5b.1、假设 5b.3、假设 5b.4 得到验证。

按照上述分析结果，双向的社会交往意愿、社会冲突意识、社会问题感知等社会态度相关变量对知识型移民与务工型移民心理健康的影响路径如图 1 所示。

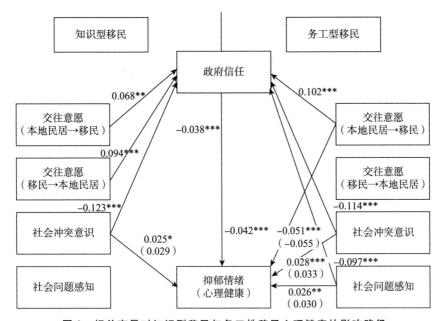

图 1　相关变量对知识型移民与务工性移民心理健康的影响路径

可见，第一，两类移民群体的心理健康一定程度上受到各种社会态度的影响，并且相比于知识型移民，务工型移民心理健康更易受到社会态度的影响。第二，政府信任在社会态度变量对两类移民群体心理健康的作用中具有中介作用。

对于知识型移民：双向的社会交往意愿通过提高政府信任，降低其抑郁得分，对于其心理健康具有积极效应。同时，社会冲突意识不仅对抑郁情绪具有直接效应，而且通过降低知识型移民的政府信任间接提高该群体的抑郁得分，不利于其心理健康。政府信任在社会冲突意识对抑郁情绪影响过程中部分中介效应占总效应的比例为16.1%。

对于务工型移民：交往意愿（本地居民→移民）对于抑郁情绪具有直接效应，并且通过提高政府信任间接地降低务工型移民的抑郁得分，促进其心理健康。政府信任这一过程中部分中介效应占总效应的比例为7.8%。社会冲突意识对于抑郁情绪具有直接效应，并且通过降低政府信任间接地提高务工型移民的抑郁得分，不利于其心理健康。政府信任这一过程中部分中介效应占总效应的比例为14.5%。相似地，社会问题感知对于抑郁情绪具有直接效应，并且通过降低政府信任间接地提高务工型移民的抑郁得分，不利于其心理健康。政府信任这一过程中部分中介效应占总效应的比例为13.6%。

五 结论与讨论

（一）聚焦态度融合，探索提高移民心理健康的社会途径

受社会经济发展水平的影响，移民群体心理健康相关研究更多侧重于物质生活水平的提高、社会保障的改善、社会融合的程度等客观因素对促进该群体身心健康的意义，对于主观因素，尤其是涉及迁移经历过程的各种社会心态因素的影响重视不够。随着流动人口的利益诉求从"底线型"向"增长型"（蔡禾，2010）转变，利益诉求是否得到满足在一定程度上影响了他们社会心态的发展。社会急剧转型的背景下，我国社会呈现明显的多维二元结构特征。多维二元结构使得我国的社会结构变得非常复杂，成为名副其实的复杂社会，而且受这种社会结构的影响，不同社会群体在很多方面都存在明显的差异，更为棘手的是，这些结构性差异又成为很多社会矛盾和冲突的根源，潜存着一定的社会风险（张海东，2018）。移民群体一方面是城市社会发展重要的建设者与贡献者，另一方面普遍面临着长期流动性的状态，如果这一群体的获得感没有相应地得到相应的提升，该群体的社会心态就会十分容易失衡。从态度融合角度出发，考察作为主观感受的各种社会态度对移民心理健康的作用，对于探索提高移民心理健康的社会途径具有积极意义。

本研究考察了各种社会态度因素对于两类移民的心理健康的作用。结果表明：与流动经历有关的社会态度对两类移民的心理健康具有一定效应，相比于知识型移民，作为弱势群体的务工型移民的心理健康更易受到

以上社会态度的影响。因此，关注移民群体在流动过程中社会态度的形塑将有利于促进其心理健康。

（二）促进"土客关系"，通过社会融入推动移民心理健康的实现

人口流动涉及人口在空间位置上的转移，往往伴随着旧的社会支持网络的瓦解与新的社会网络的重构，因此社会融入一直都是移民相关研究的重点。在城市遭遇的歧视经历会显著降低移民群体的幸福感和生活质量（Knight & Gunatilaka，2010；Wang et al.，2010），而良好的社会融入对于移民的心理健康具有积极作用。

结果表明，双向的社会交往意愿对知识型移民的心理健康具有积极效应，交往意愿（本地居民→移民）对务工型移民的心理健康具有积极影响。一定程度上，相比于知识型移民，务工型移民在教育、收入、社会适应能力、社会网络资源等各个方面具有局限性，因此其在社会融入方面的需求比知识型移民更高。感受到本地居民愿意与其在工作、生活等各个场域交往，对移民的心理健康具有积极作用。事实上，理解流动人口的社会融合，需要充分考虑"土客关系"（任远等，2016），而本研究在一定程度上验证了促进"土客关系"对改善移民群体心理健康的积极意义。

（三）化解社会矛盾，减少不利于移民心理健康的制度问题

结果表明，社会冲突意识和社会问题感知对于两类移民，尤其是务工型移民的心理健康具有消极影响。关注移民身心健康的实现不能忽略移民群体的内部差异性。知识型移民与务工型移民不仅在迁移过程中面临的具体问题和现实需求方面存在很大差别，也在获得社会保障和公共卫生服务的机会方面也在巨大差异。特别是对于受教育程度较低的务工型移民而言，由于他们普遍处于临时就业状态，与知识型移民相比，他们通过工作获得与本地居民同等的社会保障和社会福利的机会非常有限。受城乡二元制度的持续影响，从农村流向城市的劳动力大多只能算是流动性的劳动力，难以成为定居下来的城市人口。在这种漂泊的状态下，流动人口更易形成对社会问题和群体之间冲突的感受，从而形成消极的心理健康状况。尽管农民工的收入和社会保障水平有了一定提高，但在就业和生活压力不断增大的情况下，其社会安全感、公平感、满意度和对未来的预期均有所下降（李培林、李炜，2010）。

因此，提高移民群体的心理健康必须从解决流动人口在就业、住房、子女教育等方面的制度性问题入手，切实关注移民群体尤其是务工型移民

的获得感。目前，我国对于流动人口的管理一定程度上还存在以治安管理为主的倾向，未来在流动人口管理机制的发展过程中还需进一步落实不同类型流动人口的切实需求，加强具有高可及性的惠及流动人口的公共服务建设。

（四）提高政府效能，创建有利于移民心理健康的社会环境

通过对于政府信任中介效应的检验，本研究描绘了社会态度对不同类型移民群体心理健康影响的路径。对于知识型移民而言，政府信任在双向交往意愿对心理健康的影响过程中具有完全中介作用，在社会冲突意识对心理健康的影响过程中具有部分中介作用。对于务工型移民而言，政府信任在交往意愿（本地居民→移民）、社会冲突意识、社会问题对心理健康的影响过程中具有部分中介作用。以上分析结果揭示了提高政府效能感对促进移民群体心理健康的积极作用。

化解移民群体在流动过程中的困境，打破流动人口漂泊不定的状态，使他们在制度和生活层面真正融入新的环境，这一系列问题的解决都需要依赖政府社会管理功能的实践。实际上，对政府信任的重视对公共服务而言是一个主体转换的创新实践过程。在与流动人口相关的社会治理过程中，需要从政府主体驱动的服务模式转向民众需求驱动的服务模式。应创造一个更友善的社会环境来接纳流动人口，给移民群体提供更多的社会交往空间和支持，关注移民群体与政府互动过程中的体验与感受，使其在新的生活环境获得更佳的体验、更健康的生活。

（五）研究局限与后续研究方向

研究结果描绘了社会态度影响两类移民心理健康的具体路径，提示了在社会治理和社会服务过程中，充分关注知识型移民与务工型移民的社会态度及政府效能感形塑的重要性。由于本研究考察社会态度对移民心理健康的作用，二者均为主观变量，它们都有可能和个体的某种潜在心理特质相关联。然而，当下的中国社会学不应摒弃"主观解释主观"的分析路径（胡安宁，2019）。在社会转型和人口流动的背景下，对移民群体社会态度的关注应受到充分重视。

诚然，本研究的实证分析还有诸多需要改善的方面。首先，研究使用的截面数据仅反映了移民群体 2017 年的状况。心理健康在流动过程中是动态变化的，如果使用追踪数据得到心理健康的变化情况，将能更深入地分析各种因素对心理健康的影响。其次，移民群体的社会态度具有丰富的内

容，对其的测量仍需要完善。最后，社会态度对移民群体心理健康的影响过程是复杂的，还可能存在其他的作用机制。例如，移民群体在迁移过程中如果经历不公正对待或受到歧视，由此产生的受歧视感知、剥夺感知就极有可能会影响其心理健康状况。研究虽然检验了多种社会态度因素的作用，但对于社会态度在流动经历中的形塑过程的探究还不够深入。以上这些局限也给移民身心健康的后续研究提供了进一步的努力方向。

参考文献

程菲、李树苗、悦中山，2018，《中国城市劳动者的社会经济地位与心理健康——户籍人口与流动人口的比较研究》，《人口与经济》第 6 期。

蔡瑞林、陈万明、丁道韧，2015，《农民工工作场所越轨行为、污名效应与城市融合感知》，《华中农业大学学报》（社会科学版）第 2 期。

蔡禾，2010，《从"底线型"利益到"增长型"利益——农民工利益诉求的转变与劳资关系秩序》，《开放时代》第 9 期。

程菲、李树苗、悦中山，2015，《文化适应对新老农民工心理健康的影响》，《城市问题》第 6 期。

陈纪波、王桂芝、陆金帅、李洁，2013，《基于 SEM 模型的流动人口迁移意愿研究》，《统计与信息论坛》第 10 期。

陈常花、朱力，2008，《知识型移民的社会适应优势》，《南方人口》第 4 期。

豆小红，2012，《"知识新移民"的非正规就业与影响因素研究——以中部四省会城市为例》，《中国青年研究》第 4 期。

胡安宁，2019，《主观变量解释主观变量：方法论辨析》，《社会》第 3 期。

郝晓宁、孙继艳、薄涛，2018，《社会融合对流动人口心理健康影响的研究——基于2014 年全国流动人口动态监测数据的检验》，《人口与发展》第 4 期。

何雪松、黄富强、曾守锤，2010，《城乡迁移与精神健康：基于上海的实证研究》，《社会学研究》第 1 期。

国家卫生和计划生育委员会流动人口司，2017，《中国流动人口发展报告 2017》，中国人口出版社。

胡荣、陈斯诗，2012，《影响农民工精神健康的社会因素分析》，《社会》第 6 期。

胡荣华、葛明贵，2008，《对 408 名城市农民工心理健康状况的调查》，《中国卫生事业管理》第 3 期。

蒋善、张璐、王卫红，2007，《重庆市农民工心理健康状况调查》，《心理科学》第 1 期。

李培林、李炜，2010，《近年来农民工的经济状况和社会态度》，《中国社会科学》第 1 期。

李强，2004，《社会学的"剥夺"理论与我国农民工问题》，《学术界》第 4 期。

李树苗、任义科、靳小怡、费尔德曼，2008，《中国农民工的社会融合及其影响因素研究——基于社会支持网络的分析》，《人口与经济》第 2 期。

刘国权、孙崇勇，2008，《农民心理健康状况调查研究》，《吉林师范大学学报》（人文社会科学版）第 5 期。

刘连龙、李琼、夏芸，2012，《西安市农民工心理健康状况调查及其影响因素》，《中国健康心理学杂志》第 1 期。

刘亮、高汉、章元，2018，《流动人口心理健康即影响因素——基于社区融合视角》，《复旦学报》（社会科学版）第 4 期。

刘林平、郑广怀、孙中伟，2011，《劳动权益与精神健康——基于对长三角和珠三角外来工的问卷调查》，《社会学研究》第 4 期。

刘越、林朝镇、黄慧娟、严勤、张赵荣，2011，《流动人口人格特征和社会支持对心理健康影响》，《中国公共卫生》第 4 期。

任远、陈丹、徐杨，2016，《重构"土客"关系：流动人口的社会融合与发展性社会政策》，《复旦学报》（社会科学版）第 2 期。

宋林飞，2005，《城市移民的文化矛盾与社会安全》，《江苏社会科学》第 5 期。

唐有才、符平，2017，《获得感、政治信任与农民工的权益表达倾向》，《社会科学》第 11 期。

唐铁汉，2005，《提高政府公信力　建设信用政府》，《中国行政管理》第 3 期。

于海燕、俞林伟，2018，《社会融合、社会支持与流动人口全人健康——基于浙江的实证分析》，《浙江社会科学》第 6 期。

岳经纶、李晓燕，2014，《社区视角下的流动人口健康意识与健康服务利用——基于珠三角的研究》，《公共管理学报》第 4 期。

汪琳岚，2014，《知识型移民的总体特征及结构性分化——以北京市为例》，《理论月刊》第 6 期。

温忠麟、张雷、侯杰泰、刘红云，2004，《中介效应检验程序及其应用》，《心理学报》第 5 期。

张海东，2018，《多维二元结构社会及其转型》，《江海学刊》第 4 期。

张文宏、刘琳，2015，《城市移民与本地居民的居住隔离及其对社会融合度评价的影响》，《江海学刊》第 6 期。

朱荟，2014，《流动人口政府信任的实证检验研究——基于全国七城市的调查分析》，《公共管理学报》第 4 期。

张成福、边晓慧，2013，《重建政府信任》，《中国行政管理》第 9 期。

周皓，2012，《流动人口社会融合的测量及理论思考》，《人口研究》第 3 期。

张海东、丛玉飞，2011，《社会质量与社会公正——社会发展研究的重要议题》，《吉林大学社会科学学报》第 4 期。

张书维、王二平、周洁，2010，《相对剥夺与相对满意：群体性事件的动因分析》，《公共管理学报》第 3 期。

张文宏、雷开春，2008，《城市新移民社会融合的结构、现状与影响因素分析》，《社会学研究》第 5 期。

Agudelo-Suárez, A., Gil-González, D., Ronda-Pérez, E., Porthé, V., Paramio-Pérez, G., García, A. M., et al. 2009. Discrimination, work and health in immigrant populations in Spain. *Social Science & Medicine*, 68 (10), 1866 – 1874.

Baron, R. M., & Kenny, D. A. 1996. The moderator-mediator variable distinction in social psychological research: Conceptual, strategic, and statistical considerations. *Journal of Personality and Social Psychology*, 51 (6), 1173 – 1182.

Duncan, O. D., Featherman D. L., & Duncan B. 1972. *Socioeconomic background and achievement*. New York, Seminar Press.

Davies, L. C., & Mckelvey, R. S. 1998. Emotional and behavioural problems and competencies among immigrant and non-immigrant adolescents. *Australian & New Zealand Journal of Psychiatry*, 32 (5), 658.

Finch B. K., Kolody B., Vega W. A., et al. 2000. Perceiveddiscrimination and depression among Mexican-origin adults in California. *Journal of Health and Social Behavior*, 41 (3), 295.

Gordon, M. M., & Ebrary, I. 1964. Assimilation in American life: The role of race, religion and national origins. *Journal for the Scientific Study of Religion*, 4 (1), 134.

Knight, J., & Gunatilaka, R. 2010. Great expectations? The subjective well-being of rural-urban migrants in China. *World Development*, 38.

Lin N., Ensel W. M., Simeone R. S., et al. 1979. Social support, stressful life events and illness: A model and an empirical test. *Journal of Health and Social Behavior*, 20 (2), 108 – 119.

Li, L., Wang, H. M., Ye, X. J., Jiang, M. M., Lou, Q. Y., & Hesketh, T. 2007. The mental health status of Chinese rural-urban migrant workers. *Social Psychiatry and Psychiatric Epidemiology*, 42 (9), 716 – 722.

Miller A. H. 1974. Rejoinder to " comment" by Jack Citrin, political discontent or ritualism. *American Political Science Review*, 68 (3), 961 – 972.

Nair, C., Nargundkar, M., Johansen, H., et al. 1990. Canadian cardiovascular disease mortality: first-generation immigrants versus Canadian born. *Health Reports*, 2 (2), 208 – 228.

Pawliuk, N., Grizenko, N., Chan-Yip, A., Gantous, P., Mathew, J., & Nguyen, D. 1996. Acculturation style and psychological functioning in children of immigrants. *American Journal of Orthopsychiatry*, 1, 111 – 121.

Putnamr R., Lenonardi R., & Nanetti R. 1993. *Making Democracy Work: Civic Traditions in Modern Italy*. Princeton, Princeton University Press, 170 – 183.

Susan, H., & Deborah, F. 1988. Race and trust government, testing the political reality model. *The Public Opinion Quarterly*, 52 (3), 343.

Wang, B., Li, X., Stanton, B., & Fang, X. 2010. The influence of social stigma and discriminatory experience on psychological distress and quality of life among rural-to-urban migrants in China. *Social Science & Medicine*, 71 (1), 84 – 92.

《中国社会心理学评论》 第20辑

第 116~143 页

© SSAP，2021

流动儿童城乡文化适应对物质主义的影响：安全感的中介作用[*]

——来自武汉市的调查

张春妹 全 湘 孙晓铜[**]

摘 要：本研究以武汉市流动儿童为研究对象，采用问卷调查法考察流动儿童的物质主义水平，探讨城乡文化双重适应对物质主义的影响，以及流动儿童的安全感在其中所起的作用。研究发现：（1）流动儿童存在着中等偏低的物质主义价值倾向，六年级高于五年级；（2）在控制年级、性别的作用后，流动儿童的城市文化适应与物质主义显著正相关；在城市文化适应较低时，农村文化适应对物质主义有抑制作用；（3）流动儿童的城市文化适应与安全感无关，但其中的内隐观念维度会降低安全感进而提升物质主义；（4）在城市文化适应较低时，农村文化适应会通过降低安全感而显著促进物质主义倾向，体现出有调节的中介作用。验证了物质主义的城市环境接触说和不安全感假说两种作用机制，而且不安全感一方面直接来自城市文化观念，另一方面来自原有的农村文化与主流的城市文化的文化冲突，从而拓展了物质主义形成的理论。

---

[*] 本研究获得湖北省教育规划项目（2016GB001）和武汉大学哲学学院"儒家心理学"项目的资助。

[**] 张春妹，武汉大学哲学学院心理学系副教授、硕士生导师，通讯作者，E-mail：amaizhang@163.com；全湘，武汉大学哲学学院心理学系2017级本科生；孙晓铜，天津理工大学聋人工学院学生工作办公室辅导员，通讯作者，E-mail：2922074604@qq.com。

关键词：流动儿童　城市文化适应　农村文化适应　物质主义　安全感

一　引言

物质主义或物质主义倾向（materialism）是指个体强调拥有和获得物质财富的重要性的一种价值倾向。其有以下三种特征：将获取和拥有物质财富作为生活的中心；将物质财富的获得与拥有作为幸福的来源；以所拥有物质财富的多少来评判自己的成功与否（Richins & Dawson，1992）。"物质主义 – 后物质主义"理论指出，随着工业现代化的发展，人类社会的价值观念将会从"物质主义"向"后物质主义"转变。前者强调经济和人身安全，即注重物质财富的追求；后者则更加强调自我表达与满足，即关注自我在社会中的作用，并注重生活质量的提升（英格尔哈特，2013：31～32）。自改革开放以来，中国经济迅猛发展，社会现代化进程加快。在以工业化为主要特征的现代化进程中，当代中国人的价值观念带有更多的"物质主义"色彩（李路路、范文，2016）。

物质主义是一个从高到低的连续体，其水平高低仅体现为程度上的差别，不存在完全的非物质主义者。高物质主义者认为追求物质财富是实现人生目标的重要途径，而低物质主义者往往通过其他路径实现人生目标（Richins，2017）。研究表明处于童年中后期（8～12岁）的儿童青少年能够理解财富和商品的象征意义，会将物质财富作为自我的重要组成部分，表现出物质主义倾向，偏好品牌商品（Chaplin & John，2005；None，2007）。高物质主义倾向往往会导致青少年产生一系列问题行为，比如以自我为中心、社会责任意识淡薄、更易焦虑和抑郁、更易做出强迫性购买行为，并导致青少年生活满意度下降、幸福感降低、内在学习动机下降、学业成绩较差等（蒋奖等，2016；郭博达、张立新、张镇，2019）。同时研究发现，处于弱势群体的流动儿童往往更容易进行过度与冲动的消费（李明、刘维，2017），甚至做出不良行为，走上违法犯罪的道路（郭开元，2017）。究其原因，可能是流动儿童受到现代化城市中物质主义价值观的冲击，增加了自身的物质主义（万明之，2005；马红文、朱临，2008）。但是，对于流动儿童到底是否具有物质主义这一问题，目前相关研究还较少。物质主义随着工业化发展而逐渐盛行，在工业化城市中进行文化学习的流动儿童，其物质主义是否会随着城市文化适应的提升而提高？其原有的农村文化适应在其中起到怎样的作用？探讨流动儿童物质主义价值观的特点及其在城市化过程中物质主义形成的可能机制，对于已有的物质主义理论具有重要的理论与现实意义。

二　文献回顾和假设

（一）城乡双重文化适应

目前，研究特别关注的"流动儿童"主要是指农民工随迁子女，他们跟随父母来到城市但是户口在农村，因而在城市中的社会经济地位与教育处境均处于不利状态。流动儿童介于农村人和城市人之间的社会身份认同被认为是该群体的关键问题（刘红升、靳小怡，2019；李升、黄造玉，2018），并且对其心理适应产生了诸多影响（袁晓娇等，2010）。流动儿童的社会身份认同与其所面临的城乡双重文化适应问题密切相关，有研究认为文化适应与身份认同均为社会融入的重要维度（刘红升、靳小怡，2018）。已有研究发现，文化适应和心理融入会影响流动人口的身份认同，并在经济整合对身份认同的影响中起中介作用（张华初、楚鹏飞、陶利杰，2019），另有研究认为流动儿童身份认同影响其城市文化适应（王中会、张盼、Jin，2014）。国外对文化适应的研究则更多将身份认同、实践和文化价值作为文化适应的三个重要领域，并同时考虑来源地和宿主地的双重文化适应（Schwartz et al.，2010）。类似地，作为国内跨区域的移民，流动儿童与所有移民一样，面临着双重文化适应问题，即城乡双重文化适应。

由于我国城乡二元体制的存在，农村社会虽然在现代化浪潮的冲击下发生了剧烈的变化，但仍然有着与城市社会不同的特质（陆益龙，2016）。具体来说，农村社会是基于地缘、血缘、姻亲关系所形成的、并以人情为基础的、较为亲密的、信息较为透明的以及相对传统的空间地域共同体；而城市社会则是以高度分工合作为基础所形成的、相对陌生的、较为隐私的现代生活空间地域（陆益龙，2010；2015；2016）。因此，城乡之间在居住环境、生活方式以及思维方式等多方面均存在差异。流动儿童从以人情关系为纽带的农村来到以实力地位为象征的城市，必须不断调整自己的价值观念和行为，才能真正适应城市生活；同时，由于他们的父母身上仍然保留着原有的农村生活方式与行为习惯，流动儿童的生活环境仍具有较为浓厚的农村文化氛围。因此，流动儿童在城市的生活和成长中要不断将已有的农村文化融入现有的城市文化环境中，即产生城乡双重文化适应（张春妹，2014）。

目前，流动儿童的城市文化适应已经得到研究者的关注。有研究者将其界定为流动儿童在城市文化下学习社会生活技能的水平，由环境适应、外显行为、学习、语言、内隐观念以及人际关系六部分组成（袁晓娇等，2009）。关于城市文化适应特点的研究发现，流动儿童在实践方面，例如语言、穿着和饮食等方面适应良好，但是在文化环境、外显行为和内隐观念等方面适应较差（徐丽琼，2012）。对流动儿童双重文化适应的研究发现，随着家庭化流动加强，文化交流与碰撞的重要性开始凸显（张华初、楚鹏飞、陶利杰，2019），流动儿童的乡土性与城市学校文化碰撞（庄惠芬，2019），导致其面临文化选择和身份认同建构问题（王纯磊、何丽，2018）。但是同时聚焦城市文化适应和农村文化适应的研究较少。少量研究发现，流动儿童的城乡双重文化适应会影响其自尊、孤独感、生活满意度等心理适应（张春妹、朱文闻，2017），其中双重身份认同也会影响亲子关系，从而影响孤独感（袁晓娇、方晓义，2018）。

（二）城乡文化适应与物质主义

在西方现代化进程中，新教伦理扮演了至关重要的角色，一些学者认为新教伦理实质上就是一种物质主义价值观体系（英格尔哈特，2013：31～32），现代化的过程就是一个注重经济快速发展、以物质拥有为地位和幸福的象征的社会。在现代化社会，公众的价值观往往是关注“经济与人身安全”的“物质主义”价值观。研究发现，在经济较为发达以及工业现代化程度较高的地区，人们的物质主义水平较高（Kasser et al.，2007；Xu，2010）。与中国香港的儿童相比，中国内地城市儿童的物质主义倾向较低，他们对获取更多零花钱、得到最新潮的商品以及得到他人拥有物品的欲望较小（Chan，2003）。同时，中国城市儿童的物质主义倾向显著地高于农村儿童的物质主义倾向（Xu，2010）。此外，我国青年职业价值总体上呈现出“物质主义”特征，同时，我国物质主义特点表现出代际特征，“90”后开始更多表现出后物质主义（张文龙、叶一舵，2019）。这些研究似乎都表明了工业化过程对一个地区的人们物质主义价值观的影响，表现出工业化程度/经济水平越高、物质主义越高的趋势；只是在经济已经很发达的地区，人们的物质主义还是很高，没有很快出现“后物质主义”，表现出“社会化效应”滞后的现象（英格尔哈特，2013：31～32）。那么，生长在传统农村环境或者文化氛围中的流动儿童，在更多接触工业现代化环境和城市文化氛围的社会化过程中，其物质主义价值倾向水平是否会随着城市文化适应的提升而升高呢？城乡双重文化适应对物质主义具有怎样的影响呢？

1. 物质主义形成的接触假说

关于个体为什么会产生物质主义价值倾向，已有的研究提出了不同的解释。有研究者认为，价值观是一种社会认知，它通过对环境信息的不断同化、适应、组织和整合，促进人们适应环境。所以随着消费状况和环境的变化，个体的消费观念也会发生改变。个体经常接触充满物质资源的环境时容易形成物质主义价值倾向（Pollay，1986）。因为当个体置身于可及的商品购物环境中时，会滋生出一种能够轻易获得这些商品的错觉，并产生拥有它们的强烈冲动，从而强化自身的物质主义价值倾向（Richins，2017）。我们可以把这种解释称为接触假说，是一种学习模式。Goldberg 等（2003）发现在商品购物环境中居住时间越长的儿童，其物质主义价值倾向越强；追溯数据研究发现，成年期的物质主义价值倾向与童年时期接触的购物环境有关（Richins，2017）。而城市往往是商业化程度较高的地方，商品市场比较发达，儿童在城市中更容易受到商品环境的影响。

移民消费研究发现，文化适应影响移民的消费模式（Baron & Kenny，1986）。研究表明，随着时间的推移，移民原有的消费模式将会发生改变，并与迁入地趋同（Duan & Vu，2000）。国内对农民工的相关研究也发现，农民进城务工后的日常消费偏好与习惯不同于布迪厄所描绘的简单的生存型消费，他们更倾向于模仿城市人群的消费方式与行为（张晶，2010）。城市居民的消费行为能够显著影响农民工的消费决策能力，增加消费意愿（金晓彤、崔宏静、韩成，2015）。研究还表明，相较于城市适应程度低的农民工，城市适应程度高的农民工往往表现出更强的品牌时尚消费意愿（黄鹭、冯源，2016）。可见农民工在城市文化适应过程中，也会逐渐适应、接受以及内化城市的消费模式与习惯。而品牌时尚消费与物质主义紧密相关。根据接触假说，我们可以推论，流动儿童从农村迁移到城市后，在城市文化适应过程中面对着充满更多诱惑的商业购物环境，会接受并学习城市的消费模式，更容易接触与获得各种商品，提高自身的物质主义价值倾向。

进一步看，城市文化适应的各维度分别对物质主义价值观产生一定影响。在城市环境适应上，流动儿童对于城市高楼林立、车马繁华、拥挤喧嚣等环境的适应，会增加其与商品的接触并提升其城市融入感，从而促进其物质主义价值观。在外显行为上，流动儿童对于城市的饮食、作息、打扮、购物、休闲等行为方式的适应，直接与消费相关，也会与物质主义显著相关。在城市文化价值观念上，城市中重利益轻人情、重消费轻节约的价值观，重后赋性关系、轻先赋性关系的人情观，也会增强流动儿童的物质主义倾向。而对于城市身份的认同，则会促进流动儿童主动接触城市文化、接受城市外在的行为习惯与内在的环境适应和价值观念，因此也会与物质主义价值观显著相关。

农村文化适应则呈现出不同特点。农村主流文化重人情关系、重传统人伦秩序、重节约简朴，农村环境也比较自然开阔、人少安静。这些都会减少人们与物质的接触，降低人们对物质的渴求。同时，农村的语言使用和身份认同也会让人更偏好熟人社会的人际联系感和归属感。因此可以推测农村文化适应不会促进物质主义，反而可能抑制物质主义。

2. 物质主义的补偿假说

大量研究发现不安全感是物质主义形成的一个重要心理原因。高物质主义者陷入为补偿不安全感和寻求幸福而积极追求物质财富的无限循环中（Richins & Dawson，1992）。心理不安全假说（psychological insecurity hypothesis）认为，当个体的心理需求得不到满足时，个体会产生不安全感，容易形成物质主义价值倾向，并将此作为一种补偿性策略，抵消不安全感带来的影响，即物质主义价值倾向是人们试图弥补自己的自我价值、有效应对挑战以及在一个不可预测的环境中补偿不安全感的一种方式（Kasser et al.，2004）。不安全感（insecurity）指的是人们在社会环境中感知到的威胁或风险刺激超过了本身控制和释放能量的界限时，在内心形成的一种主观感知或感受，比如创伤感、危险感、焦虑、无力感和不确定感以及自我怀疑等（叶浩生，1994）。研究表明，在诱发个体的自我怀疑和不确定感（Chang & Arkin，2002）、死亡提醒（Kasser & Sheldon，2000）以及其经济和人际不安全感（Sheldon & Kasser，2008）时，都会引发个体对物质财富的关注。

文化适应压力理论认为，文化适应是一种动态的、不断变化的过程，当个体在发展过程中到遇到文化适应问题时，就会产生适应压力。文化适应压力指的是个体在文化适应过程中因遇到适应问题而产生的一种应激反应，是在适应环境的过程中产生的消极的行为和情绪反应。它会干扰文化适应的过程。在文化适应过程中，如果个体不能解决适应问题，就会产生更大的压力，导致自身安全感降低、出现危机感，表现出焦虑、抑郁等不良情绪，并对文化适应产生消极的影响（Wong & Wong，2007）。国内研究者也认为，基于社会距离理论，社会个体因为价值观念的异化、生活方式的区域同化、习惯行为的层级化，在与区域社会联系时会出现情境不匹配以及人际关系接纳性差的情况。因此，生活场域的变化是流动人口子女进入都市后的首要障碍，流动儿童会体验到都市理念对原有乡土习俗的冲击，感到焦虑与惊愕（王纯磊、何丽，2018）。安全感主要来源于个体能得到的人际支持和对生活的控制感，而随父母从农村迁居到城市会使流动儿童失去已有的社会支持。同时城乡之间的文化和物质差距也会削弱流动儿童的安全感（温颖、李人龙、师保国，2009），让其感到焦虑与沮丧（许庆豫、柴江，2014）。

　　由此我们可以推测，流动儿童为了消除文化适应压力所产生的不安全感，会把对物质财富的关注作为补偿性策略，从而不断加重其物质主义价值倾向。已有研究发现，农民工的消费行为中存在着严重的超前消费、攀比消费、炫耀性消费等现象，其强大的消费欲望中透着一种非理性的执着（李刚、刘养卉，2014；陈艺妮、李纯青、金晓彤，2016）。上述消费行为都是物质主义价值观的表现，因为炫耀性消费等行为在很大程度上象征着财富成就和地位获得，农民工通过对商品这个"物"的象征性拥有来展现自身的身份地位及成就，从而达到自我价值的实现（金晓彤、樊茜，2017；周贤润，2017）。物质主义倾向的加重可能也正是流动人口在城乡文化适应过程中用物质财富来缓解不安全感和自我不确定性的一种表现。所以，我们提出假设：流动儿童在城乡文化适应过程中产生的不安全感会增加其物质主义倾向。

3. 农村文化适应与城市文化适应的交互作用对安全感的影响

　　城乡文化适应具体如何影响流动儿童的安全感？流动儿童同时存在的两种文化适应并不必然是此消彼长的关系。关于移民双重文化适应的研究也发现，双重文化适应具有不同的策略，与移民心理健康和社会适应具有复杂的关系。因此，我们假设，城市文化适应和农村文化适应对于安全感的作用，不是单一的线性关系，而存在交互作用，呈现被中介的调节作用（刘东、张震、汪默，2012）。

　　以往研究发现，城市文化适应（尤其是其中的语言维度）虽然能提升流动儿童的自尊，但是并不能降低流动儿童的孤独感，虽然语言适应和身份认同负向预测孤独感，但城市内隐观念正向预测孤独感；而农村文化适应（特别是其中内隐价值观念维度）能改善流动儿童的亲子关系和师生关系，从而提升其生活满意度（Zhang, Zhang, & Peng, 2014）。安全感在很大程度上来自人际关系支持。研究者认为，城市化中社会成员之间容易出现情感淡漠的现象，同时亲情、乡情的疏离与生存环境的变化会使得处于动态变化中的社会成员难以形成稳定的安全感，甚至产生焦虑和孤独的情绪（陶然，2016）。也就是说，城市化中的情感淡漠是安全感降低的主要原因，亲情和乡情的维持则有助于维系安全感。因此，城市文化适应可能并不能提升流动儿童的安全感；而农村文化适应由于能增强流动儿童的家庭关系和原有的乡村人际关系，因此可以提升其安全感。

农村文化适应虽然能增强流动儿童原有的乡村亲属人际关系，但是难以促进城市的人际关系，而城市中的同伴关系是处于小学阶段的流动儿童特别重要的人际关系。研究发现，城市文化适应不能降低孤独感，但是农村文化适应会明显提升孤独感（张春妹、朱文闻，2017），拥有整合型文化适应策略的流动儿童比边缘型策略的流动儿童具有明显更低的孤独感，在四类适应策略中整合型策略的孤独感最低（Zhang，Zhang，& Peng，2014）。因此，农村文化适应对于安全感的促进作用有限，需要同时有较高的城市文化适应保障其城市中的重要同伴关系。依据发展生态位理论（Super & Harkness，1986），一种行为、观念和价值对于个体发展的效应依赖于其所处的文化背景，因此，在主流的城市文化融入背景下，农村文化适应对于安全感的促进作用以及对物质主义的抑制作用，可能都依赖于个体的城市文化适应状况。

综上，我们提出本研究假设。

H1：流动儿童的城市文化适应与物质主义相关。H1a：城市文化适应会促进物质主义。H1b：农村文化适应会抑制物质主义，但是在城市文化为主流的文化背景下，只有在城市文化适应比较低时该抑制作用才会出现。

H2：流动儿童的城市文化适应不会促进安全感。

H3：流动儿童的农村文化适应会对安全感具有促进作用，但受到城市文化适应的调节。H3a：在城市文化适应比较高时，农村文化适应会促进安全感，进而影响物质主义。H3b：在城市文化适应比较低时，农村文化适应越好，越会感到自身与周围城市环境的冲突，就会降低安全感，从而促进物质主义。

城乡文化适应、安全感与物质主义的关系的理论模型如图1。

在当下现代化进程中物质主义盛行的背景下，关于流动儿童物质主义价值倾向的研究还较少，本研究旨在探讨流动儿童的物质主义特点以及城乡文化适应对其物质主义的可能影响机制，有助于拓展流动儿童社会适应研究，更好地揭示流动儿童在城市化进程中的社会化特点。在物质主义影响因素的研究方面，以往研究要么从经济发展的角度考察区域差异，要么

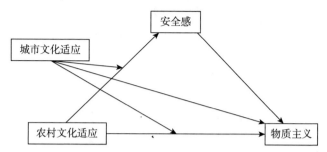

图1 城乡文化适应、安全感共同影响物质主义的假设模型

从心理需求的补偿角度考察个体因素，本研究从文化适应的角度出发，拓展了物质主义价值观的影响因素的理论，并丰富了不安全感来源的理论，为物质主义倾向的形成机制提供更深入的解释。

三 研究方法

（一）研究对象

本研究采取整体抽样的方法，从武汉市一郊区3所流动儿童比例较高的学校中随机抽取五、六年级各2个班级，共644名学生。从武汉市一城区1所流动儿童比例较高的学校随机抽取三至五年级各2个班级，共384名学生。一共1028名学生，其中流动儿童共807人，三年级为79人，四年级为74人，五年级为329人，六年级为325人；其中男生为456人，女生为351人。

（二）研究工具

1.《儿童城乡文化适应问卷》

采用张春妹与张文闻（2017）编制的《儿童城乡文化适应问卷》，参照Ward与Rana-Deuba（1999）和袁晓娇等（2009）的研究并根据双向多领域模型（Schwartz et al.，2010）的观点，在流动儿童访谈的基础上归纳出城乡文化适应问题，包括环境适应、外显行为、内隐观念、语言适应和身份认同五个维度。问卷由农村文化适应和城市文化适应两部分组成，各部分分别有37道题目，5点计分（由"完全不符合"到"完全符合"）。总分越高代表文化适应越好。具体条目如环境适应"我喜欢周围有很多高楼大厦的感觉"、"我觉得城市生活很舒适"（城市），"我喜欢住在农村老家村落的感觉"、"我习惯于农村人少、比较安静的感觉"（农村）；外显行为如"我习惯于到超市买东西"、"对每天穿什么，我会比较注意"（城市），"我适应于去农村集市上买东西"（农村）；内隐观念如"同学弄坏了我的东西，我首先想到的是他（她）应该赔偿"、"姑姑（大伯）和姨（舅）相比，我觉得他们与我的亲近关系没有什么区别"（城市），"只要衣服没有坏我会尽量穿很久"、"当我遇到不公平的事情时，我会选择多忍让一些"（农村）；语言适应如"我能够理解并说一点武汉话"、"我的普通话比较标准流利"（城市），"我能听懂家乡话"、"当我说'请、谢谢、对不起'的时候会感觉有点别扭"（农村）；身份认同如"我觉得我是城里人"（城市），"我希望以后能回农村生活"（农村）。对两个问卷的结构效度分别进行验证性因素分析，城市文化适应量表结果为：RMSEA = 0.051，$\chi^2 = 1472.21$，df = 619，NFI = 0.79，NNFI = 0.87，CFI = 0.88，IFI = 0.88，RFI = 0.78，SRMR = 0.06，拟合一般；农村文化适应量表结果为：RMSEA = 0.06，$\chi^2 = 1973.02$，df = 619，NFI = 0.88，NNFI = 0.92，CFI = 0.92，IFI = 0.92，RFI = 0.87，SRMR = 0.06，拟合较好。两个问卷的信度 α 系数分别为 0.86、0.79，说明问卷信度较好。

2. 《安全感量表》

采用丛中与安莉娟（2004）编制的《安全感量表》，该量表由人际安全感和确定控制感两维度组成，各 8 个项目，共 16 个题项，采用 5 点计分，1 表示"非常不符合"，5 表示"非常符合"，总分得分越高，表明个体的安全感越高。例如，"我总是担心太好的朋友关系以后会变坏"、"我感到生活总是充满不确定性和不可预测性"。该量表较为成熟，在国内得到普遍使用（如温颖、李人龙、师保国，2009），本研究中量表的 Cronbach's α 系数为 0.88，表明信度良好。

3. 《物质主义价值观量表》（儿童版）（MVS-c）

该量表由 Opree 等（2011）编制，由中心（centrality）、快乐（happiness）和成功（success）三个维度构成。"中心"是指儿童认为拥有某种昂贵的物品或金钱是非常重要的，例如，"你认为你拥有昂贵的衣服很重要吗？"；"快乐"是指儿童从拥有某种（昂贵的）物品或金钱中获得的满足感和幸福感，例如，"如果你拥有很多的东西，你会更快乐吗？"；"成功"则是指儿童认为拥有越多的物品或金钱越代表成功，例如，"你认为如果你拥有很多昂贵的物品（例如，衣服、玩具），其他孩子会更喜欢你吗？"。每个维度 6 道题，共 18 道题，采用 4 点计分，1 代表"不，一点也不"，4 表示"是，非常同意"，得分越高表示物质主义价值倾向水平越高。本研究中，此量表结构效度拟合指标为：RMSEA = 0.07，$\chi^2/df =$

3.77，NFI = 0.92，CFI = 0.94，IFI = 0.94，RFI = 0.91，拟合指标较好，表明结构效度良好。Cronbach's α 系数为 0.93，表明信度良好。

（三）数据分析

采用 SPSS 22.0 和其 Process 插件进行统计分析，主要分析方法为描述统计、相关分析、中介模型和有调节的中介模型分析等。

（四）共同方法偏差的控制

为了减少由自我报告所引起的共同方法偏差，本研究采用 Harman 单因素检验方法。首先，对所有变量进行未经旋转的探索性因素分析。分析结果表明，特征值大于 1 的因子共有 4 个，第一因子解释的方差变异量为 31.54%，小于 40% 的临界标准。由此可见，本研究不存在明显的共同方法偏差问题。

四　结果分析

（一）流动儿童城乡文化适应、安全感和物质主义的描述性分析

流动儿童城乡文化适应、安全感和物质主义的描述统计结果分析发现（见表 1），流动儿童的城市文化适应（3.06 ± 0.56）、农村文化适应（3.14 ± 0.61）的得分均达到中等适应水平；安全感的总体得分为 3.76 ± 0.87，为中等水平；物质主义方面总体得分为 1.67 ± 0.62，中等偏低。相较于郊区学校，城区学校样本的城市文化适应显著更高（t (806) = 3.03，$p = 0.000$），安全感也显著更高（t (806) = 4.45，$p = 0.000$），农村文化适应和物质主义的均分也更高，但不显著。城区学校中，城市文化适应存在显著的年级差异（F (3,364) = 3.78，$p = 0.01$），城市文化适应随年级增加而提高。郊区学校中，五年级的安全感得分显著高于六年级（t (438) = 2.06，$p = 0.04$），物质主义得分显著地低于六年级（t (438) = -2.62，$p = 0.01$）；而城市文化适应上，六年级得分高于五年级，农村文化适应上五年级高于六年级，但两者都未达到显著。郊区学校中的城市文化适应还具有显著的性别差异（t (438) = 2.65，$p = 0.01$），男生显著地高于女生。

表1　不同流动儿童群体在主要研究变量上的得分

群体		N	城市文化适应	农村文化适应	安全感	物质主义
			$M \pm SD$	$M \pm SD$	$M \pm SD$	$M \pm SD$
总体		807	3.06 ± 0.56	3.14 ± 0.61	3.76 ± 0.87	1.67 ± 0.62
男生		456	3.13 ± 0.54	3.16 ± 0.63	3.76 ± 0.86	1.71 ± 0.62
女生		351	3.02 ± 0.50	3.13 ± 0.59	3.75 ± 0.90	1.62 ± 0.58
郊区学校		439	3.03 ± 0.48	3.13 ± 0.55	3.63 ± 0.81	1.66 ± 0.59
城区学校		368	3.14 ± 0.56	3.15 ± 0.68	3.90 ± 0.62	1.68 ± 0.62
城区学校	男生	212	3.18 ± 0.59	3.18 ± 0.67	3.88 ± 0.95	1.72 ± 0.65
	女生	156	3.09 ± 0.53	3.12 ± 0.69	3.93 ± 0.91	1.64 ± 0.58
	三年级	79	3.07 ± 0.60	3.28 ± 0.68	3.70 ± 1.00	1.74 ± 0.65
	四年级	74	3.03 ± 0.57	3.03 ± 0.64	3.98 ± 0.86	1.76 ± 0.59
	五年级	101	3.13 ± 0.52	3.22 ± 0.72	3.93 ± 0.85	1.64 ± 0.64
	六年级	114	3.28 ± 0.56	3.10 ± 0.66	3.96 ± 0.99	1.64 ± 0.61
郊区学校	男生	244	3.09 ± 0.49	3.14 ± 0.59	3.65 ± 0.75	1.70 ± 0.60
	女生	195	2.96 ± 0.46	3.13 ± 0.48	3.61 ± 0.86	1.59 ± 0.58
	五年级	228	3.02 ± 0.52	3.16 ± 0.60	3.71 ± 0.78	1.59 ± 0.62
	六年级	211	3.04 ± 0.44	3.10 ± 0.48	3.55 ± 0.83	1.73 ± 0.56

（二）流动儿童城乡文化适应、安全感和物质主义的相关分析

为进一步探讨流动儿童城乡文化适应、安全感与物质主义之间的关系，对上述变量进行 Pearson 相关分析。结果发现（见表2），城市文化适应、农村文化适应和物质主义呈现显著的正相关关系，安全感与物质主义、农村文化适应呈现显著的负相关关系，农村文化适应与物质主义呈现显著的正相关。

表2　城市文化适应、农村文化适应、安全感和物质主义之间相关分析

	城市文化适应	农村文化适应	安全感	物质主义
城市文化适应	1			
农村文化适应	0.22 ***	1		
安全感	− 0.05	− 0.10 **	1	
物质主义	0.26 ***	0.08 *	− 0.33 ***	1

注：$^* p < 0.05$，$^{**} p < 0.01$，$^{***} p < 0.001$，下同。

对城乡文化适应具体维度与安全感、物质主义的相关分析如下（见表3）。农村文化适应中的农村外显行为维度和城市文化适应中的城市内隐观

念维度与安全感、物质主义的相关都达到显著，二者与物质主义都呈现显著的正相关，与安全感则呈现显著的负相关。城市外显行为维度则与物质主义显著正相关而与安全感无显著相关关系。城市文化适应的身份认同比较特殊，对安全感、物质主义都显著正相关；城市环境适应也与物质主义显著正相关，语言适应则与安全感正相关。农村文化的其他具体维度则与安全感、物质主义均无显著相关。

表 3　城乡文化适应的具体维度与安全感和物质主义之间相关分析

		环境适应	外显行为	内隐观念	语言适应	身份认同
城市	安全感	0.06	-0.05	-0.20***	0.14**	0.07*
	物质主义	0.17**	0.22***	0.33***	-0.05	0.16**
农村	安全感	-0.05	-0.20***	-0.06	-0.04	-0.03
	物质主义	-0.01	0.15***	0.03	0.05	-0.01

（三）被中介的调节作用分析

农村文化适应除了外显行为维度与安全感负相关、物质主义正相关，其他维度与两者的相关均几乎为零，这很可能是因为农村文化适应对安全感、物质主义的影响受到城市文化适应的调节。因此我们首先对城市文化适应和农村文化适应进行综合考量，采用 Bootstrap 中介效应检验方法，参照 Hayes（2017）提出的条件过程模型，用 Process 软件的模型 8 重复 5000次进行检验，构建了如下两个方程进行有调节的中介分析。

$$M = i_1 + a_1 X + a_2 W + a_3 XW + e_M$$
$$Y = i_2 + c'_1 X + c'_2 W + c'_3 XW + b_M + e_Y$$

其中，X、Y、W、M 分别代表农村文化适应、物质主义、城市文化适应和安全感。由于农村文化适应总体上在三年级显著好于四年级，但是本研究三四年级人群与五六年级人数差别比较大，不易形成有效对照，因此，为了控制性别、年级对于物质主义的影响，更好计算被中介的调节模型，此部分数据仅采用五六年级流动儿童。结果显示方程为：

$$M = 0.53 - 0.04X + 0.01W + 0.08XW$$
$$Y = -0.41 - 0.02X + 0.26W + 0.08XW - 0.33M$$

两者结合进而总的预测方程为 $Y = -0.59 - 0.05X + 0.25W + 0.05XW$（见表 4）。Bootstrap 检验的置信区间为（-0.048，-0.004），95% 置信区间均不包含 0，因此被中介调节模型成立（$\beta = -0.03$）。城市文化适应与

表 4　被中介的调节模型效应

变量	方程 1 （中介变量：安全感）					方程 2 （因变量：物质主义）				
	Coeff	SE	t	LLCI	ULCI	Coeff	SE	t	LLCI	ULCI
常数	0.53	0.44	1.22	-0.32	1.39	-0.41	0.39	-1.06	-1.18	0.35
年级	-0.10	0.08	-1.24	-0.25	0.05	0.09	0.06	1.38	-0.04	0.23
性别	-0.03	0.08	-0.41	-0.18	0.12	-0.11	0.07	-1.55	-0.24	0.03
农村文化适应	-0.04	0.04	-0.94	-0.12	0.04	-0.02	0.04	-0.50	-0.09	0.05
城市文化适应	0.01	0.04	0.13	-0.08	0.09	0.26	0.04	6.65***	0.18	0.33
安全感						-0.33	0.03	-9.57***	-0.40	-0.27
$X * W$	0.08	0.03	2.60**	0.02	0.14	0.08	0.03	2.88**	0.02	0.13
R^2	0.01					0.19				
	$F (5648) = 1.79$					$F (6647) = 25.34***$				

农村文化适应的交互作用影响安全感，也影响物质主义。

我们进一步按照 $M+SD$、M、$M-SD$ 区分了高、中、低三种城市文化适应水平，分析了不同城市文化适应水平的条件下，农村文化适应对物质主义的直接影响作用（见表5）。结果表明，城市文化适应水平的提升能够削弱农村文化适应对物质主义的负向影响。并且，当城市文化适应处于低水平和中水平时，农村文化适应与物质主义呈负相关，当城市文化适应处于高水平时，农村文化适应与物质主义呈正相关，三者均不显著，置信区间包括0。在城市文化适应水平比较低时，农村文化适应对物质主义的负向直接效应接近显著，置信区间的上限刚好为0。

表5 不同城市文化适应水平下农村文化适应对物质主义的影响

结果类型	指标	效应值	Boot SE	Boot 95% CI	
				low	High
有中介的调节效应 （安全感中介的间接效应）	Eff1 $(M-1SD)$	0.04	0.02	0.00	0.07
	Eff2 (M)	0.01	0.01	-0.02	0.04
	Eff3 $(M+1SD)$	-0.01	0.02	-0.04	0.03
有调节的直接效应 （对物质主义的直接效应）	Eff1 $(M-1SD)$	-0.09	0.05	-0.18	0.00
	Eff2 (M)	-0.02	0.04	-0.09	0.05
	Eff3 $(M+1SD)$	0.05	0.04	-0.02	0.13
中介调节效应		-0.03	0.01	-0.05	-0.00

同理，分析了不同城市文化适应水平下，农村文化适应通过安全感中介对物质主义的作用。如表5所示，只有在城市文化适应处于低水平时，农村文化适应→安全感→物质主义的中介效应才显著，置信区间为（0.001，0.073），农村文化适应越好，安全感越低，物质主义越高；当城市文化适应处于中水平和高水平时，间接效应不再显著，置信区间包括0，而且只有城市文化适应比较高时，农村文化适应可以促进安全感，进而降低物质主义，但是当城市文化适应水平升高时，间接路径的影响也被削弱了。图2为简单效应分析结果。

农村文化适应对物质主义的削弱作用以及通过影响安全感提升物质主义都是发生在特定的城市文化适应水平下，城乡文化适应具有直接的调节作用和被中介的调节作用，其模型如图3所示。

（四）补充分析

在对城市文化适应、农村文化适应、物质主义和安全感的被中介的调

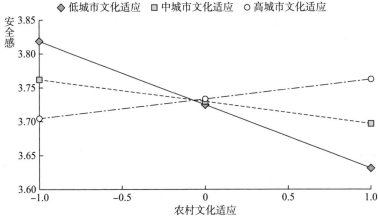

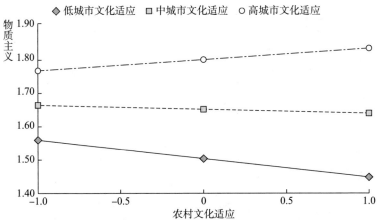

图2　简单效应分析

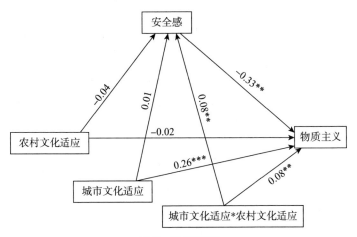

图3　数据模型

节作用进行分析后，我们进一步对城乡文化适应的具体维度进行了探索。
首先，我们对农村文化适应的具体维度分别在城市文化适应的对应维度
上进行了被中介的调节作用分析，发现在所有具体维度的单独作图上均
不存在被中介的调节作用；此外，在具体维度上，城市内隐观念－安全
感－物质主义和农村外显行为－安全感－物质主义的简单中介模型成立，
其他维度的简单中介模型不成立。采用 Process v3.2 中的模型4对中介效
应进行检验，控制年级、性别影响，分别对安全感在城市内隐观念维度、
农村外显行为与物质主义的关系中的中介作用进行了检验，安全感在这
两个模型中均起到部分中介作用，Bootstrap 检验的置信区间分别为
（0.001，0.0052）（0.0018，0.0098），均不包含0。模型数据见表6。
其中安全感在城市内隐观念与物质主义的关系中的中介效应占总效应
14.87%，在农村外显行为与物质主义的关系中的中介效应占总效应
的36.67%。

表6 安全感分别在城市内隐观念、农村外显行为与物质主义关系中的中介作用

变量	方程一 物质主义		方程二 安全感		方程三 物质主义	
	t	p	t	p	t	p
年级	-0.49	0.62	-1.23	0.22	-0.89	0.37
性别	-1.19	0.24	-0.59	0.55	-1.42	0.16
城市内隐观念	9.26	0.00	-5.83	0.00	7.74	0.00
安全感					-8.66	0.00
R^2	0.10		0.04		0.18	
	$F(3650) = 30.48^{***}$		$F(3650) = 11.87^{***}$		$F(4649) = 43.69^{***}$	
年级	0.02	0.98	-1.83	0.07	-0.58	0.56
性别	-2.23	0.03	-0.02	0.99	-2.36	0.02
农村外显行为	4.33	0.00	-5.85	0.00	2.57	0.01
安全感					-9.40	0.00
R^2	0.03		0.04		0.13	
	$F(3650) = 7.98^{***}$		$F(3650) = 11.94^{***}$		$F(4649) = 28.73^{***}$	

五　讨论

（一）流动儿童城乡文化适应、安全感和物质主义的特点

对流动儿童城乡文化适应、安全感和物质主义的研究有以下几点发现。首先，流动儿童具有中等偏低的物质主义价值倾向（$M = 1.67$，$SD = 0.62$），略低于国内已有研究发现的儿童物质主义水平。Xu（2010）对江苏省南京市和如皋市 8~12 岁的城市儿童和农村儿童物质主义的研究发现，5 点计分量表上，儿童均分 2.33（$SD = 0.57$），而采用与本研究一致的物质主义量表对平均年龄为 17 岁的高中生的调查发现，其物质主义均分为 2.03（$SD = 0.44$）（蒋奖等，2015）。总体来看，中国大陆儿童和青少年的物质主义水平都还比较低。这与已有研究发现的经济水平与物质主义的地区差异相一致（Chan，2003）。而在年龄相当的情况下，本研究对象所处武汉市比 Xu（2010）研究中的江苏省两个城市的经济水平要低，这可能是本研究儿童物质主义更低的原因；而物质主义在儿童和青少年时期会随着年龄的增长而增加（Achenreiner，1997），这可以解释蒋奖等（2015）研究中青少年物质主义明显更高的现象。同时，六年级学生的物质主义得分显著高于五年级学生的物质主义得分，也符合已有研究发现的物质主义的年龄发展规律，但是本研究中流动儿童物质主义的标准差更大，表明流动儿童物质主义的变化程度更大。

其次，流动儿童城市文化适应处于中等水平，这与张春妹、朱文闻（2017）的研究结论相一致。这一方面与流动儿童具有较强的城市文化融入的意愿有关，另一方面也是由于现代教育条件的改善，让其可以就读于城市公立学校，有机会更好地融入城市文化中。

流动儿童的农村文化适应不存在显著的年级或性别差异，而且农村文化适应显著高于城市文化适应。已有研究也发现，流动儿童农村文化适应好于城市文化适应。将流动儿童来汉时间分为 1~3 年、3~5 年、5~8 年和 8~10 年四个时间段，城市文化适应在四个时间段上逐渐增强，农村文化适应在前 5 年都没有明显变化，在 5~8 年时间段显著低于来汉 1~3 年、3~5 年时间段（Zhang，Zhang，& Hu，2014）。这反映了农村文化作为流动儿童原有的文化，仍然是流动儿童身上的优势文化，在城市文化适应的过程中，流动儿童的农村文化适应并不会迅速消失；即便其存在逐渐消解的过程，也会具有较长的滞后期，要在到城市 5 年之后才会发生，所以不

会在几年内大幅降低，也不会表现出三年级与五年级之间的年级差异。

（二）流动儿童城乡文化适应与物质主义的关系

通过相关分析发现，流动儿童的城市文化适应与物质主义显著相关。在具体的维度上，对于城市的环境适应、外显行为、内隐观念和身份认同，都与物质主义价值观显著相关，从而验证了假设 1 中有关城市文化促进物质主义的观点，体现了物质主义的城市文化接触效应。这可能是因为流动儿童具有较高的城市文化融入意愿，其城市文化适应好坏更多受到文化接触的影响，即受到能接触到城市文化多少的客观条件的影响，而不像青年、成年会有主动选择过程，后者可能存在回避融入城市文化中的行为。因此，当流动儿童的城市文化适应比较差时，说明他们在生活中与城市相对隔绝，对城市的商业环境和文化氛围了解较少，这样不利于他们的城市生活适应；当其城市文化适应较好时，流动儿童能够接触到更多农村没有的商业区、购物中心等购物环境。按照接触假说，儿童越容易接触到商业环境，越容易产生消费欲望，物质主义价值倾向越高。本研究中城区学校流动儿童的城市文化适应显著好于郊区学校流动儿童也支持了这一假说，即接触机会促进更好的文化适应，从而导致更高的物质主义倾向。

以往研究表明，物质主义在儿童阶段（8～12 岁）会随着年龄增加而升高，本研究中六年级儿童物质主义也显著高于五年级儿童；而且，流动儿童的城市文化适应随着年龄增加也明显提升。那么，本研究中物质主义与城市文化适应之间的正相关关系，是否其实是普遍的儿童社会化过程，即年龄发展效应，而非城市文化适应的特有贡献呢？由于本研究采用了偏相关分析，在控制了年龄、性别对物质主义的影响后仍发现上述城市文化适应的各维度与物质主义的显著正向相关关系，因此可以表明，除了普遍的儿童社会化过程的影响，流动儿童的城市文化适应过程也会进一步促进物质主义倾向。而已有研究发现流动儿童的城市文化适应水平低于城市儿童（Zhang, Zhang, & Hu, 2014；胡冰、张春妹、韩晓，2013），本研究中流动儿童物质主义水平明显低于 Xu（2010）研究中的我国其他年龄相当儿童群体，也可能与流动儿童的城市文化适应水平更低有关。

农村文化适应与物质主义的相关也显著，但是较低（$r = 0.08^{*}$），而且只有外显行为与物质主义正相关（$r = 0.15^{***}$），其他各维度与物质主义相关均不显著，与假设 1b 不一致。但是纳入城市文化适应的共同作用后发现，农村文化适应与物质主义的关系受到城市文化适应的调节，只有当城市文化适应比较低时，农村文化适应与物质主义具有显著负相关关系，符合假设 1b 的相关方向。这说明了农村文化适应与城市文化适应之间具有复杂的交互作用，必须要同时考虑两者的共同影响。而且，虽然农村文化是流动儿童身上的优势文化，且流动儿童的农村文化通常保存得比习得的城市文化更好，但是流动儿童具有强烈的城市文化融入意愿，因此，对于流动儿童来说，城市文化是比较强势的背景文化和主流文化，农村文化则是个人性的文化价值观。因此，城市文化适应对于流动儿童物质主义的影响就会具有主效应，不会明显受到农村文化适应的影响，而农村文化适应对于流动儿童物质主义的作用则依赖于城市文化适应的水平高低，并且只有在城市文化适应比较低时，农村文化对于物质主义的抑制作用才会出现，而且城市文化适应越高，农村文化适应对于物质主义影响作用越弱。

（三）安全感在流动儿童城乡文化适应与物质主义关系中的中介作用

在城乡文化适应与安全感的关系上，城市文化适应中的语言适应和身份认同与安全感呈正相关，但是内隐观念与安全感呈负相关，因此整体上城市文化适应与安全感相关不显著，验证了假设 2。但是在农村文化适应上，农村外显行为适应与安全感显著负相关，其他维度与安全感相关均不显著，总体的农村文化适应与安全感呈显著负相关。对被中介的调节效应进行分析发现，在城市文化适应比较低时，农村文化适应越好，安全感反而越低，从而明显促进了物质主义；当城市文化适应比较高时，农村文化适应越好，安全感越高，从而降低了物质主义，但是中介效应并不显著。从而验证了假设 h3b，表明了现代城市中的二元城乡文化差异对流动儿童带来的文化冲突和心理冲击。

在城市文化作为主流文化且流动儿童具有很强的城市文化融入意愿的背景下，总体来说，越高的农村文化适应会导致越低的安全感，这说明了农村文化适应是城市化进程中不被重视的弱势文化，会让流动儿童感到更大的变化带来的压力。尤其是在城市文化适应比较低时，农村文化适应对安全感的负向预测作用显著，即流动儿童在城市化过程中无法很好适应城市文化时，其原有的农村文化适应越好，反而越会感觉到自身所习惯的文化与城市文化的差异与冲突，这种自身无法掌控和改变的冲突会使其安全感降低。正如其他研究者所发现的，流动儿童感受到的文化差异和冲突会增加错愕和异样感，从而增加焦虑和不安全感（王纯磊、何丽，2018）。而根据物质主义的补偿假说，这种明显的安全感降低进一步促进了物质主义倾向。

但是当城市文化适应比较好时，原有的农村文化适应有助于提升流动儿童的安全感，这符合研究假设 h3a 的方向，只是未达显著水平。说明在城市文化为主流文化的背景下，只有当流动儿童能具有较高的城市文化适应水平时，其保留的原有农村文化适应对于心理安全感的保护作用才能发挥作用。这很可能是因为，一方面，城市文化融入使得他们能够降低自身与城市文化背景的差异感，并促进其城市人际关系发展；另一方面，他们又能较好保留原有农村文化，增进了更亲密的家庭关系、乡情关系，具有较全面的人际网络，从而获得更高安全感。这符合已有研究发现，即采用整合型文化适应策略的流动儿童的孤独感最低（Zhang，Zhang，& Peng，2014）。而本研究中这种效应不显著，可能是因为在城市文化作为具有压倒性强势的主流文化时，农村文化适应对于安全感的保护作用比较弱。

农村文化适应对于流动儿童的安全感和物质主义的影响都主要受到城市文化适应的调节作用。在城市文化为主流、强势文化的背景下，流动儿童若不能很好地融入城市文化，则更容易感受到农村文化与城市文化之间的冲突，这会给具有强烈融入城市文化意愿的流动儿童带来很强的心理冲击，从而降低其安全感，并引发其物质主义的补偿动机。进一步对文化适应的细分维度进行分析则发现，仅农村文化的外显行为这一维度就会降低安全感，进而提升物质主义，且中介效应占到 36.67%，而其他内在的文化适应维度都没有这样的作用，这也与文化冲突为流动儿童不安全感来源相一致。当外在的农村行为习惯比较明显时，就会在城市文化背景下凸显不和谐、不融入的状态，这会对流动儿童造成明显的心理压力，从而直接降低安全感，并增加物质主义。这表明外在直观的文化差异会产生更强烈的文化冲突，进而带来心理冲击。以往研究也发现，以外在打扮、卫生习惯等行为和养老观念为指标的文化适应会影响流动儿童的城市归属感、存在感等心理融入（张华初、楚鹏飞、陶利杰，2019）。

在城市化进程和城市文化融入的过程中，流动儿童的城市文化适应并不能直接促进安全感，反而会导致其接触到更多的物质刺激，形成更高的物质主义倾向。其中，城市内隐观念主要表现为具有较强的平等意识与权利意识，而对传统的人情关系与亲情关系比较漠视，因此城市中处于弱势地位的流动儿童可能因为不擅长维护自身权利而感到控制感降低，还可能通过降低人际联系和亲密感而降低安全感，进而促进物质主义倾向。而城市文化适应中的语言和身份认同虽然与安全感也正相关，但是它们可能更多与个体本身生存有关，对于紧密的人际纽带的影响不大，因此不会进一步导致物质主义。已有研究也发现，仅仅是同伴接纳比较低就会导致流动儿童的物质主义（张春妹等，2020）。这说明了物质主义本质上是一种社会性表征，是在人际联系比较弱时代偿性地寻求社会符号表达。

总的来说，本研究揭示了流动儿童城市文化适应、农村文化适应与物质主义的关系，有助于推进物质主义发展原因的研究。过去的研究认为，物质主义不仅仅是资本主义的产物，在经济水平迅速发展的过渡社会中，如原来的东德，物质主义会明显增加（Drissel，2006）。近来的研究更多聚焦于不同地区的经济水平与人们的物质主义的关系，也有研究从个体水平研究物质主义的变化，例如人们对居住流动性的预期也会降低控制感，从而增加物质主义（周静、谢天，2019）。本研究则从流动儿童入手，聚焦于个体的城市文化适应过程，直接体现了城市化的文化学习过程对个体物质主义的影响，揭示了物质主义倾向的双重机制。第一，直接的城市环境接触与更多的城市文化适应，会让儿童产生更高的物质主义价值倾向，这支持了现代化对人们物质主义影响的假设；同时，农村文化适应对物质主义有一定的抑制作用，只是因为城市文化的主导作用更强，故农村文化适应的抑制作用需要在城市文化适应比较低时才会发生。第二，支持了物质主义的补偿机制假说，即在控制感降低、不安全感提升时，物质主义会作为一种增加个体控制感的方式而出现，这被视为一种有效的适应性策略。而且本研究的双重文化适应视角进一步丰富了这种不安全感的来源，即一方面城市文化的内隐观念，如平等、重权力、重消费轻亲情伦理等，会直接降低安全感，另一方面主要来自原有的农村文化适应在面临主流城市文化适应时所产生的文化冲突。在这种冲突下，城市文化适应比较低时，农村文化适应越高，安全感越低，而农村文化适应中的外显行为维度甚至会因其行为外显性而凸显与城市背景的不协调，从而直接降低安全感而提升物质主义。

本研究的不足有以下几个方面。首先，本研究采用横断研究设计，无法测量流动儿童在时间推移中的城乡文化适应变化，从而直接对流动儿童的城乡文化适应与物质主义之间的因果关系做出推断。在以后的研究中可以通过纵向追踪研究设计进一步探讨城乡文化适应对物质主义的影响。其次，本次研究只选取了小学阶段的流动儿童，他们的认知发展正处于一种整合矛盾性的低级阶段，而对于自我认同整合能力更好的青少年，也许城市文化适应过程的文化冲突不会明显影响其安全感，因此，本研究结果能否推广到更广泛的流动儿童群体需要进一步验证。最后，我国现代化过程总体来说也是一个农业国家逐渐工业化的过程，我国所有居民都在接受城市文化价值的涵化。因此，按照接触假说和安全感假说，不仅仅是流动儿童存在城市文化适应和文化冲突的问题，城市儿童也一样面临这个问题，只是可能没有那么凸显，因此城市儿童的城乡文化适应与物质主义的关系值得进行进一步研究。

六　结论与建议

（一）结论

（1）控制了年级、性别的作用后，流动儿童的城市环境适应与物质主义显著正相关；农村文化适应在城市文化适应比较低时，能负向预测物质主义。

（2）城市文化适应不能促进安全感，其中的内隐观念维度会通过显著降低安全感的中介作用而对物质主义具有显著正向影响。

（3）城乡文化冲突会导致流动儿童的安全感降低和物质主义增加，即在城市文化适应比较低时，农村文化适应会通过降低安全感而对物质主义倾向具有促进作用，体现出被中介的调节作用；其中农村文化适应的外显行为维度则会直接降低安全感，进而提升物质主义。

（二）建议

鉴于物质主义倾向虽然是一种适应性策略，但是对于个体发展和心理健康都具有诸多不利影响，因此在现代城市化的进程中，需要尽可能削弱物质主义倾向的发展，促进良好的社会心态。根据本研究结论，建议如下。

随着流动儿童的城市文化接触和城市文化适应，其物质主义会明显提升，而农村文化具有一定的抑制作用。这启示我们孩子在年龄较小、价值观正在形成的时候，需要尽量避免接触商业场所以减少物质商品对其的刺激，而更多接触农村自然环境，享受自然界的安宁广阔，这有助于降低孩子的物质主义倾向。现代城市中很多商场与儿童游乐场所联合在一起，因此需要政府引导将儿童游乐场尽量单独建设在户外，并在周围种植自然植被，营造儿童亲近广阔自然世界的环境。

城乡文化冲突是安全感降低、物质主义提升的主要原因，因此，现有社会上单一的文化导向亟待社会文化价值的引导，应该消除一元文化观与城市文化主导的价值取向，平等看待城市文化和乡村文化，以免令流动儿童在城市文化适应必然较低的时候，因感到农村文化与城市文化之间的差异而产生冲突感与被歧视感，从而降低安全感。这需要学校提供更多文化融合的教育，从偏重流动儿童的心理适应转向兼顾文化适应，让城市儿童更深地了解农村文化、尊重农村文化，从而拉近城市儿童与流动儿童的社会距离，增加流动儿童的心理归属感与安全感。整个城市也特别需要有平等包容、共享共治的理念，从制度上保障"新旧"市民都是城市的主人（王纯磊、何丽，2018）。

积极发扬传统农村文化的文化自信，才能从根本上让流动儿童在城市差异背景下，不会有内在的改变压力，不会因"差异"而感到冲突与焦虑，而更能"和而不同"。同时，更要积极弘扬农村文化的传统价值观，这既有利于流动儿童在城市背景下保存农村文化传统，达到整合型文化适应，又有利于促进传统农村文化发挥其增进安全感、降低物质主义的积极作用。需要在整个社会，特别是学校教育中大力进行弘扬农村文化传统价值观的教育，比如俭朴节约、宽厚谦让的美德，从而改变城市中一些过于"现代化"的价值观，在现代化的城市中形成一种融合了传统美德、兼具平等意识、更为平和温情的价值观，从而拉近人际距离，增进人际情感，营造更平和温情的社会心态。

参考文献

陈艺妮、李纯青、金晓彤，2016，《地位消费对新生代农民工自我保护的影响机理》，《财经问题研究》第 5 期。

丛中、安莉娟，2004，《安全感量表的初步编制及信度、效度检验》，《中国心理卫生杂志》第 2 期。

郭博达、张立新、张镇，2019，《青少年物质主义和幸福感：自尊的中介作用》，《心理与行为研究》第 1 期。

郭开元，2017，《社会化视野下的流动儿童家庭法治教育》，《预防青少年犯罪研究》第 2 期。

胡冰、张春妹、韩晓，2013，《同伴关系对流动儿童心理适应的影响研究》，《中小学德育》第 12 期。

黄鹭、冯源，2016，《新生代农民工市民化意愿对消费行为的影响——以南京市外来务工人员为例》，《农村经济与科技》第 11 期。

蒋奖、曾陶然、杨淇越、于方静，2016，《青少年物质主义的成因、测量与干预》，《心理科学进展》第 8 期。

蒋奖、梁静、杨淇越、克燕南，2015，《同伴文化压力对青少年物质主义价值观的影响：自尊的调节作用》，《中国特殊教育》第 1 期。

金晓彤、崔宏静、韩成，2015，《"金玉其外"的消费选择背后——新生代农民工社会认同与炫耀性消费解析》，《经济体制改革》第 1 期。

金晓彤、樊茜，2017，《城市居民信息性影响对两代农民工购买意愿影响机理研究——基于感知价值和社会认同的作用机制》，《南京社会科学》第2期。

李刚、刘养卉，2014，《新生代农民工消费特点、困境及其路径研究》，《西安财经学院学报》第6期。

李路路、范文，2016，《物质与精神兼顾的世俗主义——当代中国人的生活价值观》，《社会科学战线》第1期。

李明、刘维，2017，《流动儿童的心理特点及消费行为研究》，《经营与管理》第9期。

李升、黄造玉，2018，《流动农民的社会认同分化及其影响因素》，《华南农业大学学报》（社会科学版）第4期。

刘东、张震、汪默，2012，《被调节的中介和被中介的调节：理论构建与模型检验》，高中华译，载陈晓萍、徐淑英、樊景立编《组织与管理研究的实证方法（第二版）》，北京大学出版社。

刘红升、靳小怡，2018，《农村流动儿童的身份认同及其影响因素研究——基于深圳市流动儿童调查数据的分析》，《华中农业大学学报》（社会科学版）第6期。

刘红升、靳小怡，2019，《流动儿童的社会融合：概念测量、群体差异和影响因素》，《兰州学刊》第2期。

陆益龙，2010，《乡土中国的转型与后乡土性特征的形成》，《人文杂志》第5期。

陆益龙，2015，《后乡土中国的基本问题及其出路》，《社会科学研究》第1期。

陆益龙，2016，《后乡土性：理解乡村社会变迁的一个理论框架》，《人文杂志》第11期。

罗纳德·英格尔哈特，2013，《现代化与后现代化：43个国家的文化、经济与政治变迁》，严挺译，社会科学文献出版社。

马红文、朱临，2008，《文化冲突语境下的流动人口犯罪解读》，《黑龙江省政法管理干部学院学报》第5期。

陶然，2016，《论中国城市化进程中的文化认同与危机》，《科技展望》第27期。

万明之，2005，《文化冲突理论与青少年犯罪》，《山西青年管理干部学院学报》第4期。

王纯磊、何丽，2018，《城市化进程中流动人口子弟的文化选择与身份构建研究》，《兰州学刊》第6期。

王慧娟，2012，《城市流动儿童的社会融合》，《重庆理工大学学报》（社会科学版）第6期。

王孟成、叶浩生，2014，《计划缺失设计——通过有意缺失让研究更高效》，《心理科学进展》第6期。

王中会、孙琳、蔺秀云，2013，《北京流动儿童区域文化适应及其对城市适应的影响》，《中国特殊教育》第8期。

王中会、张盼、Jin G.，2014，《流动儿童社会认同与文化适应的相关研究》，《中国特殊教育》第12期。

温颖、李人龙、师保国，2009，《北京市流动儿童安全感和学校归属感研究》，《首都师范大学学报》（社会科学版）第S4期。

吴茜玲、罗娇、白纪、侯木兰、李霞，2019，《大学生安全感对手机成瘾的影响：回避现实社交的中介作用》，《心理发展与教育》第 5 期。

许庆豫、柴江，2014，《流动儿童社会适应能力研究》，《教育评论》第 5 期。

徐丽琼，2012，《流动儿童的文化适应研究——以北京市一所公立中学为例》，《教育领导研究》第 2 辑。

叶浩生，1994，《现代西方心理学流派》，江苏教育出版社。

袁晓娇、方晓义，2018，《亲子身份认同代沟与流动儿童孤独感：亲子关系的中介作用》，《中国特殊教育》第 7 期。

袁晓娇、方晓义、刘杨、李芷若，2009，《教育安置方式与流动儿童城市适应的关系》，《北京师范大学学报》（社会科学版）第 5 期。

袁晓娇、方晓义、刘杨、蔺秀云、邓林园，2010，《流动儿童社会认同的特点、影响因素及其作用》，《教育研究》第 3 期。

张春妹，2014，《现代城乡文化变迁中的心理适应》，《黑龙江社会科学》第 4 期。

张春妹、丁一鸣、陈雪、周长新，2020，《流动儿童的同伴接纳与外化问题行为：自尊和物质主义的链式中介作用》，《中国特殊教育》第 1 期。

张春妹、朱文闻，2017，《流动儿童的双重文化适应与心理适应：家庭功能的中介作用》，《中国社会心理学评论》第 12 辑。

张华初、楚鹏飞、陶利杰，2019，《中国流动人口社会融入的内部结构》，《华南师范大学学报》（社会科学版）第 5 期。

张晶，2010，《趋同与差异：合法性机制下的消费转变——基于北京地区青年女性农民工消费的实证研究》，《中国青年研究》第 6 期。

张文龙、叶一舵，2019，《新时代中国青年的职业价值观：基于 CGSS 数据的分析》，《福建师范大学学报》（哲学社会科学版）第 5 期。

周静、谢天，2019，《居所流动预期能预测个体物质主义价值观——不安全感的中介作用及心理需要的调节作用》，《中国社会心理学评论》第 16 辑。

周贤润，2017，《从阶级认同到消费认同：农民（工）身份认同的代际转向》，《中国农业大学学报》（社会科学版）第 4 期。

庄惠芬，2019，《"新市民儿童"社会适应的学校生态系统建构》，《江苏教育》第 50 期。

Achenreiner, Gwen Bachmann. 1997. Materialistic values and susceptibility to influence in children. *Advances in Consumer Research*, 24, 82 – 88.

Baron, R. M. , & Kenny, D. A. 1986. The moderator-mediator variable distinction in social psychological research: Conceptual, strategic, and statistical considerations. *Journal of Personality and Social Psychology*, 6, 1173 – 1182.

Chan, K. 2003. Materialism among Chinese children in Hong Kong. *Young Consumers Insight & Ideas for Responsible Marketers*, 4, 47 – 61.

Chang, L. , & Arkin, R. M. 2002. Materialism as an attempt to cope with uncertainty. *Psychology and Marketing*, 19, 389 – 406.

Chaplin, L. N. , & John D. R. 2005. The development of self-brand connections in children and adolescents. *Journal of Consumer Research*, 32, 119 – 29.

Drissel, D. 2006. Subterranean sources of juvenile delinquency in China: Evidence from birth cohort surveys. *Asian Criminology*, 1, 137 – 154.

Duan, C. , & Vu, P. 2000. Acculturation of Vietnamese students living in or away from Viet-namese communities. *Journal of Multicultural Counseling and Development*, 28, 225 – 235.

Goldberg, M. E. , Gorn, G. J. , Peracchio, L. A. , & Bamossy, G. 2003. Understanding ma-terialism among youth. *Journal of Consumer Psychology*, 13 (3), 278 – 288.

Hayes, A. F. 2017. Introduction to mediation, moderation, and conditional process analysis: A regression-based approach. *Guilford publications*, 393 – 430.

Kasser, T. , Cohn, S. , Kanner, A. D. , & Ryan R. M. 2007. Some costs of American corporate capitalism: A psychological exploration of value and goal conflicts. *Psychological Inquiry*, 18, 1 – 22.

Kasser, T. , & Sheldon, K. M. 2000. Of wealth and death: Materialism, mortality salience, and consumption behaviour. *Psychological Science*, 11, 348 – 351.

Kasser, T. , Richard M. Ryan, Charles E. Couchman, & Kennon M. Sheldon. 2004. Materia-listic Values: Their Causes and Consequences. In Tim Kasser and Allen D. Kanner (eds.), *Psychology and Consumer Culture*, Washington, DC: American Psychological As-sociation, 11 – 28.

None. 2007. Growing up in a material world: Age differences in materialism in children and adolescents. *Journal of Consumer Research*, 34, 480 – 493.

Pollay, R. W. 1986. The distorted mirror: Reflections on the unintended consequences of ad-vertising. *Journal of Marketing*, 50 (2), 18 – 36.

Richins, M. L. 2017. Materialism pathways: The processes that create and perpetuate material-ism. *Journal of Consumer Psychology*, 27, 480 – 499.

Richins, M. L. , & Dawson, S. 1992. A consumer values orientation for materialism and its measurement: Scale development and validation. *Journal of Consumer Research*, 19, 303 – 316.

Schwartz, S. J. , Unger, J. B. , Zamboanga, B. L. , & Szapocznik, J. 2010. Rethinking the concept of acculturation: Implications for theory and research. *American Psychologist*, 65, 237 – 251.

Sheldon, K. M. & Kasser, T. 2008. Psychological threat and goal striving. *Motivation and Emo-tion*, 32, 37 – 45.

Super, C. M. , & Harkness, S. 1986. The developmental niche: A conceptualization at the in-terface of child and culture. *International Journal of Behavioral Development*, 9, 545 – 569.

Ward, C. , & Rana-Deuba, A. 1999. Acculturation and adaptation revisited. *Journal of Cross-Cultural Psychology*, 30 (4), 422 – 442.

Wong, P. T. P. , & Wong, L. C. J. 2007. Handbook of multicultural perspectives on stress and coping. *Canadian Psychology*, 48, 53 – 55.

Xu, J. 2010. Children's materialism in urban and rural China, media exposure, cognitive devel-opment and demographics. *Journal of International Communication*, 16, 58 – 74.

Zhang, C. , Zhang, G. , & Hu, B. 2014. The characteristics of bidirectional acculturation in migrant children in China. *Proceedings of The First Summit Forum of China's Cultural Psychol-*

ogy, 192 – 199.

Zhang, C. , Zhang, G. , & Peng, Y. 2014. The psychology adaptation in the transition of rural culture and urban culture for migrant children in China. *Proceedings of The First Summit Forum of China's Cultural Psychology*, 185 – 191.

《中国社会心理学评论》 第 20 辑

第 144～178 页

© SSAP，2021

偶像忠诚与"部落流动"：生产规范与嵌入性的作用

——关于粉丝爬墙和脱粉的网络民族志*

周懿瑾**

摘　要：网络社会中，"流动空间"瓦解了广泛认同，导致了重新部落化，这使得个体在自由流动的同时又获得了短暂的认同和归属感。然而，不同于以往研究认为的情感部落具有短暂性、部落成员具有流动任意性的特征，明星粉圈这一网络情感星云存在着明显的偶像忠诚与流动约束。通过对多个粉圈进行约 18 个月的网络民族志调查，研究发现：（1）粉圈这个自下而上涌现的自组织有效动员的根本障碍是成员的高流动性（即粉丝的爬墙和脱粉）。（2）解决这一障碍的核心在于将粉丝对偶像的集体情感组织化和常规化。（3）粉丝通过生产规范，自觉地将自己对偶像情感进行了组织化，初步形成了对偶像的忠诚。（4）偶像忠诚和生产规范导致粉丝在社交媒体平台上形成了进一步的生产性嵌入，粉丝对偶像的情感转移为粉丝之间的情感互动。集体情感的常规化为偶像忠诚提供了更稳固的情感基础。（5）通过情感的组织化和常规化，短期情感被转化为长期偶像忠诚，粉圈降低了部落流动，为组织的有效动员提供了基础。本研究探讨了在情感部落中，群体情感组织化和常规化的过程，推进了流动空间理论、情感部落理论的发展，也为粉丝研究提供了新的组织视角。

---

* 本研究是国家自然科学基金青年项目（71602193）的阶段性成果。感谢诗怡、感谢田野中相遇的每一位粉丝；感谢王宁老师的指点和匿名评审人的中肯建议。
** 周懿瑾，中山大学传播与设计学院副教授，通讯作者，E-mail：zhouzhou626@126.com。

关键词：偶像忠诚　部落流动　生产规范　消费规范　生产性嵌入

一　引言

粉丝经济不断升级，成为娱乐产业的中坚力量，粉丝也逐渐成为影响社会的重要动力之一。根据新浪娱乐《2018 微博粉丝白皮书》的数据，该年微博上明星的活跃粉丝总数已接近 7500 万，71.2% 属于 90 后。她们不仅在微博上"追星"，更借助微博的规则努力"造星"：通过数据和消费，竭尽所能将偶像推向品牌和大众的视野，粉丝经济已经转变为"粉推经济"。一个明星的成功越来越离不开粉丝的助力，但这同时也意味着，粉丝的大面积流动会造成明星的"过气"与更迭。根据报告的数据，64.3%的粉丝在一年不到的时间内就"爬墙"了[①]。从热烈地喜欢一个明星到情感淡化、变成另一个明星的粉丝，粉丝们的情感迭代速度远比外界想象得更快。随着情感的转换，她们的身份也发生了转换，从一个明星的粉丝社群流动到另一个明星的粉丝社群。这带来两个问题。首先，网络社会中的粉丝社群（下文简称粉圈），是如何在粉丝个体的高速流动之中维持组织稳定的。其次，粉丝与粉丝之间，是如何在高速流动中建立社会协作的。表面上，社会关系和制度对人的制约似乎都在因为流动而减少，而事实上，情况并不如相关文献预测的那样简单。

回顾流动性研究的相关文献可以看到，无论从社会的哪一层面来看，流动都是当下社会的显著特征，网络社会的加速流动空间更进一步带来了个体"义务"和"责任"的解除。网络社会是在信息传播技术作用下形成的社会关系加速流动的空间（Castells，2016）。在这个流动空间（space of flows）中，人与地理、人与人之间的位移与实际肉身的关联越来越弱。借由流动空间的特征，网民的数字自我得以在不同的网络之间高速穿梭，人们可以随时进入和参与，但也可以在毫无缘由的情况下退缩或撤离（田林楠，2018；吴瑶、韦妙，2018）。高速流动带来了自由，但归属感却失去了安置。稳固而广泛的认同的枯竭使得当代人以一种新部落的方式彼此联

---

① 艾漫数据 & 微博：2018 粉丝白皮书，http://www.199it.com/archives/811475.html? weixin_user_id = ceo6ETQjgfxWEuVppCUncn4mV3EFHg&from = singlemessage&isappinstalled = 0&scene = 1&clicktime = 1587349266&enterid = 1587349266。

结和共同生活（Maffesoli，2016；田林楠，2018）。在共情的社会交往中，人们根据共同的情感/感受、品位、爱好等群聚成各种部落，通过虚拟分身在不同的甚至相互重叠的部落里扮演不同的角色。网络的流动性和匿名性免除了个体的"义务"和"责任"，同时人们的归属感得到了暂时的安置，虽然这种认同是短暂和流动的（Maffesoli，1996）。

不同于马费索利断言的情感部落具有短暂性特征（Maffesoli，2016；王宁，2017），粉丝个体虽然高速流动，但明星的粉丝形成的粉圈却表现出更加长期的稳定性，这在流动空间中显得格外异样与突出。同样是基于强烈的情感聚集在一起的在线情感星云（王宁，2017），粉圈却没有因为情感的易逝性而如烟花般湮灭；大量成员虽然也在快速流动，但其整体的流动速度显然被限制了。更重要的是，在流动的框架中，粉圈将集体情感转变为持续的社会动力，完成了群体情感的组织化；在其中的粉丝个体也并没有因为流动性而免除个体的义务和责任，反而形成了基于流动的自我管理和社会协作，并推动其部落的长期发展和部落目标的完成。这是其他新部落都难以做到的。

从这个角度来看，以往从青年亚文化视角对粉圈进行的研究，虽然取得了丰硕的成果，但一定程度上否认甚至贬低了粉圈所代表的变化的深刻性。粉圈作为一种生长于新媒体平台的微型社会，其文化已经蔓延到体育、音乐、直播、爱国主义等多个领域，是信息时代最有能量和最具传染性的文化之一。现代社会正在经历从大众社会向网络社会的转型，一定程度上，粉圈是一个先锋实验场：它提供了未来社会的可能形态；对如何在结构和个体双重流动的基础上建立边界模糊的新组织进行了大胆的尝试；也为在高速流动中建立社会协作机制和文化规范提供了可能的路径。因而，以往亚文化的视角不能充分解释粉圈现象，应该将粉圈放在更大的社会系统视角之下进行审视。

本研究通过对多个粉圈进行约 18 个月的网络民族志观察，试图回答以下问题：具有高流动性的网络集体情感如何成为一种持久的社会动力，即粉圈组织为了动员的有效性，如何理性利用集体情感构筑偶像忠诚，减缓部落流动？

二 文献综述

（一）网络社会中人的流动：自由与归属

全球化和信息技术的发展，使得资本、物体、人和信息的移动特性日益增强，"社会性的社会"开始逐步转变为"流动性的社会"（孙九霞等，2016），社会科学的研究范式也从以往的恒定性研究转向流动范式（林晓珊，2014）。流动性研究变成地理学、社会学、人类学等多学科共同关注的跨学科研究议题（孙九霞等，2016）。其中，移动信息技术带来的新"流动空间"（space of flows）（卡斯特，2006：466），成为流动性研究中重要的影响变量和充满潜力的研究领域。

以往对人的流动性研究，主要关注两个维度，一个是地理维度上的流动性，即社会成员呈现出的物理移动，涉及人－地相对位置的变动；二是社会维度上的流动，涉及社会成员的社会属性、社会关系以及阶层结构的位移变动。随着新信息技术的发展，虚拟世界中人、物体、影像、信息的流动脱离了肉身的束缚，地理和社会距离可以被实时跨越，高速流动的网络空间对地理流动和社会流动产生了巨大的影响（Boas，2017；Fortunati & Taipale，2017；Di Masso et al.，2019；吴越菲，2019），成为流动性研究关注的热点问题，但针对网络空间中人的流动，却鲜少被讨论。

然而，网络社会中人的流动，是一个重要的话题。不仅因为新的流动范式的研究核心是"人的流动性"，资金、技术、知识等要素流动的表现特征、作用机制与规律也都会随着人的流动发生相应的变化（孙九霞等，2016）；还因为流动是整个网络社会形态的本质特点和支配力量（Cresswell，2010）。在网络社会中，人与人联结的转移加速，不再依赖契约等强制秩序，而依靠更加复杂多样的内在机制（吴越菲，2019）。但目前对这些机制的探讨是不足的。卡斯特虽然是网络社会理论和流动空间概念的提出者，但他更关注信息和物质流动的加速所导致的对时间的压缩和对秩序的扰乱，并没有以人的流动为中心，阐释其流动的机制，以及对社会和网络社会产生的重要影响（胡海，2016）。

从现有的研究和论著中可以看出，人们在网络社会中的流动决策是基于自由需求和归属需求的权衡。网络技术无疑提供了流动的自由，它使得人们可以摆脱固定身份、拒绝承担对他人的义务和推持长久关系。个体可以隐匿自己的身份和实际存在形式，参与不受地方性条件和制度规定限制的网络活动，不必在乎自己的社会身份与社会地位，甚至不在意所在群体的关系制约和制度规范，可以进行随心所欲的动态建构与自由变换的自我存在状态展现（谢玉进、胡树祥，2018）。但另一方面，流动带来的脱嵌使得个体失去了扎根的可能，统一和大范围的认同机制逐渐枯竭，人们拥有了自由却失去了纽带，个体开始渴望群聚的集体生活。这种需求推动基于共同爱好和情感的关系网络的网络新部落逐渐形成，在这些共同体中，心理上的亲近和认同取代了地理上的亲近和认同，人们以一种新部落的方式彼此联结和共同生活（田林楠，2018），社会和生命再度回到麦克卢汉所说的"重新部落化"的阶段。

虽然网络中的新部落是一个自由和归属的两全空间，为四处漂流的孤独个体提供了暂时的归栖之所，令其获得暂时的安全感，同时能够无所牵系地离开，维护自己的自由（田林楠，2018）。但学者们也一致认为，这种部落中的个体间联系是脆弱和短暂的，相互认同是碎片式和不稳定的，成员流动是随意的。并且，他们"在一起"的同时也免除了个体彼此之间的责任和长期承诺（鲍曼，2002：110）。这些都导致了数字世界新部落的形成与消失具有更高的或然性与不确定性（王宁，2017；田林楠，2018）。

有趣的是，不同于以往研究所提供的流动规律，明星粉丝的情感部落却表现出更加长期的取向和相对较低的流动性，这显得格外异样与突出。粉圈指的是由许多粉丝个体围绕同一类趣缘对象（即共同感兴趣的偶像明星或文化产品）组成的趣缘群体（侯雨、徐鹏，2019）。同样是基于强烈的情感聚集在一起的在线情感星云（王宁，2017），粉圈却没有因为情感的易逝性而解体；大量成员虽然也在快速流动，但其整体的流动速度却被限制了。更重要的是，在流动的框架中，粉圈将集体情感转变为持续的社会动力，完成了群体情感的组织化；在其中的粉丝个体也并没有因为流动性而免除个体的义务和责任，反而形成了基于流动的自我管理和社会协作。以上现象都是现有理论难以解释的，也是其他新部落难以做到的。

（二）作为情感部落的粉圈：偶像忠诚与流动

情感部落是一种情感的实践活动，最本质的特征是"在一起"，这种"在一起"的社会关系具有神圣性和"集体感性"，比如线下的音乐会、泼水节、球赛以及数字世界的集体追剧、弹幕狂欢等。

由于对某个明星或文化产品的强烈情感而聚集在一起的粉圈，无疑符合情感部落的众多特征。第一，他们有着非常显著的群体情感驱动性（朱丽丽，2016）。粉圈的形成往往是因为明星的某个内容产品（如电视剧、舞台、综艺等）一时间吸引了大量有共同情感的网络用户，共通的情感使其联结在一起，形成"弥散同盟"（diffuse union）。第二，他人在场是我快乐的源泉，现场看球赛、狂欢节都是需要他人在场的，而追星如果成了个人行为，则会变得索然无味。大家追求"在一起"的感觉，他人的快乐构成我快乐的烘托，并对我的快乐形成强化，难以把个体的情感单独析出。

第三，情感在一个密集的空间中频繁互动，会产生情感共振并引发情感极化。第四，非定向的人在一起（the undirected being-together），个人与个人的情感链接未必要求交往方是熟人，但在场和亲近使得他们具有很强的群体成员感和群体责任感等。第五，集体性的情感会引发集体行为，比如集体换头像、做数据等，其动力不是来自理性选择，而是情感。第六，粉圈的消费虽然是一个个的个体完成的，却是有意识的群体性消费，而不是个体性消费。

但在另一方面，粉圈却呈现出不同于一般情感部落的流动性。学者们认为情感部落虽有强大的社会动力，但它是短暂与偶发的，其中成员的流动是迅速的。但是在其他的情感部落倏忽而来倏忽而去时（王宁，2017；王斌，2019），粉圈却往往从一个狂热的情感部落逐渐沉淀为一个横向链接的自组织社群。虽然其也面临着大量个体的不断流动，却获得了较长的生命周期，并且能够发展出一种较为持续和相对稳定的社会动力，推动明星及相关产业的发展，对社会也产生了影响（王洪喆、李思闽、吴靖，2016）。这是如何做到的？

关于这一问题，现有相关的粉丝研究所能提供的答案集中在后半部分，即粉圈是如何影响社会和产业的。早期粉丝研究主要关注粉丝作为内容的产销者，在文本消费的过程中，如何以自己的方式对文本进行解读、解构和重写，赋予文本全新的意义（詹金斯，2016）。现在粉丝研究则更加关注粉丝作为文化产业中重要的一环，如何反作用于整个文化产业经济链条，将自身的创造力转化为产业生产力（陈彧，2014）。另一个角度的研究则探讨粉丝文化对民族主义的影响（王洪喆、李思闽、吴靖，2016；刘海龙，2017）。这三类研究都不同程度地关注到了粉丝的能动性和参与性（蔡骐，2011；杨玲，2015）、社群形成的机制（王艺璇，2017b）以及新媒体对其的影响（侯雨、徐鹏，2019）、粉圈的动员机制（王洪喆、李思闽、吴靖，2016；朱丽丽，2016）。但这些研究都有意无意忽略了两点。一是粉丝对偶像的情感是所有活动和行动的起点，而目前的相关研究几乎将粉丝最核心的情感生活剥离在讨论之外，更多聚焦于粉丝的具体行动及其影响。二是现有有关粉圈的动员组织机制的研究忽略了粉圈中组织动员和社会协作的前提是建立在流动性的基础之上的。也就是说，粉圈的动员和行动并不是在同一群粉丝中完成的，而是在高速流动、不断进入与退出的不同的粉丝和粉圈结构中完成的。

因此，虽然近三年 C 刊关于粉丝研究的论文年均超过 100 篇，但仍有所不足。首先，大部分研究从青年亚文化或产业经济的角度来探讨粉圈问题，忽视了其对社会转型的启示意义。其次，研究多从恒定性的视角来探讨粉丝和粉圈，忽视了粉丝群体的流动性，这种忽视让以往的研究结论具有一定的局限性，比如早期的社群形成机制和文化生产方式在新媒体的结构中已经发生了变化；比如现有研究虽然展现了粉圈这种自组织巨大的动员能力，但几乎并未探讨粉圈组织的先天不足和巨大弱点。无论粉丝经济还是粉丝文化，粉圈这个自下而上涌现的组织的影响力并不是建立在稳固的结构和成员组成之上，粉圈在不断流动、不断更新，从结构到个体都是液态的。粉圈也并不是一个面目统一的组织，它的动员伴随着剧烈的冲突和不稳定，取决于成员的情感变化和部落的流动。粉圈想要有效地进行动员，必须面对高流动性这一根本困境。

故此，本文想要探究粉圈如何应对有效动员和高流动性这一根本矛盾。具体想要解答如下三个问题：情感在粉丝的部落流动决策中扮演了什么角色？集体情感是如何化为长期偶像忠诚的？粉丝的部落流动是如何被最大限度减缓的？

三　研究方法：网络民族志

笔者从 2018 年 4 月进入微博平台，前后经历了秦奋（2018 年 4 月 ~ 2018 年 5 月）、杨文昊（2018 年 5 月 ~ 2018 年 6 月），朱一龙（2018 年 6 月 ~ 2019 年 10 月）、王一博（2019 年 8 月 ~ 2019 年 10 月）四个粉圈，并在 2019 年 3 月 ~ 2019 年 10 月的 8 个月时间中长时间浏览晋江网友交流区（以下简称兔区）这一匿名的娱乐圈讨论区，总共进行了长约 18 个月的网络民族志研究。网络民族志是在虚拟环境中进行的针对网络及利用网络开展的民族志研究（卜玉梅，2012）。之所以采用这种方法，首先是因为粉圈的封闭性，其具有集体隐私，需要内部成员保守秘密（Maffesoli，1996；王宁，2017），对"局外人"有着非常强的戒心和不信任感，因此在社群进行资料收集时，通过问卷和访谈了解粉丝的数据和真实想法几乎是一件不可能的任务（王洪喆、李思闽、吴靖，2016），而网络民族志能够通过长时间沉浸式的在线参与式观察获取文化持有者的内部视野（卜玉梅，2012）。同时，詹金斯开创的"学者粉"（aca-fan）的研究思路也认可了学者作为"局内人"进行观察和研究的合理性和合法性（詹金斯，2016：275）。

笔者以一个匿名粉丝的身份进入微博，以外围观察者的身份在前两个明星的粉圈初步学习了一些"饭圈"①规范后，正式进入朱一龙的粉圈进行了较为深入的田野调查，最后进入王一博的粉圈进行重复验证。同时，笔者在兔区观察各方明星粉丝的发帖，并使用网络爬虫将兔区涉及粉丝流动（爬墙和脱粉）的近 3 万个帖子和 20 多万条有效回复全部抓取下来浏览，以对前期观察到的一些现象进行重复验证，保证结论的外推性。

　　在田野的 18 个月中，笔者早期与其他粉丝互动较多，后期由于资料逐渐饱和且已熟知饭圈的信息源，互动频率逐步降低，主要作为一个匿名潜水者进行观察和记录。为了收集资料的便利，笔者遵守饭圈规范，在不同明星粉圈的转换中，陆续开了三个微博账号，各关注了 300～500 位粉圈中各类型的活跃用户、意见领袖（KOL，也称"大粉"）、娱乐记者、内容行业 KOL 等，加入了多个粉丝的微博群、qq 群，持续观察其发言并与其对话。不仅如此，笔者前期和中期也完全沉浸式地参与了粉圈各种类型的网上活动，如数据分析、打榜签到、轮博、买代言、反黑、控评、洗广场、洗热搜②等，并追溯各个事件的参与方、行动动机、发展过程等，成为一个真正的和粉丝们有情感共振的"粉丝"。此外，由于笔者在线上并没有和大粉③发展较为亲密的私人关系，因此笔者在线下通过深度参与饭圈的学生的私人关系访谈了 R 明星④粉圈中的一些大粉（详细信息见表 1），以获取在线上无法获取的大粉未表露的私人想法。通过这些调研，笔者熟知了社群的每个概念、规范、特殊用语、特定仪式（孙信茹，2017）、日常活动和权力博弈。在田野后期，资料达到饱和，笔者也逐渐抽离，脱离了粉丝身份，对资料进行回溯、整理和分析。

---

① 饭圈和粉圈两个概念很多时候替代使用，但在不同的语境下含义有一些差异。在本文中，饭圈泛指所有追星的粉丝构成的圈层，不管喜欢哪个偶像，都属于其中一员；而粉圈特指某个明星的粉丝群体，A 的粉圈即指 A 明星的粉丝群体。

② 这些活动都是粉丝社群除了日常交互、内容生产之外常见的活动内容。其中，打榜签到是指在各种榜单上投票或签到等竞争性活动，赢家可获得主办方给予的户外广告，供粉丝宣传明星。轮博指多次重复性转发微博以冲高数据。反黑指举报对明星的恶意负面言论。广场指微博搜索相应人名或名词后出现的内容，洗广场指清洗掉微博搜索明星后可见的不良言论，清洗的方式是粉丝大量带关键词发原创微博，抵冲恶意负面言论。洗热搜是指微博热搜出现关于偶像的负面热搜后，粉丝通过拆词、改意、模糊重点或澄清等方式，大量发原创微博，以减少普通人见到明星负面信息的概率或频次。

③ 大粉：一个偶像粉圈中，拥有比较多同类粉丝且具有话语权和影响力的粉丝，属于一个粉圈的领导阶层。

④ 某明星，曾一度蹿红，但现在的热度已经较低（2019 年 12 月），其粉丝社群经历了两次大面积的集体脱粉。笔者尊重被访者的意愿隐匿了该明星的名字。

表 1　受访的大粉基本信息

受访者	性别	出生年份	教育情况	工作情况	粉圈地位
R‑AP	女	80 后	本科	民企	站子前线
R‑DD	女	1988 年	本科	事业单位	核心粉丝
R‑FF	女	1991 年	本科	民企	站子产出
R‑YY	女	1992 年	本科	国企	站子管理
R‑Jie	女	1992 年	硕士	媒体机构	站子管理
R‑FFEI	女	1992 年	硕士	民企	核心粉丝
R‑XS	女	1992 年	硕士	民企	核心粉丝
R‑SS	女	1997 年	本科	大学在读	站子管理
R‑XQ	女	1997 年	本科	大学在读	站子管理
R‑WW	女	1998 年	本科	大学在读	站子管理
R‑QQ	女	1999 年	本科	大学在读	站子管理
R‑SY	女	1997 年	本科	民企	站子管理

四　研究发现

本文提出"偶像忠诚"和"生产性嵌入"这两个分析性概念来探讨粉圈情感部落的流动。粉丝的流动主要分为两种形式：爬墙、脱粉。其流动受到多种因素的影响，但粉丝的情感卷入度是其中最本质、最重要的自变量，情感越强烈，粉丝的流动性越低。但个体情感是短暂的，短暂的情感如何转化为长期的忠诚？研究发现，粉圈有两条理性利用集体情感的路径：其一，粉圈内部发展起来的生产规范将粉丝对偶像的情感进行了自下而上的组织化，并将短期情感转化为较长期的偶像忠诚，减少了个体的部落流动；其二，流动的减少和生产协作引致粉丝个体的生产性嵌入上升，使粉丝对偶像的情感转化为粉丝之间的情感，这不仅巩固了偶像忠诚的情感基础，也进一步形成了个体流动的结构障碍。

（一）粉圈组织有效动员的根本障碍：高流动性

粉圈组织最初是由于粉丝之间进行情感交流而产生的。但正如韦伯指出的，一个组织一旦存在，就有着自我生产的动力，就会力图找到其继续生存的理由（周雪光，2013）。在微博这一社交媒体平台上，基于互动性和连接性以及大数据技术的发展，粉圈的大小、活跃度成为明星符号价值

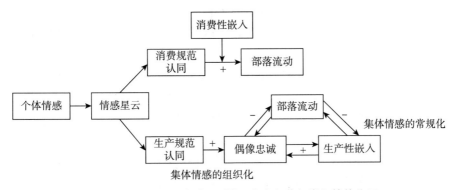

图1　偶像忠诚与"部落流动"：生产规范与嵌入性的作用

的重要组成部分，粉丝们也敏锐地意识到了这一点。因此粉圈的组织目标发生了质的改变，虽然其依然是情感交流的聚集地，但粉圈的动员和社会协作，如数字劳动、公益慈善、消费等，主要以再生产偶像符号价值为目标。

　　粉圈作为一个自下而上涌现的自组织，其动员组织能力得到多个研究的肯定，但每种组织模式都有其内在的缺陷，粉圈也不例外。粉圈作为一个结构松散的扁平化组织，没有明确的边界与稳定的组织结构和权威关系，其动员和协作既不是基于中央权威，也不是基于科层体制，而是基于情感的自愿联合。这既是其优势，也是其缺陷。虽然情感使得每个成员都是积极主动的参与者，但情感的易逝性、缺乏稳定和中心化的权力关系会导致粉丝快速流动、粉圈中的权力博弈反复发生，进而导致动员失效或组织力量空耗。

　　粉丝的快速流动对粉圈的组织规模构成了直接威胁，粉圈即使有着高效的动员能力，但如果组织规模不够，也难以形成影响力，更难以完成组织目标。以往组织研究中，流动性并不是影响治理和协作的关键因素，但在社交媒体的粉圈中，流动性才是最大的问题，只有在降低流动性的基础上，有效动员才有可能达成。

（二）粉丝流动的两种形式：爬墙与脱粉

　　粉丝流动作为粉圈的重要议题，贯穿粉圈整个生命周期。有较多的专有词语都和粉丝流动有关，如"跑路""赶粉""仰卧起坐""饭圈春运""退圈""在微博买房""入坑"……但最核心和通用的两个概念是"爬墙"和"脱粉"。"爬墙"指粉丝从一个明星的粉丝转变为另一个明星的粉丝。"脱粉"则指粉丝由于一些个人或者外界原因不再喜欢或者不想关注某一明星了，就会脱离粉丝组织而不再是他的粉丝（百度百科）。两个概念时有重合，都代表了一种情感的转移，有时甚至互为因果，但也存在差异。

首先，爬墙与脱粉的原因通常有所不同。爬墙最显著的原因是有了"新欢"。多数人追求新鲜，并喜欢一种"在一起"的情感体验，当一个暂时性的情感载体（如电视剧）结束，网络中的大多数人就开始寻找下一个情感部落。

> 其实很多爬墙就是图个热闹，好多人都是跟风追星，追的不是蒸煮本人，哪里热闹爬向哪里。（ID：7005687）

总体来说，年轻人更容易爬墙。对比 2018 年 8 月和 2019 年 10 月的艾漫数据，虽然蔡徐坤和朱一龙的粉丝群体的初始构成差异很大，但二者在 14 个月内都出现了一定的粉丝流失，且粉丝的结构变化呈现出一个共同点——18～24 岁年龄段占比显著下降，25～34 岁年龄段占比显著上升。这种占比的变化，并不是因为年龄大的粉丝人数的增加，而是因为更多的年轻粉丝流动出去了。

虽然脱粉也存在"情感厌倦"的因素，但最主要的脱粉原因通常是对原偶像或粉圈的不满。较为典型的几种情况包括：（1）明星出现负面新闻（违反伦理道德或者触犯法律，如酒驾、吸毒、出轨、私生活不检点等）；（2）明星公布恋情或结婚，令粉丝的情感投射失去合法性；（3）明星的事业没有进步，如长时间没有作品、不露面、接烂作品等，导致粉丝投射的理想自我得不到满足；（4）粉圈内部斗争或紧绷的氛围影响粉丝自己的情感体验；等等。

> 我们家饭圈警察太多了，狙这个狙那个好烦，我就看个剧评论一下，被发现了私信骂的哟，后来我就怒而脱粉，准备给我蒸煮花的钱也没花出去。（ID：7005687）

其次，爬墙与脱粉还存在情感变化的不同。一个粉丝爬墙并不意味着她不再喜欢原来的偶像了，她可能是替代性的喜欢（用 B 替代 A），也可能是并行性的喜欢（A、B 都喜欢），甚至可能在一段时间之后又爬回来（从 A 到 B，之后又放弃 B 回到 A）。并且，在并行性的喜欢中，粉丝也会界定喜爱程度的高低，表现出对某一个偶像较为长期的忠诚，对其他偶像较低的承诺，比如"我的墙头遍天下，但蒸煮/本命只有一个"（蒸煮（正主）/本命都指自己最喜欢的偶像）。脱粉则非常明确，是表示对原偶像的喜爱已经结束了。

此外，两类粉丝流动的方向不同。爬墙意味着粉丝在不同粉丝群体间流动，如从 A 的粉圈流动到 B 的粉圈，或者是依然停留在 A 的粉圈，但重建一个数字分身进入到 B 的粉圈。而脱粉的流动方向则不确定，粉丝脱粉后可能流动到其他偶像的粉圈，也可能停留在饭圈亚文化群体中但不进入任何特定的粉圈，也可能彻底脱离饭圈，流动到现实世界或者其他数字世界。

虽然粉丝们在初期会因为对某个综艺或者电视剧等内容产品的喜爱而迅速在社交媒体上形成情感部落，并在频繁的社会互动中产生情感极化，且情感的强烈程度会在短时间内达到高峰，但这种情感也会快速消逝——一般在内容产品结束后的一两个月就会自然消散，情感部落也会随之解体。追星的粉丝们对此也非常清醒。

> 奉劝各位艺人朋友们千万不要依赖粉丝，粉丝是相当薄情的，今天说永远爱你明天就跑了……演员粉大部分三月粉，白嫖多流动性大。比如一热播剧来了 100 个粉，如果你没后续，三个月后剩 30 个；如果一年内又有一部剧热播粉有 80 个，但这里面陪了你一年的不超过 20 个。（lzlife）

但相比于演唱会、直播、减肥群等倏忽而来倏忽而去的情感共同体，明星粉丝的情感部落整体表现出更低的流动性和更高的组织性，个别明星的粉圈更保持着长期的偶像忠诚和较低的部落流动。这是如何发生的？

（三）粉圈中的生产规范与消费规范

粉圈是自下而上涌现的自组织，其内部的规范是在网络技术影响和粉丝间长期互动中逐渐形成的。某个内容产品的出现会让个体产生较强的情感共鸣，并在微博平台上聚集。基于微博的粉圈与早期以天涯和贴吧为聚集地的粉圈在部落文化上有着明显的差异。虽然偶像所拥有的都是卡里斯玛权威，即靠自己的超凡禀赋得到追随者的拥戴和追随，但社交媒体给明星－粉丝关系带来了重要的变化。追星不再是粉丝对明星的单向情感抒发和仰望，由于社交媒体平台的互动性、消费主义的渗透、大数据技术的发展，他们之间的关系逐渐演变为三重关系的交互：带有自我投射的拟亲密关系；消费品与消费者的关系；明星符号产品与生产者（投资人）的关系。不同的关系带来的规范是不同的（见图 2）。

图 2　社交媒体环境中偶像 - 粉丝的三重关系

由于粉丝与偶像的情感往往发端于两性的性吸引力，粉丝通常将明星视为自己的"男友""老公"，因此现实社会中的两性伦理规范会映射在粉丝和偶像的关系中，对流动形成一定的制约。由于亲密关系的排他性，粉丝的情感越强烈，就越容易形成对偶像的单方面承诺与忠诚，进而导致其流动性降低。"爬墙"会让粉丝有一种出轨的愧疚感。例如当王一博在 2019 年 8 月成为热度最高的明星后，与 B 站上一个关于他的综艺视频中同时出现了坤音四子组合时，弹幕顿时充满了大量坤音四子前粉丝的忏悔："对不起，我出轨了""啊啊啊啊，感觉是捉奸现场""子洋，我就爬一会，等下就回来"等。

但情感是短暂的，如果偶像长期不出现在公众面前或没有新的内容产品问世，前期的情感就会逐渐消逝，粉丝也会渐渐流失。"时间长了，没新鲜感不很正常么，谈恋爱还有感情冷淡分手的时候呢，何况追星。"（ID：7133385）

除了拟亲密关系会对流动性带来影响外，基于消费者 - 消费品和生产者 - 明星符号产品的两种关系分别形成了消费规范和生产规范，二者对粉丝流动的影响逐渐超过了情感的作用。

1. 消费规范与认同

追星本是一种消费行为。在消费主义文化下，明星被视为娱乐市场提供的产品，而粉丝作为消费者，可以随意挑选能够满足自己情感体验需求的明星来喜欢而不受约束。

为什么会有人对爬墙有负罪感？我是粉丝，是消费者，是大爷，

懂吗……（ID：7066341）

追星本来就是一种消遣，至于吗？追星快乐为第一目标吧，还追出贞节牌坊了？（ID：6436574）

消费规范强调自目的性的情感体验，消解了偶像忠诚。在消费规范下，消费者的需求更重要，偶像是满足自己情感体验的工具。消费者只需要消费最终产品。至于产品如何被制造出来、作为产品的偶像有什么需求等问题，不需要自己操心，因为"哥哥比我有钱多了"。粉丝对明星的喜爱、对其内容产品的观看、对其代言产品的购买等，都是自己基于情感体验的消费行为，此时内容出品方、代言品牌方都是生产者，粉丝是消费者并享有消费者的权利（抗议、投诉、差评等）。一旦内容产品、代言品牌乃至偶像让自己的体验没那么好，就换一个——"拜拜就拜拜，下一个更乖"。

对消费规范的认同，会解除两性伦理的约束，消除愧疚感，加速粉丝的流动。饭圈用"三月粉"一词来总结粉丝的流动周期，意思是其热情一般只能维持三个月，之后就会流动到其他网络情感部落或社群中去。

在消费规范下，不仅个体流动速度快，还可能形成集体的快速流动。由于大家同属一个情感星云，粉丝在消费过程中也产生了联结，个体开始具有网络嵌入性，特别是一些具有内容生产能力的粉丝还能够凝聚一大批追随者。但由于缺乏偶像忠诚，这种消费性嵌入只会导致粉丝之间的情感联结逐渐加深，并不会导致粉丝对某个特定偶像的情感加深。此时，嵌入性反而可能导致更快速的部落流动：一个大粉的爬墙可能会导致其追随者一起爬墙，形成一种集体性的快速流动。

但随着粉圈的功能越来越生产导向，对于作为生产组织的粉圈来说，粉丝的部落流动越快，生产力越弱。因此，粉丝也自下而上地建构了明星－粉丝之间的新规范来形成偶像忠诚，约束彼此的流动，即生产规范。

2. 生产规范与认同

随着粉丝对娱乐产业商业规律的了解，越来越多的粉丝意识到自身的存在对明星发展的作用。粉丝通过集体劳动和集体消费，可以参与到明星制造的产业链中，对其偶像的符号价值进行再生产和扩大再生产，成为明星的生产者和投资人之一。从宏观来看，这也是粉丝通过对偶像的选择和制造，在市场上进行品位竞争，争夺审美的话语权并再生产群体审美的过程。

近年来开始有研究关注粉圈的生产功能（陈彧，2014；陈丽娟、吴丹丹，2019；李松，2019），但讨论并不充分。一些早期研究或多或少提到了粉丝的情感劳动或者粉圈的组织动员能力，比如王艺璇（2017a）提到粉圈作为一种传播媒介，能够为宣传偶像做出贡献。

但粉圈的生产功能远不止于此。粉丝作为数字媒体的积极使用者，受强烈的情感驱使而对偶像相关的信息进行极为充分的挖掘和理解。粉丝们越了解产业市场明星的制造流程，就越能从生产的角度考虑自己和情感部落长期存在的意义。她们能够意识到，粉丝的体量、活跃程度和稳定性在产业市场中通常意味着明星的商业价值。粉丝体量不足会导致明星"糊"。虽然短期活跃的粉丝能够给明星带来一定的关注度，但如果偶像忠诚建立不起来，粉圈的部落流动周期将会快于商业周期或是内容产品的制作周期，因此不足以支撑明星符号价值再生产。

> lyx 没后台，没什么好资源，就靠这些粉护着，粉很清楚，一旦粉跑路了对 lyx 意味着什么，当然你们肯定会说演员靠自己靠作品，但是如果去年八月有粉肯定是另一个局面，所以粉丝其实很敏感脱粉爬墙这种事情。（ID：6715186）

因此，粉丝们逐渐发展出一种自觉，她们意识到"消费的真相不在于它能带来享受，而是一种生产功能，并且消费同物质生产一样并非一种个体功能，而是即时且全面的集体功能"（鲍德里亚，2000：69～70）。但不同于鲍德里亚所说的"无意识"，粉丝们是有意识地、主动地进入一个价值生产交换系统。粉圈很早就有"通过消费来生产"的自觉，这一认识通过横向的链接和流动逐渐成为整个饭圈的一种共同知识。粉丝不再是一个个被放置在"粉丝经济"下的无知消费者，相反，她们出于对偶像的爱，觉得自己有义务支持和帮助偶像"走花路"，用情感带动劳动和消费，"为爱发电"，参与到明星制造的过程中去。作为一个群体，她们会主动深入地对粉丝经济的运作规律、大数据监测技术和社交媒体平台的规则进行反复试探和反向影响。她们对如何能够在现有的技术平台和商业体系下再生产和扩大再生产明星的符号价值有着深刻、自觉、敏锐的认知，并逐渐发展出一套生产规范。

在生产规范中，粉丝要将偶像的"需求"和"发展"放在自己的需求之上，一切行动都以偶像"更红"为目标。

> 喜欢和爱是不同的，爱他就要为他着想，把他的利益放在自己的

利益前面。（xxw）

在这种带有宗教性的情感中，粉丝牺牲自我，心甘情愿做偶像的"垫脚石"。以至心甘情愿地从事繁重的、没有经济回报的情感劳动，通过自我付出和牺牲，助力偶像事业。

> ……我存在的意义不就是做他野心的踏脚石么，我一厢情愿的……他要是什么都有了，我这一天天的氪金做数据干嘛……躺着舔颜不就完事了。（jww）

比如，同样是面对偶像代言的产品，消费规范下的粉丝会先考虑自己的需求；而认同生产规范的粉丝则会考虑代言产品的销量是偶像商业价值的反映，因此为了提高偶像的商业价值，会不顾自己的真实需求，过量、溢价地购买代言产品。在生产规范中，粉丝和出品方、代言品牌方的位置发生了逆转。粉丝们变成了卖方，出品方、代言品牌是她们的客户。因此，粉丝们会通过集体消费向"客户"提供所需的价值——更高的销量和网络声量。基于这一逻辑，粉丝们会放弃消费者的种种权益，比如投诉和表达不满的权利（周懿瑾、白玫佳黛，2021）。

> 我心甘情愿当韭菜，求多点金主爸爸来割，割完我还能长出来。（sbd）

同样，在生产规范下，粉丝为了有利于偶像的发展会部分放弃自己言论自由的权利，"谨言慎行"，不给"偶像招黑"。比如不随意评价别的明星以免两个粉圈产生摩擦；不发表对"金主爸爸"的不满言论以免影响偶像的商业合作；甚至在面对网络争吵时，即使自己本没有错，也会为了不影响偶像的声誉而忍气吞声道歉，或通过大量的公益捐款来发泄愤怒。

3. 情感卷入度对规范认同的影响

消费规范和生产规范并不是非此即彼，在饭圈文化的泛化下，几乎每个粉丝都存在这两种认同，二者形成一个连续光谱，每个粉丝的认同都可能是生产规范认同和消费规范认同不同比例的混合。不同个人特质、不同情境、不同阶段下，粉丝主导性的认同都可能会发生变化。如有些粉丝的自我意识极强，当他们自身的需求和偶像的需求一致时，他们愿意认同生产规范；但当两者矛盾时，他们会将自身的需求放在更重要的位置，从而认同消费规范。还有些粉丝早期进入粉圈时，消费认同较强，但在接受老粉丝的生产规训或者和其他明星的粉丝发生几次矛盾之后，则可能产生更强的生产规范认同；也有相反的情况，粉丝可能早期有很强的生产规范认同，但在不断付出并消耗情感后，后期更认同消费规范。粉丝个体对两种规范的认同度差异导致其对同一事件表现出迥然不同或自相矛盾的行动逻辑，这就使得外群体完全无法以单一的逻辑来理解粉圈的行动和粉丝的流动（见图 3）。

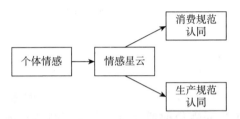

图 3　情感卷入度对规范认同的影响

消费规范认同是缄默的，但生产规范认同是需要培训的。总的来说，情感卷入的强烈程度会影响粉丝对规范的认同程度。当粉丝的情感卷入更强烈时，她们和偶像产生了更强的自我联结，从而倾向于认同生产规范，或者说此时她们会更加心甘情愿地受到生产规范的规训，不仅会降低自己的流动性，而且会"想方设法给自己挖坑"，降低未来的自己与其他粉丝的流动性。而当粉丝的情感卷入没有那么高时，则往往更认同消费规范，有更高的流动性，并对流动约束有着强烈排斥。比如粉丝对"本命"就可能更认同生产逻辑，并遵照规范进行大量的消费或者情感劳动，而对"墙头"大多"没那么 zqsg（真情实感）"，可能更认同消费逻辑。这两种认同导致粉丝对不同偶像的偶像忠诚和在不同粉圈中的流动速度有所差异——"蒸煮追了 10 年，墙头三月一换"。

（四）集体情感的组织化：生产规范与偶像忠诚

一旦强烈的情感卷入将粉丝导入生产规范认同，短暂的情感就会进入集体情感组织化的过程。一方面，对偶像的强烈情感会使粉丝全身心投入到偶像的生产过程中；另一方面，参与生产的行动又持续强化了粉丝与偶像的关系和粉丝对生产规范的认同。

在这个循环加强的基础上，生产规范完成了集体情感的组织化，使得粉丝的短期情感转化为长期忠诚（见图 4）。具体来说，生产规范通过四个机制将粉丝情感转化为偶像忠诚：①树立组织目标、升华情感；②引入市场竞争概念，建立内群体认同；③合理分工降低参与门槛，引导粉丝广泛参与生产；④增加沉没成本和流动风险感知。

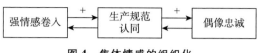

图 4　集体情感的组织化

1. 树立组织目标、升华情感

如前所述，粉圈的组织目标已经从情感聚集地变成明星制造的生产型组织，这一目标得到了大部分粉丝的认同。追星从享乐消费（hedonic consumption）转变为意义消费（eudaimonic consumption）。生产规范为粉丝与明星之间的拟亲密关系添加了责任感。

> 我是今年初恋追星，第一次真实情感地追一个比我小的偶像，特意开个号专门追星买代言反黑，只要空闲就刷刷有什么动态。但是他还没站稳，新的一批流量要出来了，必然会有影响。现在对他责任感很重，就算哪天对他没有爱意，也不会再追任何人。（ID：5145972）

但从享乐到责任的情感转换需要一定的条件。通常来说，对业务能力强、外貌优势明显且缺乏资源支持的明星，粉丝比较容易产生更强烈的情感和危机感，形成生产话语，完成情感的升华。

> 我本来只是想舔舔颜做个路人，但硬是被虐成了朱一龙唯粉，整天为数据秃头……（zwlkqfsj）
> 要粉丝死忠，美强惨是必要条件，资源咖没什么死忠粉，爱豆粉圈小死忠度更高点氪金比例高，在一定范围内付出越多越死忠……（lzlife）

生产规范对情感的要求，也使得粉丝越来越多地将初始基于占有的"两性吸引"升华为基于付出的"父母之爱"，导致越来越多的"妈粉"出现。不同于"女友粉"，"妈粉"对偶像的情感和付出是较为长期且很少强调回报的。有些常年混迹粉圈的粉丝明确意识到"妈粉"的增多更有利于偶像的发展。

> 虽然我很烦"妈粉"整天弱化蒸煮，但一个粉圈最好"妈粉"多

一点，她们对蒸煮没那么多要求，又护崽，肯花钱。"女友粉"和
"事业粉"别看鸡血，最容易反噬。（ssn）

2. 引入市场竞争概念，建立内群体认同

基于生产逻辑，粉丝会自觉地视其他明星为自己偶像的市场竞品，视
其他明星的粉丝为竞品的生产者。有一个典型表现可以凸显这种竞争意识
的增强：在贴吧时代，经常可以在 A 明星的贴吧看到 B 明星粉丝发的表示
友好的"外交贴"。但在微博平台上，此种"外交"行为是被强烈禁止的，
一旦出现，其行为主体就会受到其他粉丝的制止和反复批评："粉圈之间
没关系就是最好的关系！"

粉丝参与生产的过程中要直面与其他粉圈的竞争，需要为偶像打榜、
控评、刷数据排名等。这种比拼早期是由粉丝自觉主导，现在逐渐成为各
种平台胁迫粉丝、获取 KPI 的工具。但在一次次参与竞争的过程中，粉丝
和偶像无疑形成了更加紧密的联结，这不仅加深了粉丝对偶像的忠诚，也
强化了粉丝内群体认同。

> 腾讯开屏对上蔡家（指蔡徐坤的粉丝）、爱豆守护榜对上帝国
> （指 TFboys 的粉丝），我们都赢了，特别有成就感，这种感觉在自己
> 的生活中很少体验。当然，大家都这么努力是出于对哥哥（指朱一
> 龙）的爱，但也有很大成分是大家想赢，赢了强大对手的感觉太好了，
> 可以投射自己的成功渴求，其实说到底也是为了我自己。（wjshdrs）

> 对粉圈来说，打榜 pk 控评有时候就是一种团建，能提高粉圈士气
> 和团结。（R - SY）

甚至，一些粉丝，特别是有经验和有影响力的粉丝，会利用竞争性来
阻止可预期的部落流动。

> 大粉预计到未来可能有很多人会爬他家（一个新崛起的明星），
> 就先找个由头和对方粉圈撩一架（注：指网络争吵），粉圈之间有过
> 矛盾，很多人之后就不会爬他家，这也是防爆（注：阻止其他明星
> 红）的手段。（R - SY）

在这种竞争意识的进一步发展下，部落中的粉丝会开始要求对组织承
诺的排他性。更认同生产逻辑的粉丝会默认"唯粉""纯粉"（只喜欢该

明星的粉丝）才是对组织最为忠诚的粉丝类别，并排斥"双担"或者"多担"（喜欢两个或多个明星的粉丝），因为不排他的承诺可能导致较高的流动风险。这些道德要求也减少了粉丝接触其他偶像的概率，增加了忠诚度。

> 代表我家，我家不允许多担，必须唯粉只爱他一个，都是圈里的，都有竞争，爬墙狗别披我家皮……（ID：7139101）

3. 合理分工降低参与门槛，引导粉丝广泛参与生产

参与生产的行为可以让粉丝产生自我说服，持续强化粉丝对偶像的忠诚。粉圈虽然没有明确的边界，但同其他纵向组织一样具有组织目标、工作内容和分工。其特殊之处在于：粉圈组织在目标明确的基础上，分工和参与度却有着非常强的灵活性。再生产偶像的符号价值这一明确目标能够使松散的粉丝们凝聚在一起；而分工和参与度的灵活性使得粉丝们能够以不同方式轻松地、进出自由地参与生产，进而在最大程度上提高自身的生产参与。

粉圈主要有三大生产任务（见图5）。首先，在社交媒体上，粉丝要主动管理偶像的网络舆情，尽其所能及时澄清偶像的不实传闻、负面消息，引导大众对偶像的解读框架。为此，一个明星的粉圈一般都会设有"反黑组""控评组"，或者有一个大粉或站子专门负责危机公关，其要在每次出现舆情时制定应对策略并动员普通粉丝执行，普通粉丝有时候需要按要求发一些微博，更多时候只要按照大粉的要求进行点赞或评论即可。除了管理负面舆情，粉丝们也会承担正面传播的工作，只要明星有作品或露出，她们都会进行内容的再创作和再传播。这部分工作由"站子"和"产粮太太"主导，一些部落大粉为其扩大传播，普通粉丝进行转赞评。公益行动也是为偶像增加正面形象的方式之一，粉丝会大量参与。其次，粉丝们还会主动巩固偶像的网络热度。流量热度是明星成功的必要不充分条件。由于大数据技术的发展，明星的流量热度往往靠平台对大数据的抓取来进行评估。大粉或数据组会试探各个平台的数据抓取规则，然后指挥普通粉丝刻意在一些可见的数据上进行数据生产，比如寻艺签到、转赞评、微指数、超话排名等。在这个过程中，粉丝甚至会放弃自己的个人习惯和喜好，按照大数据公司数据抓取的规则来对自己的微博内容、数字轨迹进行重新生产。最后，粉丝还承揽了再生产明星商业价值的职责。这最直接地反映在粉丝通过有意识的集体消费来反向再生产明星符号价值的行为之

中。通过对明星推广和代言品牌的大量购买和溢价购买，粉圈利用集体消费反复向营销系统发送信号，证明该明星的投资价值，从而吸引更多更好的品牌与自己的偶像合作，再生产其符号价值（周懿瑾、白玫佳黛，2021）。因此粉圈中一般也设有"氪金站"或"氪金粉"，更甚者还有"销售粉"，努力推销偶像代言的产品。肯花钱的粉丝总是受到社群的尊重和欢迎，因为她们消费力的大小代表了部落生产力的大小，氪金粉也更容易成长为社群中有影响力的大粉。而普通粉丝通过晒单等简单行为，也同样能够高度参与这一部分生产活动。

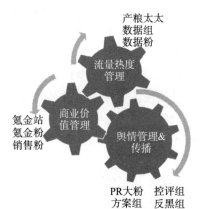

图 5　粉圈的主要生产内容和分工

这些工作内容涉及面广、参与形式多样、门槛高低有别，但基本上可以让每个人都参与进来。行动是形成自我说服的最好方法之一，粉丝参与偶像生产活动越深，粉丝和偶像之间的关系就越紧密，偶像就越"内化为自己的一部分"粉丝的偶像忠诚水平就会越高。

虽然一个粉圈对生产规范越认同，粉丝的偶像忠诚就越高，流动就越低，粉圈的生产动员能力就越强，但过于认同生产规范也会带来负面的效应。对成员的规训过于严苛会导致"军事化追星"，即粉丝不再是情感个体，而是功能化的生产性身体，其在追星的过程中会被太过繁重的情感劳动消耗，对偶像的情感快速消逝，这最终会导致粉丝的流动。对生产的过度认同也会使得部分粉丝过于激进，不断质疑其他粉丝的行为动机和忠诚度，导致其他粉丝感受到过于严苛的网络环境，失去自我，从而离开部落。

"粉圈只有 npc 没有活人"，一方面我必须承认这话说得没错，一方面又觉得很可悲。（xsj）

4. 增加沉没成本和流动风险感知

生产规范要求粉丝投入劳动、金钱到偶像的再生产中，大量的付出也增加了粉丝退出的沉没成本。

> 追星就跟投资似的，花过大钱就容易被套牢了。（ID：6862802）

由于意识到这种沉没成本，粉丝在作为一个生产者的时候，会更加谨慎，对风险也更加在意。相比于作为消费者时的随意和轻快，经过生产规范规训的粉丝会审慎评估"投资回报率"并选择更优质、更低风险的偶像。

> 我收一个蒸煮（注：指最喜欢的偶像）至少得做三个月的尽职调查才会评估要不要入手。（ID：66e9c309）。

具体来说，粉丝作为投资人，会要求偶像能够按照预期实现"对价"和"交易"，或者至少有能够实现的预期。如果她们预期偶像无法"履约"，粉丝的共识就会坍塌，大量粉丝就会"脱粉"或"爬墙"。

一般来说，偶像的"颜值""人品""业务能力""事业心""感情状况"构成了生产型粉丝判断一个偶像是否有投资价值的五个主要方面。粉丝可能因为一些内容产品对某个明星产生强烈兴趣，开始进入其粉圈，但她们在对这五方面考察一番之后，就可能被"劝退"，流动到下一个情感部落。即使已经成为某明星的粉丝，若偶像后来在这五个方面发生了退转，粉丝也可能会发生流动。其中，最典型的情况是偶像公开恋爱或结婚引发的大面积粉丝流动，此时粉丝的流动不仅是因为偶像摧毁了粉丝拟亲密关系的情感投射，更重要的是，在生产规范下，公开恋爱或结婚会严重影响某个粉丝对其他粉丝的流动预期，当粉丝觉得别人都会受此影响而离开时，她们也会对明星未来的事业产生较差的预期，从而发生流动。因此，偶像公开恋情往往会造成"女友粉"和"事业粉"的"双脱"。

> 我不是女友粉，不介意他恋爱，只要别被逮住就行，因为一旦公开，粉丝肯定就跑光了。（R－SY）
> 因为 R 公布结婚，令粉丝感觉到他不像粉丝想象的事业心重……客观而言，他的前途也会因为他的公开而影响深远……"他的事业大概就这样了"，当我认识到这一点后，就不再有什么期待了。（R－YY）

也就是说，当偶像的卡里斯玛权威存在合法性基础时，粉丝的沉没成本和作为生产者的谨慎都会减缓个体的部落流动，同时增加粉丝对偶像的个体忠诚。但生产规范也存在风险，当偶像的卡里斯玛权威合法性崩塌时，作为生产者的粉丝出于对风险的敏感性，反而会迅速降低偶像忠诚，导致部落流动大面积增加，粉圈动员能力受到重创。

（五）集体情感的常规化：生产性嵌入与部落流动

生产规范增加了粉丝的偶像忠诚，但依然存在风险。粉丝对生产规范的认同和对偶像的忠诚都基于偶像的卡里斯玛权威。韦伯指出，卡里斯玛权威存在着内在的不稳定性和延续的困难。一旦偶像的卡里斯玛权威合法性减弱，生产规范反而会引发粉丝的大面积流动。

因此，粉丝的集体情感还需要一个常规化（routinization）的过程。在这个过程中，生产性嵌入起到了关键作用。在缺乏制度赋予的强制权的情况下，粉圈想要驾驭粉丝流动，除了依赖生产规范下的粉丝认同管理，还要依赖粉丝之间有效的人际关系网络。这是一个将超凡个人魅力（对偶像的爱）转移到日常个体情感互动中（粉丝之间的友情）的过程。社交媒体为粉丝之间形成关系提供了便利，同时生产规范所带来的偶像忠诚使得部落流动减缓，且生产过程中必不可少的协作增加了粉丝个体在部落网络中的嵌入性。对偶像的情感进一步转移到粉丝之间日常的情感互动上，减少了卡里斯玛权威的内在不稳定性，将粉丝对偶像的情感进行了"常规化"，使其成为个体流动的结构性阻碍，进一步稳固了偶像忠诚的情感基础，减少了部落流动（见图 6）。

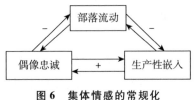

图 6　集体情感的常规化

生产性嵌入是指粉丝因为生产协作，通过线上线下交互被嵌入到粉圈组织的联系网络中，这些联系的强弱影响着成员的决策和行为选择。不同于只是基于情感体验而形成的消费性嵌入，生产性嵌入除了情感联结之外，也是为了更好的生产协作（线下应援、催数据、打榜集资、内容制作等）而逐渐形成的。生产性嵌入通过三个关键因素将集体情感常规化：①在网络中的成员与他人或其他活动的关联程度，即虚拟联系。②成员通过网络感知到自己与所在虚拟社区的匹配程度，即虚拟匹配。③在虚拟组织中，各种联系的易中断程度或离开虚拟组织和社区需付出的代价或做出的牺牲，即虚拟牺牲（朱耀东、颜士梅，2009）。

1. 虚拟联系

在虚拟网络中的成员与他人或其他活动的关联程度，即虚拟联系。以微博平台为主要阵营的粉丝们通过微博群、超话、微信群聚合和联系在一起。个体粉丝出于获取信息和情感共鸣的需求，会在偶像的超话中与粉丝群进行互动交流，并扩展自己的关注列表。外界与偶像相关的舆情事件、社群内的内容产出，都会让粉丝之间形成越来越频繁与紧密的联系，使得个体无限嵌入于粉丝群体的联系网络之中。这一方面使得粉丝更容易接触到偶像的信息，另一方面提高了偶像信息的可得性，哪怕后期粉丝在情感上出现了一定的倦怠，高信息可得性也能够不断唤起粉丝对明星的情感并培养其行为习惯，使偶像的粉圈成为粉丝个体的网络避难所。与消费性嵌入的不同之处在于，生产性嵌入往往发生于同一个偶像的粉丝之间，并"自愿隔离"其他偶像的信息，而消费性嵌入没有这种限制，这也导致生产性嵌入往往能增加偶像忠诚，但消费性嵌入反而可能消解偶像忠诚。

> 其实时间长了我对朱一龙都不太关注了，物料就是礼节性转发一下，但因为之前关注的都是他的粉丝，每天打开微博首页都是他，而且他的粉圈太好玩了，有几个大粉特别有意思，我很喜欢，所以就一直粉着（朱一龙），数据看到了也会顺手做一下，没想跑路。（sgy）

在粉丝的联结过程中，有些粉丝因为其突出的内容产出能力（明星行程拍摄、图片 PS、视频剪辑、文案写作等）和判断决策能力（舆情解读和应对，情绪引导等）逐渐成为社群的核心，拥有大量粉丝，俗称"大粉"。她们处于粉圈的最高阶层，拥有较高的粉丝社会资本，能够主导粉丝规范。这类粉丝的虚拟联系非常高，一举一动都受到其他普通粉丝以及社群外部人的关注。

AP 是 R 明星的知名粉丝站的管理人员，在粉丝中具有一定的话语权和影响力，她坦言："有时候作为大粉，你说一句话就能引起很多人关注，在粉圈有时候确实会因为这种关注有一种莫名的优越感和满足感……而且这种感觉会上瘾。"

此外，最核心的粉丝可以提前获得许多与明星有关的信息和资源，甚至与明星经纪人取得联系。

　　　　凭借着多年追星的经验，我与几个志同道合的朋友一同开了他的
民间宣传站，甚至和他的经纪人都取得了双向联系，有时候他的经纪
人会向我问询他的粉圈情况。（R - SY）

　　粉圈的部落规模越大，粉丝间的虚拟联系就越多，大粉能够动员的社
会资本也越多，这让许多核心粉丝不愿意轻易放弃自己的粉丝身份。
　　即使是普通的小粉丝，也会在追星过程中和很多同好结成朋友关系。
她们在微信群或是微博群中每天分享的不光是偶像的信息。随着时间的流
逝，粉丝之间的自我表露会越来越多，从原先的某明星粉丝的身份，逐渐
具化为一个个鲜活的个体，聊工作、婚姻、孩子、八卦……相互之间也会
打破现实的行业壁垒，互帮互助。一般来说，粉圈越大，网络规模和密度
就越大，网络的异质性也越强，粉丝间的联系强度也更高、互惠性也更
强，进而个体粉丝获取的价值感也越强，流动性也越低。

　　　　搞 TOP 真的很爽，圈里产粮速度好快，每天躺着吃粮（指看到粉
丝关于偶像的内容生产，如视频、漫画等）……粉丝素质又高，每天
学到好多东西。

　　当虚拟联系越来越多，对偶像的爱转化为粉丝之间的情。即使对于偶
像没有那么喜欢了，"姐妹情"也会减少粉丝的流动；反之，"姐妹"的流
动也会互相影响。

　　　　我恨 R 公开（结婚生子）并不是因为我是女友粉，其实我们大粉
早就知道了。我恨他是因为本来小姐妹间自己玩得很开心，他执意要
公开，打击了整个粉圈，小姐妹都伤心得散了，我们再也找不回原来其
乐融融的"家"了……好多人脱粉都是因为好朋友脱了，自己就跟着脱
了。（R - SY）

2. 虚拟匹配
　　虚拟匹配是指个体感知到的自身与组织环境的相容性与在组织中的舒
适性。如果粉丝觉得自己与部落是相容的，就会减少流动。

　　　　我挺喜欢王一博的，也买他的代言和杂志，可是感觉他粉圈都是
小孩，我这种老阿姨不好意思在里面混。（sgy）

此外，粉圈是一个横向有机连接的组织，粉丝之间的异质性很强。如果粉圈在形成过程中生成了良性的分工合作，粉丝就会各司其职、相互鼓励、互相提供价值，并各有收获，体会到情感部落的舒适性。

> 反正在笼屉（注：指朱一龙的粉圈）永远不空虚永远有好看的好玩的，简直超值，我圈神奇。（afdzyjth）
>
> 我很大一部分原因是因为朱一龙的包包们才入坑的。（zyxjls）

但是，在部落的发展过程中，如果粉丝的领导阶层并未明确，或者人手不足、经验不够，就比较难实现有效的虚拟匹配。常见的情况如，后援会的人以权谋私，只放和自己关系好的粉丝进入，而将其他有能力的人排除在外；数据组没有及时招新，或者对平台数据规则理解陈旧，或者在挑选打榜项目时选择了吃力不讨好的榜单，产粮太太一直得不到鼓励和重视；大粉在规范引导上有不同见解和矛盾引发大面积争吵；等等。这些都会导致大量粉丝感到有力无处使，影响粉丝的热情，造成粉丝的流动。

此外，大粉会有意识地调整部落氛围，有选择性地和阶段性地履行生产功能，增加部落乐趣，让粉丝感受到更好的追星体验。

> （明星）刚火的时候啥都要做（指做数据），这时候大家积极性高人也多，众人拾柴火焰高，等有了第一个第二个商业合作，开始氪金，对商家热情，几个月后进入平稳期，不再有多少新粉进入，粉圈也是倦怠期，就只做性价比高点不浪费时间的，应该相对自由玩耍不再草木皆兵喊打喊杀，保持饭圈有趣值活跃度。饭圈所做的是顺应发展，锦上添花，真正靠粉圈扶起阿斗是不可能的。（lzlife）

3. 虚拟牺牲

在虚拟组织中，各种联系的易中断程度或离开虚拟组织和社区需要付出的代价或做出的牺牲，即虚拟牺牲。由于放弃粉丝身份而丧失物质、心理等方面的利益会减少粉丝的流动。

粉丝脱粉或爬墙等于放弃了自己的粉丝身份，虚拟牺牲较大。首先，粉丝文化拥有 Gelfand（2011）凝练的紧文化的"核心要素"：较强的社会规范和对偏差行为的较低宽容。如前所说，生产性嵌入的粉丝都跟同一个偶像的粉丝交往。这种紧密依赖和群体同质性让部落有较高水平的同质性、群体性和集中性。与此同时，社会规范的强度也更高，对偏差行为的容忍度更低。

部落一般会强调"已开始追星了就肯定要守好规矩"（ID：7183482）。这些"规矩"实际上多是为了更充分地发挥生产功能而逐渐设置的。粉丝一旦爬墙和脱粉，通过较长时间经营而从"小姐妹"身上获得的融洽感、受承认感、受尊重感、安全感等主观情感收益也将丧失，还会受到一些部落激进粉丝的攻击和辱骂。而其他普通粉丝即使不会直接对其表达不满，也会在群里或自己的微博上对其进行负面的评价，导致双方双向取消关注、互动骤降。尤其是对于一些大粉来说，剥离粉丝身份就意味着放弃在这一粉圈内使用的账号，换言之，在某一明星粉圈内获得的社会资本与象征粉丝身份的账号是紧紧绑定的，一旦流动就会丧失。更重要的是，离开的粉丝想要回到原来的部落，就很难被再次接纳，这些因素都在一定程度上限制了粉丝的流动。

> 爬墙回来，发现回不去了……转自己家东西都转不动，然后在群里被排挤……我平时以前也不高调，也很低调的，我就想说一个边缘小散粉而已，想要重新融进去怎么这么费劲呀？有点像谈恋爱出轨的，即使回头，对方也很难有信任感了。（ID：6859686）

粉丝对偶像的情感是不可能得到偶像的回应的。没有回应的情感生命周期较短，但通过生产性嵌入，粉丝对偶像单方面的爱逐渐转化为粉丝之间的情感互动，集体情感转移到了更加稳固的情感基础之上，粉圈完成了集体情感的常规化，并构筑了退出壁垒，进一步降低了个体的部落流动。生产规范认同带来了粉丝对偶像的忠诚，而偶像忠诚促进生产性嵌入并减缓部落流动，生产性嵌入进一步降低部落流动，增加偶像忠诚。偶像忠诚、生产嵌入、部落流动三者形成了循环三角。

（六）四种类型的偶像忠诚与部落流动

粉圈的粉丝们并不是面目统一的，即使经过集体情感的组织化和常规化，也只是形成一种整体上相对较慢的流动速度。而由于生产规范的认同程度和嵌入性的差异，不同类型的粉丝们会因为不同的原因离开部落，呈现不同的偶像忠诚和流动表现。

根据规范认同类型和嵌入性高低水平的不同，可以将粉丝的偶像忠诚分为四种类型，不同类型的忠诚导致的粉丝流动速度和表现有显著差异（见表2）。

表2　四种类型的偶像忠诚及其流动表现

	高嵌入性（高嵌入性，高退出成本）	低嵌入性（低嵌入性，低退出成本）
生产规范认同	1. 粉丝类型：大粉、活跃核心粉丝、产粮太太 嵌入：生产性嵌入 流动性：存在偶像忠诚，流动意愿低且约束性高，流动性最弱（以年计） 流动仪式：如果脱粉或爬墙会有很强的仪式性，黑头像/关站声明/注销 流动原因：做错事受到攻击，付出超过承受力，偶像的错误行为（女友、事业），群体内部斗争导致退圈，倦怠 流动后：非常痛苦（如同失恋），或者至少要痛苦一段时间	2. 粉丝类型：散粉 嵌入：生产性嵌入 流动性：存在偶像忠诚，流动意愿低。 流动仪式：无，或是换小号 流动原因：新人的吸引力，偶像的错误行为，对偶像的热情冷却而姐妹情还没有建立起来，粉圈的动员力不足导致组织认同弱，粉圈内部斗争导致情感倦怠 流动后：不痛苦，较快乐
消费规范认同	3. 粉丝类型：多担大粉、画手等，爱意消退的大粉 嵌入：消费性嵌入 流动性：流动性较高，但受约束 流动仪式：没有仪式，换皮/小号 对抗嵌入性的策略：事先声明属性、吸引消费认同的粉丝；不参与粉圈斗争，以免卷入其中；不单独与某一明星的粉丝有过多和过长时间的联系；证明自己影响力的来源 脱粉原因：新人的吸引力，遭受攻击，偶像的错误行为，利益（卖号） 脱粉后：不痛苦，有痛苦也是源于被粉丝攻击	4. 粉丝类型：散粉，路人 嵌入：没有嵌入性 流动性：流动约束性低，流动性最高，但同时也很难享受到最新的信息和友情 流动仪式：无 脱粉原因：新人的吸引力，热情冷却，信息的可获得性等 脱粉后：完全不痛苦，很快乐

1. 生产规范认同、高生产性嵌入的忠诚

这类粉丝在社群中的生产性嵌入非常高，通常是部落的大粉、活跃核心粉丝和一些产粮太太，她们通常极为认同自己的生产者身份，认为自己的存在可以帮助到偶像。这类粉丝对偶像的忠诚度最高，部落流动意愿最低。

这类粉丝不仅自己的流动约束非常强，还会发挥主观能动性尽量约束其他粉丝流动。一是不断对明星的信息进行二次加工和解读以唤起粉丝情感；二是反复强调生产规范的话语；三是鼓励成员多付出以增加行为惯性和沉没成本；四是运用内外群体差异构建组织认同。

但她们也存在流动。有两大类事件会导致其流动。一是明星出现了过失。负面新闻或者结婚生子的消息都会对粉圈造成震动。当这种过失严重影响了粉丝的自我投射或理想关系投射时，大粉会选择离开，但她们的流动性远低于嵌入性低的粉丝，通常她们会经历一个较长时期的"否认期"，甚至还会想方设法重建与偶像关系的合法性，并通过"写小作文"的方式

利用自己的影响力挽留散粉，直到最后发现"骗不了自己"，才选择离开。

第二种更为常见：权力斗争导致的流动。传播能力和影响力本身就是一种权力，在生产规范下，一个大粉所能调动的资源极为可观，一个较大粉圈中的大粉的影响力和互动数甚至会高于一些小明星的微博。因此，粉圈中的不同派系和大粉的权力博弈极为常见，她们之间的合纵连横和政治斗争，往往才是造成大粉流动的主因。在博弈中，虽然维护的力量和排斥的力量相互缠斗，但有些大粉难以忍受这种复杂纠缠而选择了主动退出。有些大粉之间会抱团，盯住某个她们讨厌的或者威胁她们话语权的大粉，找寻她的错处，当她的某些行为失当或决策失误时，这些抱团的大粉则会借用生产规范引导粉圈的普通粉丝攻击这些有失误行为的大粉，迫使其不得不做出脱粉或退圈的选择。她们的失误可能不一定是有心的——比如意外成为两方粉丝斗争的焦点人物，或者因为切错号、说话不严谨触犯了粉圈文化的禁忌等——但的确因为其影响力太大而给社群带来了危机，最终被社群驱逐。在笔者的观察期内，朱一龙粉圈的大粉已经流动了好几次，早期的有影响力的大粉逐渐退出或淡出，只有少数几个生存了下来。有些人从一个拥有 10 万粉丝的大粉，一夜之间变成部落大多数人唾弃的个体，这种情况也并不罕见。

大粉的流动往往伴随着巨大的心理痛苦——个体的能动性和自主性被生产规范紧紧束缚，情感的真挚性反而变成他人攻击的武器。同时，因为大粉的嵌入性高，流动给她们带来的成本损失非常高。这都会导致她们的离开如同一次自我的重新组织。也因此，她们流动时通常会进行一系列约定俗成的仪式，以完成对旧的数字自我的消解。首先，出一则声明告知离去意愿，并说明原因。即使是因为喜欢了其他的偶像，也一般会用一个大家比较容易接受的原因，比如精力跟不上、做错事谢罪等。其次，有些大粉会进行致歉，有些则会发出最后的声讨。之后，其微博头像变成黑色，清理粉丝，更甚者可能会直接注销微博账号。这既是表明对旧的数字自我的抛弃，也是在遵守饭圈的规则。因为大粉在社群中获得的话语权和影响力往往是由明星带来的，因此当其要离开时，当然就不能把这些影响力带走为其他明星服务，这一做法相当于公司防止员工离职时带走客户名单。在生产规范下，粉丝自身的主体完整性被强制割裂了。

也有些大粉并不遵守这一规范，舍不得原有的账号，爬墙后依然使用原微博账号。在这种情况下，社群的其他大粉就会广而告之并号召其他粉丝取消关注该用户，并不断对其言语攻击，表达对此人的厌恶。不管是被社群抛弃，还是喜欢上其他明星，大粉的流动是单向的，即使自身有回流的欲望，粉圈也不会再接纳她们。

> 如果你是个大粉，你就要知道你爬墙之后，粉圈就把你挂黑名单了。（ID：7005687）

2. 生产规范认同、低生产性嵌入的忠诚

大粉是一个粉圈的少数，更大量的粉丝是一些普通的、嵌入性没那么高的粉丝。这些散粉虽然在部落中没有太大的话语权和影响力，但她们活跃在部落的各个角落，构成了部落的主体。

这类粉丝认同生产规范，但生产嵌入性并没有那么高。她们可能只有几个关系较好的小姐妹，在部落中属于"小透明"；也可能属于被粉圈主流所排斥的小群体，比如"泥塑粉"①之间形成的小群体。虽然较少有强制性的外力对其进行约束，但她们依赖生产认同和"同担小姐妹情"进行着自我管理和互相监督，本身的流动意愿并不高。

> 我就是朱一龙的不动产，我的钱都给拢龙……哪天不喜欢了，也不会喜欢别人，直接退圈。（hgdlbn）

这些粉丝的流动往往出于四个原因：一是新人的吸引力；二是偶像出现错误行为；三是粉圈内部斗争导致脱粉；四是情感劳动过于繁重消耗了爱意。

她们的流动仪式比较简单，一般是出于礼貌②。爬墙的粉丝会"双了"（双向取关）前粉圈的朋友，然后继续使用原账号；也有些人会换号爬墙；但极少有人会注销账户和移除粉丝。她们这样做的原因也和大粉换号的出发点不同，普通粉丝流动的仪式多出于礼貌，并希望留下能够回流的余地。

3. 消费规范认同、高消费性嵌入的忠诚

认同消费规范且具有较高嵌入性的粉丝是高消费嵌入的大粉，她们大

---

① 泥塑粉（逆苏粉）指将偶像的性别和自己的性别进行倒错，虽然自己是女性，偶像是男性，但以男性审视女性的视角来审视偶像和表达对偶像的爱。

② 粉丝一般会发很多关于偶像的日常，如果有互关的粉丝爬墙了别的明星并发别的明星相关的微博，有些粉丝会认为"在我爱意正浓的时候把别人的美图发到我首页，我觉得被冒犯了"。虽然有些粉丝也不介意，但一般出于礼貌，爬墙的粉丝会提前询问或是直接"双了"。如果她不这么做，还留在前粉圈的朋友也会把她"双了"。

多拥有多个偶像，有自己"吸粉"的技能，比如本身是意见领袖、知名画手、修图博主或者"剪刀手"（视频剪辑）。这类粉丝能够意识到偶像忠诚的作用，但只有较低的偶像忠诚。追星是其自我表达的一种方式，自己的需求才是第一位的，"没有爱意当然就会离开"。当对偶像的消费与生产处于一种激励相容状态时，她们愿意部分遵循生产规范，但不相容时，她们并不认可自我牺牲的做法。她们的消费嵌入性表现在虚拟联系很强，但会刻意不让自己的虚拟联系局限在某一个粉圈。她们的流动意愿较高，情感高昂时就会为爱发电，不喜欢了或者有新人出现时也流动得很干脆。

因此，这些粉丝流动时一般没有仪式，也不会销号或者换账户。而且为了流动的自由，这类粉丝在早期就会发展出一套策略来抵抗生产性嵌入带来的约束，以避免身份认同的固定和增加选择的开放性。比如进入部落时就事先声明自己是"多担""三月粉"，如签名档或者置顶微博就表明自己"不混粉圈，心系整个娱乐圈，墙头遍地，不要按头我是谁的粉"等，并在和粉丝互动过程中反复强调自己的消费认同；不参与粉圈斗争，以免卷入太深；不单独与某一明星的粉丝有过多和过长时间的互动；微博内容多样化，而不只是发某一明星的内容；通过多种方式证明自己的影响力是自己的能力所获取的，而不是明星赋予的；面对部落中极端粉丝的攻击，她们会选择反击和澄清……

4. 消费规范认同、低消费性嵌入的忠诚

这类粉丝往往是部落边缘的散粉或者是对偶像有些好感的路人。她们对偶像的好感往往是基于某个内容产品，对偶像本人可能没有太大兴趣，大部分人也不能理解生产规范，和部落其他人没有关联。她们对明星的喜爱和消费很大程度上受到信息可获得性的影响，没有偶像忠诚。这类粉丝的流动意愿高且流动约束低，其流动性最高，来去自由。

> 现蒸煮基本上爬墙不脱粉吧，solo追星，不加群也不交什么同担好友，有谁舔谁还是很快乐的，也是按需氪金。

她们流动的原因非常多样化和偶发性，如明星信息的可获得性、新人的吸引力、谣言、工作忙等。她们往往是三月粉、剧粉的主要组成部分，虽然在数量级上往往是占比最大的部分，却也是流动最快的部分。

五　结论

本文引入偶像忠诚和生产性嵌入的概念，分析了粉圈将集体情感组织化和常规化的过程。通过以上的分析可以看到，粉圈组织的有效动员存在一个根本性的障碍：粉丝的高流动性。为了降低流动对粉圈生产力的负面影响，粉丝们自下而上形成了生产规范。通过生产规范建立的统一的组织目标将粉丝的情感逐渐升华，同时，对竞争概念的强调和参与门槛的降低，使得粉丝们的集体情感被有效地组织起来，成为一种生产力量。生产的行动又反过来加强了粉丝们对偶像的爱，短期情感被沉淀为长期的偶像忠诚，降低了粉丝的部落流动。同时，偶像忠诚增加了粉丝们的生产性嵌入，通过嵌入粉圈，粉丝之间形成了基于生产和情感的关系网络，频繁进行日常的生产互动和情感交流。粉丝对偶像的情感被常规化为粉丝之间的情感，进一步稳固了偶像忠诚的情感基础，并大大提高了退出成本，使得部落流动降低。综上所述，通过集体情感的组织化和常规化，粉圈这一情感部落控制了高流动性给有效动员带来的影响，将短暂的集体情感转化为一种较为持久的社会动力。

本研究有如下贡献。

第一，以往对人的流动性的研究首要考虑的往往是经济、社会分层等理性因素的影响。但在网络社会中，特别是在情感部落中，人的流动的主导因素却是情感，这是以往流动性研究中较少探讨的影响因素。此外，在网络社会中，人的流动性约束并不是基于强制力，而是基于认同的自我管理。可以看出，生产规范认同的粉丝和消费规范认同的粉丝有着不同的流动决策。生产规范认同的粉丝流动在形式和内容上都类似于企业员工的流动；而消费规范认同的粉丝流动则更接近网络社会的自由流动。并且，网络社会中的流动也并非随意而轻便的喜好变迁，而同样会涉及自我的重新建构，比如数字自我的消解和重建。这些都说明网络社会中人的流动和地域社会中人的流动既存在映射，但又有很大差异。这些探索有助于流动理论的丰富和完善。

第二，粉圈作为一个典型的情感部落，创造性地对非理性的情感进行了理性的利用，通过生产规范和嵌入性形成了对粉丝流动的约束。在这个过程中，粉丝原来的享乐情感转变为道德情感，原先自目的性的个人娱乐消费变成了工具性的集体消费，服务于"明星制造"的部落目标。这一有别于其他情感部落的实践对于该领域的研究有一定的丰富和推进作用。

　　第三，从组织学的角度来看，本研究展现了粉圈独特的组织机制。其一，本研究揭示了粉圈这一看似强大的自组织的天生弱点。目前大多数研究都在探讨粉圈的优势，但粉圈的组织动员存在很大的偶发性和不稳定性，受到人员流动和权力流动的根本威胁。生产规范和嵌入性虽然缓解了这一困境，但粉圈的生产规训伴随着的情感极化很多时候会走向极端，给青少年粉丝带来一定的身心伤害。这一极端化的问题是粉圈自组织无法克服的天然缺陷，还是可以用理性规避的瑕疵？这一问题需要进一步探讨。其二，粉圈的生产规范和偶像忠诚的教化，既不像帝国时代那样通过寓于日常生活中的仪式象征和道德约束来进行，也不像中国国家制度一样建立在一个严密组织的官僚体制中（周雪光，2013），而是建立在以情感为核心的互动与生产行动之中。通过情感共振、有意识的情感调动和惯常化的生产行动，粉丝对偶像的情感沉淀为自我的一部分，同时也嫁接在同伴情感和群体归属之上，从而形成一种自我管理和相互监督。其三，偶像作为一种卡里斯玛权威，在粉圈中经历了从超凡禀赋的个人魅力转化为较为稳定的粉丝间情感的过程。以往研究认为，卡里斯玛权威的形成、支配形式、常规化过程都是自上而下进行的（周雪光，2013）；但是偶像却是自下而上被授权的卡里斯玛权威，其常规化也是一个自下而上的过程。粉丝是主动建构者，偶像在一定程度上成为被动和顺应的接受者。偶像虽然用个人魅力将粉丝们凝合起来，但他难以完全掌控粉丝对其话语的创造性解读，更无法完全掌控群体的行为。不管偶像是否愿意，粉丝们发展起来的生产规范也反向、强行地塑造了偶像，如果偶像"反抗"了生产规范，粉丝的偶像忠诚也会随之减弱，发生大面积的部落流动。这种自下而上授权的支配形式不仅体现在偶像身上，也体现在部落大粉身上。大粉虽然拥有较大的权力，但其权力的授予也是自下而上的，当大粉违背了生产规范时，粉丝会迅速取消关注，从而导致粉圈中权力节点的快速流动。可以看到，整个粉圈是"对下负责"的组织机制，这和以往所研究的组织样本存在较大的差异。基于以上三点，本研究为组织学的相关研究呈现了新的样本，有利于进一步的研究和对比。

　　第四，本文为粉圈如何在流动的框架中实现社会协作提供了一定启示。生产规范和生产性嵌入不仅减缓了粉丝的流动，也为粉丝们的社会协作提供了基础。粉圈是一个边界模糊的自组织，虽然有流动约束，但相对于地域社会，其流动的实现依然是快速和容易的。流动总在发生，粉圈结构也总在变化，但生产规范却是稳定的。这确保了不论流动性高低，粉丝的情感动力都朝着同一个方向转化，"没有人可以一直陪着他"，她们的协作是一种在规范认同基础上的自我管理和"火炬接力式"的合作。这一发现为流动性社会的协作提供了新的路径。

第五，本研究提供了青年群体在社交媒体环境下参与文化产业生产的动机、心理转变及其相应的组织机制。但其心理动因和行动逻辑并不仅限于文化产业内，而在一定程度上反映了青年人在网络社会中的整体社会心态。他们有着强烈自主性，想与文化产业的资本争夺权力，想要参与审美的立法。通过"造星"这一载体反映出来的，是青年人在网络社会中想要改善社会和重塑规则的心理。但这一心理需要引导，特别需要偶像的以身作则，否则强大的力量也可能变成破坏的力量。

本研究的局限在于，所探讨的粉丝都是基于自我意愿和情感而追星的粉丝，但如今的粉丝社群中，存在着一定数量的职业粉丝，他们有些受雇于明星的团队或公司，有些是因为看到粉圈的巨大市场机会而建立的营利性的站子……这类粉丝没有被涵盖在本文的讨论范围。但他们的存在也的确影响了粉丝的流动，情感领域被经济利益入侵所带来的影响也值得未来进一步探讨。

参考文献

鲍德里亚，2000，《消费社会》，刘成富、全志钢译，南京大学出版社。

卜玉梅，2012，《虚拟民族志：田野、方法与伦理》，《社会学研究》第 6 期。

蔡骐，2011，《粉丝型受众探析》，《新闻与传播研究》第 2 期。

陈丽娟、吴丹丹，2019，《粉丝、明星与代言企业博弈关系研究》，《视听》第 1 期。

陈彧，2014，《从文本再生产到文化再生产——新媒体粉丝的后现代创造力》，《学术论坛》第 2 期。

亨利·詹金斯，2016，《文本盗猎者：电视粉丝与参与式文化》，郑熙青译，北京大学出版社。

侯雨、徐鹏，2019，《跨文化粉丝研究：学术史梳理与前瞻》，《中国青年研究》第 12 期。

胡海，2016，《"流动"与"关系"——"网络社会"权力场域分析的新起点》，《现代传播》（中国传媒大学学报）第 10 期。

李松，2019，《中国"粉丝经济"的资本逻辑及其良性循环》，《山东师范大学学报》（人文社会科学版）第 1 期。

刘海龙，2017，《像爱护爱豆一样爱国：新媒体与"粉丝民族主义"的诞生》，《现代传播》第 4 期。

曼纽尔·卡斯特，2006，《网络社会的崛起》，社会科学文献出版社。

齐格蒙·鲍曼，2002，《生活在碎片之中》，学林出版社。

孙九霞、周尚意、王宁、朱竑、周大鸣、甄峰、刘行健、杨晶晶、陈敬复、杨茜好，

2016，《跨学科聚焦的新领域：流动的时间、空间与社会》，《地理研究》第 10 期。

孙信茹，2017，《线上和线下：网络民族志的方法、实践及叙述》，《新闻与传播研究》第 11 期。

田林楠，2018，《从朝圣者到游牧民：流动时代的新部落主义——定位社交媒体的发生环境与接受背景》，《山东社会科学》第 5 期。

王斌，2019，《体验式数字部落："吃播"的群聚效应及其理论反思》，《中国青年研究》第 8 期。

王洪喆、李思闽、吴靖，2016，《从"迷妹"到"小粉红"：新媒介商业文化环境下的国族身份生产和动员机制研究》，《国际新闻界》第 11 期。

王宁，2017，《自目的性和部落主义：消费社会学研究的新范式》，《人文杂志》第 2 期。

王艺璇，2017a，《悖论的合法性：网络粉丝社群对粉丝形象的再现与生产——以鹿晗网络粉丝社群为例》，《中国青年研究》第 6 期。

王艺璇，2017b，《网络时代粉丝社群的形成机制研究——以鹿晗粉丝群体"鹿饭"为例》，《学术界》第 3 期。

吴瑶、韦妙，2018，《颠覆与重塑：数字阅读中的身份认同》，《编辑之友》第 11 期。

吴越菲，2019，《迈向流动性治理：新地域空间的理论重构及其行动策略》，《学术月刊》第 2 期。

谢玉进、胡树祥，2018，《网络自我的本质：数字自我》，《自然辩证法研究》第 5 期。

杨玲，2015，《粉丝经济的三重面相》，《中国青年研究》第 11 期。

周雪光，2013，《国家治理逻辑与中国官僚体制：一个韦伯理论视角》，《文化纵横》第 3 期。

周懿瑾、白玫佳黛，2021，《明星代言的价值共创新机制——基于多个粉丝社群的网络民族志研究》，《外国经济与管理》第 1 期。

朱丽丽，2016，《网络迷群的社会动员与情感政治》，《南京社会科学》第 8 期。

朱耀东、颜士梅，2009，《虚拟工作嵌入：知识员工离职研究的新视角》，《科技管理研究》第 11 期。

Boas, I. 2017. Environmental change and human mobility in the digital age. *Geoforum*, 85, 153 – 156.

Castells, M. 2016. A sociology of power：My intellectual journey. *Sociology*, 42（1）, 1 – 19.

Cresswell, T. 2010. *Towards a politics of mobility*. Great Britain, PION LTD（pp. 17）.

Di Masso, A., Williams, D. R., Raymond, C. M., Buchecker, M., Degenhardt, B., & Devine-Wright, P., et al. 2019. Between fixities and flows：Navigating place attachments in an increasingly mobile world. *Journal of Environmental Psychology*, 61（FEB.）, 125 – 133.

Fortunati, L., & Taipale, S. 2017. Mobilities and the network of personal technologies：Refining the understanding of mobility structure. *Telematics and Informatics*, 34（2）, 560 – 568.

Gelfand, M. J. 2011. Differences between tight and loose cultures：A 33 – nation study. *Science*, 333（6045）：937 – 937.

Maffesoli, M. 2016. From society to tribal communities. *The Sociological Review*, 64（4）：739 – 747.

《中国社会心理学评论》 第 20 辑
第 179～203 页
© SSAP，2021

互联网背景下粉丝的身份认同与认同转换[*]

张笑笑^{**}

摘 要： 本研究通过对间隔十年的两批粉丝被试的深度访谈，以互联网背景下粉丝的身份认同与认同转换为切入点，探讨了粉丝行为的心理过程以及互联网社交平台在其中的作用。基于访谈数据分析，研究将社会认同及认同理论进行整合，以粉丝"身份'流动'"一词对粉丝认同及认同变化的复杂过程进行诠释和总结。数据结果表明，当前粉丝的认同对象更为多元；粉丝主要采用规避"鄙视"、规避"身份混乱"等认同策略实现身份的"流动"；"虐"文化充当粉丝认同程度提升的重要驱动因素；以微博为代表的互联网社交平台延续并实现了粉丝身份，为粉丝提供了自由度更高的行为表达环境。这些结果描述了粉丝行为背后由复杂的认同规律所致的心理过程，反映了当前社会背景下，人们通过建立多元身份认同及身份转换来满足心理需求的社会心态。

关键词： 粉丝 身份认同 认同转换 身份"流动" 互联网

一 前言

2019 年 7 月，某网络平台上的帖子"周杰伦微博数据那么差，为什么演唱会门票还那么难买啊"引发了周杰伦和蔡徐坤两位明星粉丝的"数据

* 本研究获广东省哲学社会科学"十三五"规划项目（GD20CXL06）、国家自然科学基金青年项目（31600912）、深圳市高校稳定支持面上项目（文本号：20200813121341001）的支持。
** 张笑笑，深圳大学心理学院应用心理学系讲师。

大战"。这些粉丝力图通过"微博超话"数据来证实自己所喜爱的明星才是"顶流"。最终，以周杰伦微博超话热度（评价、转发、点赞）突破 1 亿、领先蔡徐坤四千万、蔡徐坤粉丝宣布休战而告终。这场看似荒唐的比拼，实则反映了大众对粉丝现象缺乏了解的现状。粉丝文化是流行文化的重要组成部分，也是娱乐产业链的重要环节。粉丝文化的全貌到底是怎样的？以微博为代表的网络平台，对粉丝文化有怎样的影响？这些对当前粉丝文化的困惑，都促使我们从科学的角度去对其进行探究、给出诠释。

（一）社会认同与认同理论视角下的粉丝现象

"粉丝"（fans）为音译词，最早为国人熟知是在《超级女声》节目播出后（郑欣，2007）。"粉丝"在学界被界定为对某一事物（例如，一个球队）有着心理联结的个体（Doyle et al.，2017；Funk & James，2001）。Zhang 等（2015）关注中国的娱乐明星粉丝现象，认为粉丝心理联结的对象不仅仅是其所喜爱的明星，也包括其所处的粉丝群体。

以球迷为例的粉丝现象受到了学界的关注，而粉丝的身份认同（fan identity）则是探究这一现象的核心切入点。这主要是因为，从市场角度而言，粉丝是粉丝经济的核心推动者（Bourdaa & Delmar，2016），粉丝认同能够预测及影响积极的市场行为（Hong et al.，2005；Wann & Bransombe，1995；Wann & Dolan，1994）。从个体的心理健康角度而言，粉丝认同也能够促进个体心理健康水平的发展，如提升个体的自尊、心理认同与情感依恋（Cheung & Yue，2000，2012；Hirt et al.，1992；Madrigal，1995；Wann & Branscombe，1990）。因此，粉丝认同极具研究价值。

社会认同理论（Social Identity Theory）是研究粉丝认同的核心理论依据（Tajfel，1970；Tajfel & Turner，1979：33 – 47）。社会认同理论认为，人们可以通过分析个体所属的社会群体或类别来界定他人或自己的身份。而社会认同感则是个体认为自己隶属于某个社会群体的认知和感受。个体可以通过建立社会认同感来了解自己，以避免在认知上出现自我归属感、方向感、意义感的缺失（Tajfel，1970；Tajfel & Turner，1979：33 – 47；Tajfel et al.，1979：56 – 65）。社会认同兼顾个人如何评价内群体以及他人如何评价内群体（Luhtanen & Crocker，1992），人们有希望感知到自己所在的群体是一个好群体的需要。粉丝在对自己的当前身份进行评价的时候，也需要关注他人如何评价自己的群体身份（Hornsey & Jetten，2004）。同时，社会认同理论能够诠释以球迷为代表的粉丝群体之间的互动规律。因此，大多研究者都利用了粉丝的群体身份，从群体认同（例如，对球队的认同程度）的影响因素、其后续行为表现以及群际关系（不同球队球迷间的互动）等角度对粉丝现象进行研究（Berendt & Uhrich，2016；Bhattacharya，Rao，& Glynn，1995；Fisher & Wakefield，1998；Gwinner & Swanson，2003；Hirt et al.，1992；Johar & Pham，1999；MacIntosh，Abeza，& Lee，2017；McCutcheon，Lauge，& Houran，2002；Madrigal，1995；Wann & Branscombe，1990，1993，1995；Wann & Dolan，1994；Winands，Grau，& Zick，2019）。

　　然而，Jacobson（1979）认为，研究粉丝认同除了参考社会认同理论，也要关注到认同理论（Identity Theory，参见 Burke，1991）。该理论认为，个体倾向于根据自己喜欢的方式以及被其他人接受的方式进行行动，因此个体会倾向于扮演某个角色，并将对自己所扮演角色的认同内化为对自己的身份认同。这一理论有助于理解人们的行为以及做出行为的原因。因此，追星的过程不仅可以被理解成一种集体性的行为，也可以被视为粉丝为了维持和发展自己的粉丝身份而做出的一系列行为（Jacobson，1979）。认同是建构的（constructed）、流动的（fluid）和复杂的（multiple）（Brubaker & Cooper，2000）。因此，认同是一个变化的过程，而不仅是固定的状态。对粉丝心理及行为的研究，也不能停留在对"群体认同水平"的描述和预测上，而要同时考虑到个体认同的变化过程。

　　社会认同理论与认同理论有着密切的联系，有学者认为二者存在整合的可能（周晓虹，2008）。在本研究中，我们试图在对粉丝行为进行诠释的过程中统一社会认同理论与认同理论：二者可以相互补充。社会认同理论视角下诠释粉丝行为的局限在于，社会认同强调群体身份，乃至凸显内外群体的差异（如最简群体范式，参见 Tajfel et al.，1971）。然而，"粉丝"虽然能够称为一个"群体标签"，但这个群体身份的外延和内涵并不明晰；在粉丝行为上探讨群际关系议题，通常只出现在粉丝亚群体之间（例如，周杰伦与蔡徐坤两位明星粉丝之间的数据大战），与"粉丝群体"相对的外群体并不清晰。因此，粉丝身份的动态变化过程并不能够通过社会认同理论得到完整诠释。相反，认同理论能够诠释粉丝作为一种社会角色的含义，并更好地解释个体建构粉丝身份的过程，但该理论不能对不同粉丝群体之间的互动进行解释和预测，而社会认同理论恰好能弥补这一缺陷。

（二）认同转变视角下的粉丝行为

　　个体认同的转变能够影响行为，这一过程中可能运用到认同转变策略。社会认同理论和认同理论都对这一现象进行过诠释。社会认同理论认为，积极的社会认同或群体身份可以给个体提供提升自尊的机会（Tajfel & Turner，1979：33-47）。因此，当个体属于弱势群体时，一般会通过一些途径来获得更积极的社会认同以维持自尊水平：如试图离开或脱离原本所属群体（社会流动策略，social mobility strategy）；将群体间的比较方向转向不同的方面，从而为内部群体带来更有利的比较（社会创造策略，social creativity strategy）；直接与外群体竞争，从而使两个群体的相对地位产生真正的变化（社会变革策略，social change strategy）（Tajfel & Turner，1979：33-47；Jackson et al.，1996）。认同理论认为个体身份转换的一个主要因素是情境的转换（situational transformations，参见 Ourahmoune，2016），如旅行。因此，在更广范围上的情境因素——社会生态学因素也能影响个体身份的改变，进而影响个体行为。例如，移民、居住地流动等事件会对个体的心理产生正向或负面的影响（Marcu，2014；Tajuddin & Stern，2015；Dixon & Durrheim，2004）。

粉丝认同的转变是影响粉丝行为表现的重要因素。这其中包含认同程度的被动性变化对行为的影响，例如，当球队成功/失败时，球迷会加强/切断与球队之间的联系（例如，穿队服/脱队服）（Cialdini et al.，1976）。也包含球迷认同的主动性变化对行为的影响，例如，为了提升更积极的内群体形象，球迷会贬低敌对球队、球员（Bernache-Assollant，Laurin，& Bodet，2012；Cialdini & Richardson，1980；Crisp et al.，2007）。此外，球迷也会采用"分化"（differentiation）甚至暴力的方式达到与其他球迷进行区分、凸显身份独特性的目的（Winands，Grau，& Zick，2019）。由此可见，粉丝认同转变是对粉丝行为描述的良好切入点。

（三）互联网背景下的粉丝认同

互联网有助于自我的表达，增强个体的身份认同。Belk（2013；2014）从数字自我（digital self）的角度诠释了互联网对认同的影响，认为互联网为自我的延伸提供了一个有利条件。人们在虚拟情境中获得了更多的自我存在（self-presence），并发现这与现实生活中的积极体验紧密相关（Behm-Morawitz，2013）。在互联网情境中，人们有身份表现的动机（Lin & Wang，2014）；相比于真实情境，人们在互联网情境中更能够表达真实的自我（Bargh，McKenna，& Fitzsimons，2002）。Qiu 等（2013）的研究发现，不同的互联网平台具有不同的文化，个体使用不同的互联网平台能够表现出不同的文化策略，进而实现互联网平台之间的文化转换行为。由此可见，不同的互联网环境能够引发个体认同的转换。

粉丝认同水平亦受到了互联网的影响。研究者通过焦点小组讨论，考察了网络社交平台（Twitter）在冰球粉丝认同中的作用，结果发现，网络社交平台的阅读数及卷入度都能够预测球迷的身份认同水平；同时，当粉丝以群体身份（而不是以个体身份）在互联网平台进行互动时，能够进一步增强其身份认同（MacIntosh，Abeza，& Lee，2017）。

（四）以往研究存在的问题与不足

尽管有关粉丝现象的研究成果丰硕，但总体上仍然存在三方面不足。首先，将娱乐明星粉丝作为研究对象的研究还很缺乏，已有的大量以球迷为例的粉丝研究所发现的规律并不能直接用于预测和解释娱乐明星的粉丝现象，原因有以下几方面。第一，球赛是球迷行为的核心展示平台，由于球赛的规律性强，因此球迷行为更有规律可循、预测性强；而娱乐明星粉丝的行为表现更复杂。第二，球迷的身份主要受地理位置与家庭传统的影响，其身份认同的主要对象就是球队（Keaton，Watanabe，& Gearhart，2015），因此，球迷认同转换的情况并不常见，更多的研究聚焦在对其认同水平（状态）的预测上；然而娱乐明星粉丝的认同对象受粉丝文化的影响而表现得更为多元，娱乐明星粉丝与所喜爱明星之间的关系也更不稳定，其认同规律需要进一步探究。第三，球迷通过球赛产生大量线下互动行为，球迷身份在现实生活中的展露性较强；然而娱乐明星粉丝的行为大多发生在互联网环境中，其身份在现实生活中通常不被展露。第四，随着粉丝文化的成熟，粉丝专业化程度加深，粉丝在类别上会更加细化。

其次，已有的社会认同理论和认同理论并不能够全面描述粉丝的认同规律。例如，粉丝可以通过更换微博 ID 来实现身份的快速转换，这一过程并不需要"认同转换策略"。又如，很多粉丝同时喜欢多个明星，这种情况下他们如何界定自己的身份，似乎很难从已有的理论中寻找到明确答案。

最后，在娱乐产业数字化迅猛发展的今天，互联网成为粉丝身份构建及文化展示和传播的核心途径，互联网在粉丝认同的建构及转换过程中究竟有何影响？互联网环境与现实社会环境对粉丝行为的影响是否具有相同的规律模式？这些问题都尚需探讨。

综上所述，本研究旨在探究互联网时代背景下，娱乐明星粉丝的行为模式及其背后的心理过程，并将研究问题聚焦于探究娱乐明星粉丝认同建构及转换过程，以及互联网环境在这一过程中的作用。

二　方法

由于是对特定领域的内容进行探究，并且研究关注的问题需要通过数据进行建构，因此本研究采用深度访谈的方法收集资料。在取样上，考虑到本研究要考察互联网环境对粉丝认同建构及转换过程的影响，研究除了选取当前的粉丝（主要使用微博超话平台）进行访谈，还选择了以百度贴吧为主要网络活动平台时期（2009 年）的粉丝访谈数据来进行补充分析①。

2009 年研究者通过滚雪球的方式对 17 名②生活在北京的粉丝进行了数据采集，其中女性 16 人，男性 1 人，年龄为 19～25 周岁。2019 年收集到的有效受访人数为 13 人，其中女性 12 人，男性 1 人，年龄为 18～21周岁。

在 2019 年的数据采集过程中，共收集到来自 267 人的报名信息，其中253 人的信息完整，这些信息中包括性别、年龄、粉龄、喜欢明星数量、对自己粉丝身份的认同程度（7 点评分，"1"代表"十分低"，"7"代表"十分高"）以及花费情况。最终，研究选取了 13 名对自己身份认同程度水平较高（认同程度题目作答 6～7 分）的粉丝作为受访者，并针对不同的明星类别（内娱明星、日韩明星、欧美明星）分别进行了受访者的选取，以达到数据饱和的目的。深度访谈围绕着粉丝认同的变化过程展开，重点追问粉丝身份的开始、粉丝身份的类别及转换过程，以及粉丝身份的终止或可能终止的原因。

三　结果及分析

（一）非粉丝与粉丝认同的双向转换

粉丝认同转变的最基本的形式就是粉丝身份的建立以及粉丝身份的终止。这两种认同转变诠释了个体成为粉丝以及终止粉丝行为的过程。

---

① 2009 年对粉丝的深度访谈的目的是想了解粉丝行为过程的全貌，尽管访谈没有聚焦在身份认同的保持与转换这两个理论问题上，但我们认为，对粉丝行为过程的深度访谈能够反映粉丝身份认同的建立（刚开始成为粉丝）、保持（粉丝过程）以及转换（行为的转换或终止），因此 2009 年的访谈数据可以和本次数据进行共同编码分析、作为补充支持。

② 研究过程中只采集到 17 名粉丝的信息，并全部进行了访谈。

1. 粉丝身份的建立

个体对自己粉丝身份的主观认可标志着粉丝身份的建立（Zhang et al.，2015），同时也实现了个体从非粉丝到粉丝身份的转换。通过访谈数据，我们从粉丝的视角对这一概念进行了进一步的诠释，"粉丝"可以界定为："喜欢某个明星，能够从明星身上获得某方面的心理满足，并在一定时间内对其保持不求回报的付出的人。"从粉丝对自身的界定中能够发现，粉丝的身份认同建立在排斥"非粉丝"的基础上：对明星的认可、从明星身上获得需求与满足并不是成为粉丝的充分条件，粉丝同时还要保持对明星不计回报的付出。

（2019－20）像我就是那种平时只会卡一个号，我的大号在蔡徐坤的超话已经连续签到快600天了，对，就是从我喜欢他的那一天，我就开始就签。

（2019－34）饭圈就是一个纯线上的东西，它靠的是跟爱豆之间的一个联系。我有20多30个（微博账号）。

（2019－20）比如说我有个最大的号是生活号，我在上面不会很明显地去转一些我要追星的内容。我可能就分享今天吃的、今天喝的、今天心情。因为大号是你的生活朋友都会关注的。我的小号是没有人关注、我自己自嗨的那种，就可能会用来追星。

（2019－38）贴吧一人只能有一个ID……微博你换了个名字之后，其实大家不知道以前的你是谁。

粉丝通过创设线上身份（数字自我）来实现粉丝身份的展现。线上身份实现并延续了粉丝认同，并起到了维护粉丝认同保持的功能（Belk，2013；2014），这与以往的研究结果一致。当前粉丝使用的微博平台可以给粉丝提供多个数字身份。粉丝可以通过创设多个不同的ID账号，实现多重身份同时共存；只需要转换不同的微博ID，就能够实现粉丝身份的转换。这使得粉丝得以同时喜欢多个明星、拥有多个粉丝身份，但并不存在身份认同上的困惑。可见，数字身份的自由切换能够帮助粉丝进行身份的顺利转换。此外，不同的微博ID还能够帮助粉丝实现粉丝身份和非粉丝身份的顺利转换：粉丝有追星的"小号"（专门发布与追星相关的信息），以及能够代表真实身份的"生活大号"，这二者并存，各司其职，切换ID就能够实现粉丝身份与现实身份的转换。

然而，十年前的粉丝主要使用百度贴吧平台，粉丝数字身份相对固定，固定的数字身份限制了粉丝身份的多重性，受访的粉丝都只是某一个明星的粉丝。

2. "脱粉"：粉丝认同的终止

粉丝认同对象的消失意味着粉丝认同的终止，这直接导致粉丝的脱粉行为。粉丝认同终止的原因可以归结为粉丝认同对象的消失，这其中根据粉丝认同对象所包含内容的不同，可以总结为四个方面。（1）明星人设的崩塌。明星身份与粉丝认同是连续的统一体，粉丝对身份的认同很大程度上取决于对明星人设的认可，明星人设崩塌意味着粉丝认同对象的消失，因而会引发脱粉现象。（2）粉丝身份定位的消失。粉丝丧失了认同的依据（例如，CP 粉所喜爱的两个明星的关系破裂），进而会脱粉。（3）对粉丝文化的不认同。不同明星的粉丝群体可能有本群体的亚文化，如果粉丝个体不认同该群体的亚文化，就会产生脱粉行为（例如，"吴青峰不支持自己的粉丝刷数据，能接受的粉丝就会留下，不接受的就会离开他"）。（4）对所在群体不认可。粉丝在群体内受到排挤，或者受到群体内消极事件的影响，也会产生脱粉行为。

（2019－34）鹿晗主要还是因为他跟关晓彤谈恋爱这个事情。但是大家讨厌点不是因为讨厌鹿晗，是因为讨厌关晓彤，然后他就觉得说，为什么我哥找了个这个女的，然后就会觉得鹿晗你眼光为什么这么差，太生气了，然后就脱粉了。

（2019－38）就像是以前苏打绿的粉丝是会非常不喜欢他要变成流量这件事……以前他们喜欢的乐队比较小众，所以就会觉得自己喜欢的音乐很酷……然后吴青峰重新出道了，被更多人喜欢，他们就会觉得自己喜欢的东西不再小众，觉得自己不再特别，所以有一部分他的老粉会比较介意。

（2019－220）可能甚至就是我们说的从滤镜到反向滤镜。就是无论他做什么，你都觉得他是错了，对，你就觉得他这样做是不合理的事。其实可能就是某一个节点，有可能他刚好做那件事情，戳到你不喜欢的点，你可能就会一瞬间觉得这个人不行。

在脱粉的过程中，存在极端的情况——粉丝不但结束了粉丝身份认同，还要凸显自己对这一身份的极力排斥——称为"回踩"（或"粉转黑"）。这表明了粉丝行为的终止不仅表现为粉丝行为的消失，还可能表达为极端的破坏行为（指向原来所喜爱的明星）。"回踩"现象大多发生在身份地位比较高的"站姐"身上、发生在明星人设崩塌（通常体现在不良行为的展露上）的情况下。对于高认同粉丝而言，粉丝身份参与到了自我概念的建构中，对粉丝身份的认同程度越高，其与自我概念的关联程度就越大，"站姐"自然是认同程度最高的粉丝，而认同的核心对象便是明星，准确而言是明星人设（感知到的明星形象）。因此，粉丝高度认同的明星人设崩塌会对粉丝的自我概念产生极大的威胁，导致粉丝原有行为（高投入、高付出）与当前认同对象（人设崩塌的不良形象）之间的失调。粉丝必须表现出更多反向的态度及行为才能够消除这种失调带来的不适，这体现为对原本喜爱的明星的极端诋毁和攻击，即"回踩"。

（二）粉丝身份"流动"：认同变化过程与策略

研究将社会认同理论及认同理论进行整合，共同诠释粉丝行为，并试图通过粉丝"身份'流动'"一词对粉丝认同变化过程进行整合和诠释。同时，粉丝身份"流动"过程中的动力因素也参与到对这一问题的建构中。

1. 高层级地位驱动下的粉丝身份"流动"

对粉丝群体身份的认同是理解粉丝行为的不可或缺的组成部分（Zhang et al.，2015）。粉丝群体内部会形成地位层级结构（Algesheimer，Dholakia，& Herrmann，2005）。在明星粉丝中，"底层"粉丝指那些刚刚加入粉丝团、对相关信息掌握比较少、没有群体影响力的个体。而粉丝团中的"高层"指群体中的骨干成员，她们掌握的信息量相对更多，对群体内其他成员的影响力较大。通常情况下，层级地位高的粉丝与明星的关系距离更近，有更多的接触机会。因此，对于粉丝群体内地位的追求成为粉丝认同保持的重要动力性因素。

对于十年前的粉丝而言，粉丝层级结构类似于"食物链"，这反映了粉丝内部层级结构的多层性与紧密性。粉丝为了获得更高的地位，需要与更高层级的粉丝保持良好的关系。粉丝年龄、投入的时间和金钱、所在城市（是否有更多机会接触明星）都能够影响粉丝个体所处的层级地位。

（2009－08）不同人在食物链的地位不一样，有的人只能下载，有的人能去日本……这个人可能非常讨厌，但是她家里很有钱，会去日本带东西，我就得跟她好好相处，就会有这样的现象，会有内部阶级制度存在，会有"意见领袖"……可能跟你的年龄有关系，和你在哪个城市和家里有没有钱有关系，和你的信息渠道和物质条件都有关系。

　　对于当前的粉丝群体而言，同样也存在不同的地位层级，但层级模式更为扁平化。高层级的表现方式变得更为多元：既可以参与到后援会中，也可以成为"意见领袖"的大粉，还可以成为"站姐"。而这些机会，大多可以通过自己的努力获得，而不需要倚赖其他粉丝。这种层级差异主要在线上身份中得到体现（受关注度、评论数等）。此外，当前粉丝文化中粉丝个体不再以追求单纯的粉丝群体地位为目的，而会意识到并权衡高低地位粉丝之间相互制约的关系：处于高地位的粉丝（后援会或"站姐"）受到其他粉丝的监督，所承担的群体内的压力水平更高，这使得当前粉丝文化中的粉丝个体并不像十年前一样力争获得群体内的高层级地位（以便获得更多资源），即当前粉丝文化背景下粉丝个体向群体内高层级的流动意愿减弱。

　　（2019－220）"站姐"会是跟（明星）的最近的一群人，算是有钱有能力，又很有时间的"散粉"。但是其实一般会将她们跟普通的"散粉"区分开，因为其实"站姐"会在粉圈中有更大的话语权。大粉也相当于是他们之中比较有话语权的人……这种身份就只是在微博上。

　　（2019－220）但是因为其实后援跟所谓的"散粉"，它会是一个相互督促、相互管理的关系。如果说后援会做得不好，你要么换人，要么改这样子。

　　综上，访谈数据表明，相较于十年前，当前的粉丝文化中，粉丝在群体内部向高层级流动的可能性更大、过程更透明直观。在这样的环境下，粉丝个体更不注重与高层级粉丝的关系，向高层级转变的意愿也相对更低。

2. 规避"鄙视"驱动下的粉丝身份"流动"

　　"鄙视链"文化是粉丝文化的重要组成部分。粉丝基于不同的准则，对群体成员进行层级分类，形成高层级粉丝对低层级粉丝的鄙视，这种鄙视的表现形式通常是污名，甚至是攻击行为。粉丝"鄙视链"主要体现在两个标准上：以粉丝贡献度进行的粉丝类别划分和以粉丝身份"纯净度"进行的粉丝类别划分。从长期的粉丝身份变化轨迹上来看，粉丝个体为了规避被其他粉丝"鄙视"，会在身份表达上有所隐藏甚至改变，因此，身份的变化方向多为朝着鄙视链的顶端发展变化（即规避"鄙视"）。

　　（1）基于粉丝投入度划分的粉丝身份及转换过程。粉丝投入度（involvement）是衡量粉丝忠诚度的重要指标（Zhang et al. , 2015），这在十年前后的数据中都得到了支持。根据粉丝对明星贡献程度的不同，群体内部也会形成相应的不同分类。粉丝文化中暗含了粉丝的行为准则，其中之一便是粉丝不能够只从明星处获取满足，也要对明星有所付出。因此，对明星无投入（不花钱、不做数据）的粉丝会被冠以污名：如"白嫖粉"指那些只看明星物料而从不为明星花钱的人；而"屏幕粉"的称呼相对中性指一般只在线上观看明星信息的粉丝。这一类别的划分在十年前的粉丝数据中尚未体现，可能与当时网络传播力度与广泛度不足有关。即便如此，当时粉丝只有参加线下活动，才能够获得关于明星的更多信息，进而才可能被称为粉丝。因此，粉丝投入度是粉丝认同保持的维持性因素。

　　（2019 - 34）"屏幕粉"就是从来不去线下，就是不去现场看爱豆的那种。有肯定是有区别，因为其实有些线下的粉丝会很看不起屏幕粉，因为觉得你没有花钱。做数据的那些人一般不会被骂，但是如果纯粹看视频的人，很会多少有点看不起。"白嫖"那是一分钱都不花的，更过分。

　　"白嫖粉""屏幕粉"通常受到投入度高的其他粉丝的污名和抨击，因此极少见到此类粉丝在粉丝群体中对自己身份进行展露。相较于十年前更注重线下活动的粉丝文化，在当前的粉丝文化背景下，尽管依旧存在以贡献程度为标准的"鄙视链"文化，但由于粉丝行为互联网化的程度变高，粉丝个体不必须通过粉丝群体就能够获取明星的信息，而网络又使粉丝身份具有极强的匿名性，因而粉丝改变自己"屏幕粉"或"白嫖粉"身份的动力相较更弱。在当前粉丝文化背景下，更多粉丝个体按需（多为喜爱程度）决定其投入程度，粉丝个体的投入度在更大程度上不再受粉丝群体的强力制约。

　　（2）基于身份纯净度划分的粉丝身份及转换过程。2019 年收集的数据中发现了十年前粉丝数据中没有的基于粉丝身份纯净度而产生的粉丝分类状况（十年前的受访者表达只是某一个明星的粉丝）。在当前粉丝文化背景下，粉丝因其身份纯净度的不同有着更复杂的身份表现。身份纯净度主要基于两个维度的划分：基于喜爱程度配比所产生的"本命"与"墙头"，基于所喜爱明星（多为本命）唯一性所产生的"毒唯""唯粉""CP 粉/双担"，以及"多担/团粉"。前者更多体现在粉丝个体层面，后者更多体现在粉丝群体分类上。

粉丝身份依照纯净度由高到低可分为："毒唯"（只喜欢一个明星，并且会抵制其他明星）、"唯粉"（只喜欢一个明星，但一般不抵制其他明星）、"双担"（同时喜欢两个明星，在组合明星中常见）及"CP 粉"（基于希望两个明星有亲密关系而同时喜欢两个明星），和"多担"/"团粉"（多出现在组合明星的情况中，体现为喜欢整个组合中的一些或所有成员）。身份纯净度高的粉丝认为自己能够将所有投入都集中于一个明星、而不是分散给多个明星，并排斥身份纯净度低的粉丝。"毒唯"的排斥表达方式更为极端，他们在强调自己身份的同时，也在划清与其他身份粉丝之间的界限，并通过攻击、贬低其他低纯净度群体的方式来表达排斥。

（2019 - 105）"唯粉"就是只喜欢一个人，其关注所有消息都只是关注他一个人，就只看他的片段，其他人都不看就是"唯粉"。"团粉"的话，就会觉得其他队员也挺搞笑挺有意思，然后看团总什么综艺也会看全程这样。"毒唯"的话他会 diss 别人，他不单只喜欢那个人，他还不喜欢其他人。

（2019 - 224）"双担"就是喜欢两个人，然后其实没有什么区别，"双担"只是做两个人的"唯粉"而已，然后不嗑他们俩的"CP"。

粉丝根据自己所属的粉丝类别对自己的行为进行要求。例如，"CP 粉"就一定会对两个明星贡献完全一样的投入和付出，没有任何厚此薄彼。在"唯粉"眼里，其他任何类别的粉丝都不会比自己所属的群体对明星有更多的付出，因为所喜爱的明星的非唯一性会削弱对单个明星的投入。在粉丝群体内，身份唯一性也成了鄙视链的依据，身份纯净度越高，优越感越大，越可能排斥身份纯净度低的粉丝。因此，从长期粉丝身份的变化角度而言，有很多身份纯净度低的粉丝为了规避纯净度高的群体的鄙视而变为唯粉，实现粉丝流动。

此外，当前的粉丝个体可以通过转换微博 ID 来实现身份纯净度的提升，这是一个创立新的线上身份并替代旧身份的过程，对粉丝个体在认同转换的心理过程中所提出的要求和粉丝实际付出的代价都是极小的。

（2019 - 220）花花那边粉丝群体会稍微比较洁癖，也就是不太喜欢大家追他同时追那么多，所以我就自己新开了一个号。

3. 规避"身份混乱"驱动下的粉丝身份"流动"

相较于十年前粉丝认同对象的单一，当前粉丝认同的对象变得更为复杂与多元。由此引发的是多个认同对象可能产生自我概念的困扰，粉丝个体需要对"自己到底是谁的粉丝"这个问题进行梳理。在这个过程中，粉丝采用了认同比重分配的认同策略，以规避自我认同的混乱。

（1）"本命"与"墙头"的分配。在当前的粉丝文化中，粉丝可能会同时喜欢多个明星，这时便会产生自身粉丝身份界定的问题。粉丝将喜爱程度最大、喜爱时间最久的明星称为"本命"，将其他喜爱的明星称为"墙头"。这是粉丝个体自主的划分过程，与粉丝群体压力无关。

> （2019－105）"本命"就是自己最喜欢的一个明星，心里排第一的，然后"墙头"可能就是比如现在刚出了一部电视剧，男主角很帅我就喜欢他，但我可能一两个月之后就不喜欢他了，就是"墙头"，但是"本命"是一直很喜欢。"墙头"就是可以随意喜欢随意不喜欢这样。
>
> （2019－09）"本命"就相当于你跟他是结婚多年的夫妻，但"墙头"就是你刚刚喜欢上一个有好感的恋人，这是不一样的。用我自己的一句话来说就是"墙头"可以有无数个，但是"本命"只有一个。

"本命"与"墙头"的分配使粉丝认同免于困扰。粉丝认同的获得仍然有依据：根据"本命"进行粉丝身份的界定。这也可以被视为一种粉丝特有的规避身份混乱的认同策略。

（2）角色关系的转换。明星能够满足粉丝对一些角色关系的心理需求（Cheung & Yue，2000，2012；Karniol，2001；Parncutt，2018）。不仅如此，粉丝根据明星能够满足自己对角色关系需求的类别，也将自己与明星的关系进行了分类，主要反映为两类角色关系：充当明星的妈妈（称为"妈妈粉"／"妈粉"），以及充当明星的女朋友（称为"女友粉"）。重要的是，粉丝对明星的角色关系认同并非十分固化，粉丝大多情况下能够根据自己对角色关系的需求来定义自己的身份。当男明星形象的男子气概十足的时候，女性粉丝愿意将其视为男友，满足自己对亲密关系的心理需求；而当男明星以可爱的形象示人时，女粉丝又将其视为"儿子"，满足自身的宠爱心理需求。这种依据心理需求而产生的关系角色认同上的流动，能够使粉丝避免角色关系的困扰，也是一种粉丝特有的认同策略。

（2019－105）其实它（身份）不是一个固有的设定，它是一个动态的，比如说你今天看到的偶像，他是一个很 man 的造型，你就会成为"女友粉"，然后某一天你要看到他一个就是那种穿着休闲装很可爱的，你会成为"妈粉"，它没有一个明确的界限，你可以随意切换。

明星还能够满足粉丝对其他关系角色的需求，例如，"泥塑粉"喜欢将明星换性别对待。由于这种分类完全基于粉丝的心理需求，因此，除非有明确的角色关系定位及表达（例如，粉丝微博 ID 为"**女朋友"），否则所有粉丝都能够实现不同角色关系身份的顺利转换。

（3）圈子"隔离"。明星所在的娱乐圈国别也决定了粉丝的类别。在这个维度上，有明确身份划分一方面是源自国别客观属性的不同，另一方面则是因为不同国别的娱乐圈的粉丝文化各不相同。因此，圈子之间的通透性低。欧美、日韩以及"内娱"（内地娱乐圈）的粉丝之间会形成鄙视链，鄙视的依据多以明星的实力水平为参照（欧美明星实力强于日韩明星，日韩明星又强于"内娱"明星）。尽管明星所属圈子不同带来了粉丝类别上的鄙视链，但粉丝并没有在此鄙视链下为了规避"鄙视"而产生流动，其中很大的原因在于粉丝将明星所属圈子之间的界限进行了明确的分化，实现了圈子之间的"隔离"，即圈子之间不进行身份比较。由于圈子的"隔离"，粉丝在不同圈子里有分别喜爱的明星变得合理化，不会产生认同上的冲突。因此，圈子"隔离"，实则属于粉丝认同建构过程中的一种策略。

（2019－3）大概的会分一下，欧美是一块，然后日韩是一块，国内是一个。可能会有小小的优越感那时候，就是欧美圈和日韩圈共同鄙视国内的。

（2019－20）饭圈也有分什么日韩圈、欧美圈、内娱圈，这三个圈是分别独立的，如果你这个有一个身份，这个又有一个身份，一般人不会去理你，但是如果你在同一个圈里面有两个身份，你在说一些话的时候就得小心。

粉丝通常不会排斥在不同圈子分别有喜欢的明星这一现象，然而在同一圈子所喜爱的明星必须保证唯一性，这样能够保持粉丝认同免于困扰，也能够避免由于同一圈子内粉丝身份纯净度低而引起其他粉丝的排斥。

4. "虐"文化驱动下的粉丝认同水平的提升

不论在群体层面还是在个体层面，"虐"文化是当前粉丝文化中影响认同水平的最重要的因素。"虐"的体验是指粉丝得知认同对象（可以是明星，也可以是粉丝群体乃至某一特定类别的粉丝身份）处境艰难时所产生的消极体验。粉丝希望能够消除这种消极体验，进而主动地去应对、改变认同对象的艰难处境，并表现出更多的投入行为。此时，粉丝的认同水平得到了提升。

"虐粉"的途径根据粉丝认同对象的不同，可以分为：通过明星"卖惨"（例如，明星通过发微博向粉丝展示出处境艰难的状态）来实现；通过内部粉丝群体与其他粉丝群的对比、展示处于劣势的对比结果（例如，投票落后的状况）来实现；通过展现个体所认同的粉丝身份受其他身份排挤（例如，在 CP 粉内宣扬"CP 粉没有地位"）来实现。

> （2019–20）（喜欢他）还是要提到"虐粉"吧，他每被黑一次，其实就是粉圈内的一次"虐粉"，其实粉丝这种东西是越虐越死忠的，对，就是觉得你们越是要跟我这样闹，我就越不能屈服于你们。然后大家就越来越喜欢他。

综上所述，在本研究中，粉丝身份"流动"体现在两个维度上：在身份类别上的认同建构及转换过程，以及认同水平的变化模式。第一个维度又分为群体认同及个体认同两个层面。在群体认同层面，粉丝主要实现了层级结构上的流动以及鄙视链上的流动，前者的变化相对快速，是一个身份转变的"热过程"；后者变化相对缓慢，是一个身份转变的"冷过程"。在个体认同层面，粉丝在认同建构上遵循规避认同混乱的原则，通过认同比重的分配、角色关系的按需转换以及圈子隔离实现粉丝认同的建构模式。第二个维度主要诠释了"虐"文化下粉丝认同水平的变化模式，这种"虐"文化所产生的驱力同时对粉丝群体身份及个体身份的认同程度产生影响（粉丝身份"流动"的模式见图1）。

（三）互联网与粉丝身份"流动"

1. 不同网络环境下粉丝数字身份的特点

文化和群体规范不仅在线下的现实生活中体现（Chiu, Leung, & Hong, 2010：3–24），同样也在线上的网络世界中体现（Qiu, Lin, & Leung, 2013）。不同的网络环境会对粉丝的数字身份及相应的行为模式产生

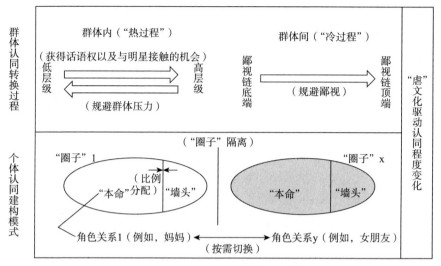

图 1　粉丝身份"流动"模式

重要的影响。访谈数据表明，十年前的粉丝以贴吧作为主要的线上交流、活动平台，当前的粉丝则以微博作为主要的线上平台。因此，贴吧和微博各自的功能限制了粉丝线上身份的表达：（百度）贴吧独立性强（每个明星分别有自己的一个单独的贴吧），各贴吧之间没有信息互通的渠道、关联性较弱。粉丝通过在某明星的贴吧里发帖、跟帖的方式进行互动交流。贴吧的账号唯一性也更强。因此，贴吧平台下粉丝获得的线上身份单一性高，线上互动基本上都发生在该粉丝群之内，粉丝群内部的联结性更强。这种情况下，粉丝身份转换的空间相对更小，粉丝身份的纯净度更高、对明星的忠诚度也更高（粉籍单一）。

相比之下，在当前的微博平台下，粉丝群体之间的信息通透性更强。每个明星的粉丝不但可以通过自己明星的专属超话进行信息交流，同时也能够在微博上实现信息的互通及比较（例如，微博超话排名）。此外，粉丝也可以同时拥有多个微博 ID。因此，微博所体现的粉丝的数字身份灵活性更强、自由度更高，粉丝认同的多样性更为凸显。

（2019－38）我觉得微博的联系没有贴吧那么的紧密，贴吧是不可以换名字的，就是基本上你脸熟的那些人……然后微博的话……感觉联系不会有贴吧那么紧密。

2. 线上与线下的身份转换

粉丝线上与线下的身份转换是双向的。线下到线上的身份转换通常通过互联网平台账号身份，即线上身份（例如，微博 ID）来实现。很多时候，粉丝为了满足线上身份的需求（例如，可能喜爱多个明星，或执行不同任务功能）会创设多个线上身份。因此，粉丝的线上身份是粉丝认同保持的维持性因素，甚至是促进因素。

一般情况下，粉丝的线上身份和线下身份是隔离的，这一特征在 2019年的数据中表现明显。粉丝的线下身份一般不会带到线上，除非是线上身份需要通过线下身份获得提升。当然，也不是所有的线下身份都能提升线上的粉丝身份，只有那些受教育水平较高（高社会阶层）的线下身份才更愿意在线上展露。由此可见，"沉湎于反射到的光芒"（Wann & Branscombe，1990）这一粉丝认同保持策略，不仅出现在线下认同规律之中，同样可以解释跨线下身份与线上身份转换之间的认同规律。因此，线下身份向线上身份的转换也能够起到粉丝认同维持的保护性作用。

（2019 - 20）当然不希望啊，谁希望自己真实身份被暴露啊。

（2019 - 20）但其实就是粉丝内部也有自己给自己的鼓励，像是有一些清华北大那些粉丝，他们就会站出来说我喜欢他，我觉得我并没有什么不对的。然后我的学历是你们，可能是很多人够不到的学历，然后我在我的专业上非常的精湛……他们就是会站出来鼓励大家说承认自己是蔡徐坤的粉丝，并不会让自己低人一等。反而如果你是个更优秀的人，会让大家会觉得蔡徐坤的粉丝原来是这么优秀的人，对他们会去说出来，然后也会鼓励大家成为更优秀的人。

线上到线下的身份转换实现过程受到一些因素的影响，其中"偶像保障"尤为凸显。所谓偶像保障，是指明星的口碑好、国民认可度高。一般而言，只有在有偶像保障的情况下，粉丝才会愿意向现实生活中的他人介绍自己的粉丝身份；在没有偶像保障的情况下，粉丝身份在现实生活中便会被隐藏。此外，小众明星的粉丝更容易在现实生活中被展现，以达到凸显自我、提升自尊的目的。由此可见，偶像保障是粉丝线上到线下认同转换的保障性因素。

（2019 - 258）通俗来讲，就是说你喜欢一个明星，你可以很大方地跟别人说，你是他的粉丝，而不会被别人取笑、被别人骂、被别人讨厌，这就叫偶像保障。对，就是让你毫无顾忌地讲出你是他的粉丝，而不会受到任何的非议。

需要说明的是，粉丝的线上行为与其线上身份之间通常保持高度一致，粉丝行为线上化，能够更好地维护粉丝认同、促进粉丝行为。从这个角度而言，线上身份也是粉丝认同保持的促进因素。

（2019－220）当她们在站子皮下的时候，其实她们相当于已经隐去了自己个人的一个身份，只是作为站子的皮而活。

除此之外，粉丝的线上身份可能对线下现实生活产生影响。最典型的例子便是与其他粉丝通过线上的互动，在线下的现实生活中成为好朋友。这种线上身份对线下现实生活的影响，成为粉丝经历中"最重要"的意义来源，粉丝朋友的获得被粉丝个体认为是极为重要的体验。

（2019－105）意义特别重大，我觉得最重要的就是交到了好朋友，我之前去找过她们，她们也来找过我。

综上所述，互联网为粉丝提供了身份的延续及扩展。线上身份与线下身份使粉丝具备双身份系统（见图2），这两个系统能够互相影响，粉丝身份也能够在二者之间进行转换。线下身份向线上身份的转换是粉丝行为的促进性因素，而线上身份向线下的渗透则倚赖于粉丝身份转换的保障性因素。具体而言，在层级身份、投入度、身份纯净度三个分类标准上，2009年和2019年的粉丝所表达的认同转换方式有所不同，2019年的粉丝在这三个维度内各自的身份转换主要发生在线上，而2009年的粉丝虽然在线上也有体现，但更多的身份转换发生在线下的现实生活中（线下互动中）。在角色关系这一维度上，两批数据都有所体现，并且明星与粉丝的角色关系不仅仅体现在线上的粉丝身份认同中，同样也体现在现实中粉丝内心需求的满足上。此外，十年前后的数据都能表明，粉丝朋友是粉丝线上身份向线下身份转换的核心出口及体现形式，实现了线上身份与线下身份的互通。总体而言，只有当线下的现实身份能够提升线上的粉丝身份时，粉丝才会在线上展露自己的线下身份，这也实现了线下身份到线上身份的渗透。而线上身份向线下身份转换（展示）的前提则是"偶像保障"，与线下身份向线上身份的转换一样，其背后的动机也是自我形象的保持与自尊的提升。因此，这一研究结果拓展了社会认同理论在多维世界（线上与线下）中的运用。

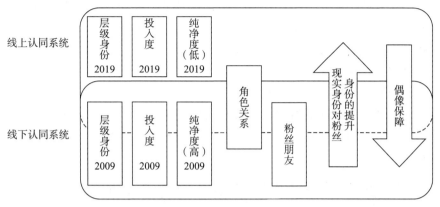

图2　互联网与粉丝身份"流动"：粉丝认同的双系统模型

四　讨论与结论

（一）粉丝认同视角下的粉丝行为

本研究从粉丝认同的理论问题出发，描述了粉丝行为及文化。研究基于社会认同理论及认同理论，结合粉丝群体身份的转换、粉丝个体认同建构及终止的过程，诠释了粉丝行为并还原粉丝行为背后的心理过程。这是继以球迷为例的粉丝认同研究之后，以娱乐明星的粉丝为例展开的对粉丝现象的探究。本研究发现了与以往研究揭示的规律相符的结果。例如，与"沉湎于反射到的光芒"（Wann & Branscombe，1990）这一球迷认同规律一致，本研究发现了娱乐明星的粉丝存在以提升自尊为目的而产生的认同转换，也会借助于"偶像保障"来促进线上身份对线下身份的渗透等。

更重要的是，结果还发现了很多以往研究中并未提及的认同规律。例如，娱乐明星粉丝的认同对象多元化远超过球迷，虽然粉丝认同始于对明星人设的认可，然而，对粉丝文化、粉丝群体乃至自己的粉丝身份定位的认同的变化都可能导致粉丝认同的结束与粉丝行为的终止。换言之，娱乐明星粉丝认同起止的对象可能并不对等，认同终止的影响因素更为复杂。又如，娱乐明星的粉丝认同策略更为复杂。规避"鄙视"、规避"身份混乱"，以及"虐"文化都是娱乐明星粉丝文化中独特的认同转换策略。此外，本研究发现，与球迷对球队的认同相比，娱乐明星粉丝对某个明星的认同维持时间更短、娱乐明星粉丝的身份更少地渗透到现实生活中等，这与娱乐明星粉丝认同的高流动性紧密相关。

研究通过对粉丝认同过程的探究，实践了认同理论与社会认同理论的联结与契合。粉丝身份的建立是个体与所喜爱的明星之间建立联系的途径，也是明星"流量"的客观指标，因此，粉丝与明星之间存在身份的紧密联结，这使得明星或明星人设成为粉丝个体自我概念的重要组成部分。同时，粉丝个体围绕所喜爱的明星，自发地以群体的形式进行粉丝行为，其行为特征遵循社会认同理论的一般规律。这些在娱乐明星粉丝文化中特有的认同规律，能够丰富我们对社会认同理论及认同理论的理解。

（二）互联网与数字身份：娱乐明星粉丝文化的表达方式

从粉丝认同的双系统模型来看，当前的粉丝文化倚赖于互联网平台获得实现，数字身份才是粉丝行为表达的核心出口。不仅如此，明星的商业价值在很大程度上也取决于粉丝为其制造出来的数字形象（"流量"）。

相比于从前的组织架构紧密的网络平台（贴吧）与唯一性的数字身份（贴吧 ID），当前信息的发布和获取更为方便快捷，组织架构互通的网络平台（微博）与多重性的数字身份（微博 ID）为粉丝身份的流动提供了更有利的条件，也成为塑造当前粉丝文化模式的重要影响因素。当前粉丝群体内部层级更为扁平化，粉丝能否获得粉丝群体内更高地位不再取决于与群体内他人的人际关系，而更多依赖自身的投入度。当前的粉丝在群体内向高层级流动更为容易；粉丝的数量和规模变大；粉丝身份的纯净度更低。

虽然十年前后的粉丝文化主要是通过互联网行为反映出来的，但我们发现其与现实社会中的不同社会环境（如礼俗社会与法理社会，参见陈咏媛、康莹仪，2015）所体现出的不同社会生态特征的规律十分吻合。在十年前的互联网环境下，粉丝身份"流动性"更低，而相比之下，当前互联网环境下的粉丝身份"流动性"更高。这表明，当我们将互联网视作一种社会生态学因素时，人们在互联网背景下所表现的行为规律与现实社会中的行为规律是大体一致的。因此，互联网环境也应被视为一种社会生态学因素纳入未来的研究与讨论中。

（三）粉丝身份"流动"：理解粉丝行为的重要途径

本研究通过粉丝的话语描绘了粉丝身份的建构、保持、转换及终止，以及在这一过程中粉丝所采用的认同策略。研究结果展示了娱乐明星的粉丝文化，而这一文化似乎是一种身份"流动"的动态体现。

我们用粉丝身份"流动"来诠释粉丝认同变化的全过程：粉丝认同的变化不是单维水平上的变化，也体现为认同对象的转变，而这些转变又带有方向性的表达。现有的概念并不足以诠释这一多元复杂的过程，而"身份流动"一词不但包括认同程度含义的表达，也能体现身份变化的指向性（方向）和表达方式（策略）。

粉丝身份"流动"的理论框架将社会认同理论与认同理论进行整合，以解释粉丝现象，并更为全面地还原了粉丝行为及背后的心理过程。粉丝身份"流动"的规律可以反映粉丝认同转换的策略，这些策略在群体层面有助于粉丝行为的卷入，在个体层面又有助于粉丝认同的建构。

在粉丝身份"流动"的视角下，与其说粉丝文化是一种群体行为，不如说粉丝文化其实是一股变化的力量，这股力量几乎不受时空限制，并能够自由表达。"全网追星女孩三百人。"（2019 - 34）看似一句玩笑话，实则反映了由粉丝身份的快速"流动"导致的粉丝行为的快速转变与复杂化。

（四）粉丝文化与社会心态

粉丝现象能够反映当前我国娱乐产业链中年轻一代的社会心态，而社会心态又是社会发展的"风向标"和"晴雨表"。因此，粉丝现象背后个体的心理需求和动机对构建健康社会至关重要，值得反思。粉丝身份为个体提供了身份"流动"的契机，个体能够通过粉丝的个体身份及群体身份，获得自我概念的丰富、延伸和转换，并提升自己的群体归属感和社会支持。个体甚至能够通过粉丝行为获得日常生活中难以获得的成就感。这些都是粉丝文化带给人们的积极体验。

长期而单一的社会角色，可能增加个体的心理压力，也难以满足个体发展自我多样性乃至自我实现的高级心理需求。透过粉丝现象，我们看到，在当前社会，伴随互联网科技产业的发展，这种身份的高"流动"性能够为个体心理带来积极影响。这些研究结果和启示，也使我们提出进一步的预测：增强社会中个体的社会角色多样性及社会角色转换的容易程度、弱化社会角色刻板印象，可能促进个体的心理健康水平，进而推动构建健康的社会心态。

参考文献

陈咏媛、康萤仪，2015，《文化变迁与文化混搭的动态：社会生态心理学的视角》，载杨宜音主编《中国社会心理学评论》第 9 辑，社会科学文献出版社。

郑欣，2007，《当平民遭遇"皇后"："粉丝"及其偶像崇拜行为研究——以后选秀时代的"玉米"粉丝为例》，《青年研究》第 3 期。

周晓虹，2008，《认同理论：社会学与心理学的分析路径》，《社会科学》第 4 期。

Algesheimer, R. , Dholakia, U. M. , & Herrmann, A. 2005. The social influence of brand community: Evidence from European car clubs. *Journal of Marketing*, 69 (3), 19 – 34.

Bargh, J. A. , McKenna, K. Y. , & Fitzsimons, G. M. 2002. Can you see the real me? Activation and expression of the "true self" on the Internet. *Journal of Social Issues*, 58 (1), 33 – 48.

Behm-Morawitz, E. 2013. Mirrored selves: The influence of self-presence in a virtual world on health, appearance, and well-being. *Computers In Human Behavior*, 29 (1), 119 – 128.

Belk, R. W. 2013. Extended self in a digital world. *Journal of Consumer Research*, 40 (3), 477 – 500.

Belk, R. 2014. Digital consumption and the extended self. *Journal of Marketing Management*, 30 (11 – 12), 1101 – 1118.

Berendt, J. , & Uhrich, S. 2016. Enemies with benefits: The dual role of rivalry in shaping sports fans' identity. *European Sport Management Quarterly*, 16 (5), 613 – 634.

Bernache-Assollant, Laurin, & Bodet. 2012. Casual spectators and die-hard fans' reactions to their team defeat: A look at the role of territorial identification in elite french rugby. *International Journal of Psychological Research*, 5 (1), 5 – 16.

Bhattacharya, C. B. , Rao, H. , & Glynn, M. A. 1995. Understanding the bond of identification: An investigation of its correlates among art museum members. *Journal of Marketing*, 59 (4), 46 – 57.

Bourdaa, M. , & Delmar, J. L. 2016. Contemporary participative TV audiences: Identity, authorship and advertising practices between fandom. *Participations: Journal of Audiences & Reception Studies*, 13 (2), 2 – 13.

Brubaker, R. , & Cooper, F. 2000. Beyond "identity" . *Theory and Society*, 29 (1), 1 – 47.

Burke, P. J. 1991. Identity processes and social stress. *American sociological review*, 56 (6), 836 – 849.

Cheung, C. K. , & Yue, X. 2000. Idol worshipping for vain glory, illusory romance or intellectual learning: A study in Nanjing and Hong Kong. *International Journal of Adolescence and Youth*, 8 (4), 299 – 317.

Cheung, C. , & Yue, X. D. 2012. Idol worship as compensation for parental absence. *International Journal of Adolescence and Youth*, 17 (1), 35 – 46.

Chiu, C. Y. , Leung, A. K. Y. , & Hong, Y. Y. 2010. Cultural processes: An overview. In A. K. Y. Leung, C. Y. Chiu, & Y. Y. Hong (eds.), *Cultural processes: A Social Psychological Perspective* (pp. 3 – 24) . New York: Cambridge University Press.

Cialdini, R. B. , & Richardson, K. D. 1980. Two indirect tactics of image management: Basking and blasting. *Journal of Personality and Social Psychology*, 39（3）, 406 – 415.

Cialdini, R. B. , Borden, R. J. , Thorne, A. , Walker, M. R. , Freeman, S. , & Sloan, L. R. 1976. Basking in reflected glory: Three（football）field studies. *Journal of Personality and Social Psychology*, 34（3）, 366 – 375.

Crisp, R. J. , Heuston, S. , Farr, M. J. , & Turner, R. N. 2007. Seeing red or feeling blue: Differentiated intergroup emotions and ingroup identification in soccer fans. *Group Processes & Intergroup Relations*, 10（1）, 9 – 26.

Dixon, J. , & Durrheim, K. 2004. Dislocating identity: Desegregation and the transformation of place. *Journal of Environmental Psychology*, 24（4）, 455 – 473.

Doyle, J. P. , Lock, D. , Funk, D. C. , Filo, K. , & McDonald, H. 2017. 'I was there from the start': The identity-maintenance strategies used by fans to combat the threat of losing. *Sport Management Review*, 20（2）, 184 – 197.

Fisher, R. J. , & Wakefield, K. 1998. Factors leading to group identification: A field study of winners and losers. *Psychology & Marketing*, 15（1）, 23 – 40.

Funk, D. C. , & James, J. 2001. The psychological continuum model: A conceptual framework for understanding an individual's psychological connection to sport. *Sport Management Review*, 4（2）, 119 – 150.

Gwinner, K. , & Swanson, S. R. 2003. A model of fan identification: Antecedents and sponsorship outcomes. *Journal of Services Marketing*, 17（3）, 275 – 294.

Hirt, E. R. , Zillmann, D. , Erickson, G. A. , & Kennedy, C. 1992. Costs and benefits of allegiance: Changes in fans' self-ascribed competencies after team victory versus defeat. *Journal of Personality and Social Psychology*, 63（5）, 724.

Hong, J. , McDonald, M. A. , Yoon, C. , & Fujimoto, J. 2005. Motivation for Japanese baseball fans' interest in Major League Baseball. *International Journal of Sport Management and Marketing*, 1（1 – 2）, 141 – 154.

Hornsey, M. J. , & Jetten, J. 2004. The individual within the group: Balancing the need to belong with the need to be different. *Personality and Social Psychology Review*, 8（3）, 248 – 264.

Jacobson, B. 1979. The social psychology of the creation of a sports fan identity: A theoretical review of the literature. *Athletic Insight: The Online Journal of Sport Psychology*, 5（2）, 1 – 14.

Jackson, L. A. , Sullivan, L. A. , Harnish, R. , & Hodge, C. N. 1996. Achieving positive social identity: Social mobility, social creativity, and permeability of group boundaries. *Journal of Personality and Social Psychology*, 70（2）, 241 – 254.

Johar, G. V. , & Pham, M. T. 1999. Relatedness, prominence, and constructive sponsor identification. *Journal of Marketing Research*, 36（3）, 299 – 312.

Karniol, R. 2001. Adolescent females' idolization of male media stars as a transition into sexuality. *Sex Roles*, 44（1）, 61 – 77.

Keaton, S. A. , Watanabe, N. M. , & Gearhart, C. C. 2015. A comparison of college football and NASCAR consumer profiles: Identity formation and spectatorship motivation. *Sport Marketing Quarterly*, 24 (1), 43 – 55.

Lin, H., & Wang, H. 2014. Avatar creation in virtual worlds: Behaviors and motivations. *Computers in Human Behavior*, 34, 213 – 218.

Luhtanen, R., & Crocker, J. 1992. A collective self-esteem scale: Self-evaluation of one's social identity. *Personality and Social Psychology Bulletin*, 18 (3), 302 – 318.

MacIntosh, E., Abeza, G., & Lee, J. 2017. Enriching identity in the "fan nation". *Sport, Business and Management: An International Journal*, 7 (3), 315 – 331.

Madrigal, R. 1995. Cognitive and affective determinants of fan satisfaction with sporting event attendance. *Journal of Leisure Research*, 27 (3), 205 – 227.

Marcu, S. 2014. Mobility and identity in a wider European Union: Experiences of Romanian migrants in Spain. *European Societies*, 16 (1), 136 – 156.

McCutcheon, L. E., Lange, R., & Houran, J. 2002. Conceptualization and measurement of celebrity worship. *British Journal of Psychology*, 93 (1), 67 – 87.

Ourahmoune, N. 2016. Narrativity, temporality, and consumer-identity transformation through tourism. *Journal of Business Research*, 69 (1), 255 – 263.

Parncutt, R. 2018. Mother-infant attachment, musical idol worship, and the origins of human behaviour. *Musicae Scientiae*, 22 (4), 474 – 493.

Qiu, L., Lin, H., & Leung, A. K. Y. 2013. Cultural differences and switching of in-group sharing behavior between an American (Facebook) and a Chinese (Renren) social networking site. *Journal of Cross-Cultural Psychology*, 44 (1), 106 – 121.

Tajfel, H. 1970. Experiments in intergroup discrimination. *Scientific American*, 223 (5), 96 – 103.

Tajfel, H., Billig, M. G., Bundy, R. P., & Flament, C. 1971. Social categorization and intergroup behaviour. *European Journal of Social Psychology*, 1 (2), 149 – 178.

Tajfel, H., & Turner, J. 1979. An integrative theory of intergroup conflict. In W. G. Austin & S. Worchel (eds.), *The Social Psychology of Intergroup Relations* (pp. 33 – 47). Monterey, CA: Books/Cole.

Tajfel, H., Turner, J. C., Austin, W. G., & Worchel, S. 1979. An integrative theory of intergroup conflict. *Organizational Identity: A Reader* (pp. 56 – 65). New York: Oxford University Press.

Tajuddin, A., & Stern, J. 2015. From brown Dutchmen to Indo-Americans: Changing identity of the Dutch-Indonesian (Indo) diaspora in America. *International Journal of Politics, Culture, and Society*, 28 (4), 349 – 376.

Wann, D. L., & Branscombe, N. R. 1990. Die-hard and fair-weather fans: Effects of identification on BIRGing and CORFing tendencies. *Journal of Sport and Social Issues*, 14 (2), 103 – 117.

Wann, D. L., & Branscombe, N. R. 1993. Sports fans: Measuring degree of identification with their team. *International Journal of Sport Psychology*, 24 (1), 1 – 17.

Wann, D. L., & Branscombe, N. R. 1995. Influence of level of identification with a group and physiological arousal on perceived intergroup complexity. *British Journal of Social Psychology*, 34 (3), 223 – 235.

Wann, D. L. , & Dolan, T. J. 1994. Attributions of highly identified sports spectators. *The Journal of Social Psychology*, 134 (6), 783 – 792.

Winands, M. , Grau, A. , & Zick, A. 2019. Sources of identity and community among highly identified football fans in Germany. An empirical categorization of differentiation processes. *Soccer & Society*, 20 (2), 216 – 231.

Zhang, X. X. , Liu, L. , Zhao, X. , Zheng, J. , Yang, M. , & Zhang, J. Q. 2015. Towards a three-component model of fan loyalty: A case study of Chinese youth. *PLOS ONE*, 10 (4), 1 – 16.

《中国社会心理学评论》　第 20 辑
第 204～229 页
© SSAP，2021

职业流动意愿的类型及其影响机制[*]

——基于 CLDS2012 数据的实证研究

武朋卓　谭旭运　董洪杰[**]

摘　要：本文区分了职业流动意愿的不同类型，并探讨了社会结构因素（主客观社会地位）、组织情境因素（工作自主性、工作负荷）以及职业心理因素（职业需求满足、职业满意度）对于不同职业流动意愿的影响机制。依据 CLDS2012 调查数据的回归分析，发现职业满意度与职业需求满足是影响职业流动意愿的重要因素，但两者均不能解释间接职业流动意愿。其中，职业满意度仅能预测直接职业流动意愿，职业需求满足能预测直接职业流动意愿与职业流动意愿迟疑，生存需求满足在职业流动意愿中具有基础作用。主客观社会地位都能够直接影响职业流动意愿，但影响的作用方式存在差异。客观社会地位（职业地位）仅能预测直接职业流动意愿，主观社会地位（未来地位）能预测直接职业流动意愿与间接职业流动意愿，而主观社会地位（过去地位）还能预测职业流动意愿迟疑。工作自主性（任务自主性、强度自主性）能分别通过生存需求满足与职业满意度间接影响直接职业流动意愿，工作自主性（任务自主性）能预测间接职业流动意愿与职业流动意愿迟疑。而脑力劳动频率与体力劳动频率对职业流动意愿的

　*　本文是深圳市哲学社会科学规划课题（SZ2019D002）、北京市社会科学基金一般项目（19JYB015）、中国社会科学院青年科研启动项目（2020YQNQD0098）的阶段性成果。
**　武朋卓，甘肃省武威市大数据服务中心研究实习员；谭旭运，中国社会科学院社会学研究所助理研究员；董洪杰，内蒙古师范大学心理学院讲师，通讯作者，E-mail：dong-hongjie@ aliyun. com。

影响有所差异，但都不能直接解释职业流动意愿。

关键词： 职业流动意愿　社会地位　职业需求满足　职业满意度

一　引言

市场经济发展与就业信息畅通为人们提供了更多的职业选择机会，在社会上不同种类、不同地位层级之间的职业流动也成为一种普遍的社会现象。职业流动意愿表现为希望离开目前所在组织或所从事工作的行为意向或态度，在个体层面反映出人们的职业心态与职业倾向变化，而在宏观层面上则反映出社会的流动程度与职业结构发展状况。在产业结构变化的背景下，专业职位供应锐减与岗位技能需求攀升对于从业人员的倦怠、离职（turnover）和转职（turn away）意愿均具有影响（Armstrong, Brooks, & Riemenschneider, 2015）。劳动力市场的急剧变化意味着跨越个人职业生涯的转职与职业内的稳定流动一样普遍。与过去那些依靠组织提供个人社会身份和职业身份的传统"有边界"职业不同，职业转换有可能由社会因素和个人因素代替了组织因素驱动。为此考察职业变更意愿需要充分考虑"心理、社会学和经济性质等决定因素"（Mueller & Price, 1990），也有必要放在就业者社会流动的过程层面理解其职业流动意愿。与此同时，职业流动意愿相关的研究虽从不同程度探讨了职业心理变量、组织情境变量与社会结构变量的作用，但依然存在显而易见的变量结构问题。一方面，组织情境变量注重企业中"人－人"系统的组织管理结构因素的作用，而忽略了"人－物"系统方面工作负荷与自主性等组织情境因素的影响。另一方面，诸多研究对于社会结构变量分析依然较为粗略，甚至只是将这类变量视为样本描述统计可供参考的人口背景特征。这样处理无疑会剥离职业的社会属性特征，从而将变换职业的意愿简化为个体离开组织的心理倾向。鉴于此，不同于学界侧重组织因素与个体因素的离职倾向研究，笔者将使用职业转换内涵更为丰富的职业流动意愿概念代替离职倾向概念，并尝试考察职业流动意愿及其影响因素，以期丰富学界对于当代中国社会中职业"流动性"的理解。在接下来的文献梳理中将厘清离职倾向与职业流动意愿的区别，进一步梳理职业心理因素、组织情境因素和社会结构因素对职业流动意愿的影响。并在此基础上提出研究假设，运用2012年中国劳动力动态调查（China Labor-force Dynamics Survey, CLDS）数据验证职业心理因素、组织情境因素和社会结构因素是否以及如何影响人们的职业流动意愿。

（一） 离职倾向与职业流动意愿

虽然研究者对理解雇员离职成因的研究兴趣有所增加 （Griffeth, Hom, & Gaertner, 2000），但从总体来看，学术领域早期文献往往将离职倾向 （turnover intention） 视为组织效能与组织稳定性的重要指标，其实际上更侧重于组织更替 （organizational turnover） 而不是职业更替 （occupational turnover） （Van der Heijden et al., 2009）。从结果来看，职业更替与组织更替都表述了自愿退出工作职位的情形，但组织更替往往聚焦组织职位的雇员流失，而职业更替则意味着转换组织和职业生涯的双重后果 （Van der Heijden et al., 2018）。而从过程来看，寻找新工作的意愿通常先于离职倾向和实际离职 （Mobley & William, 1977），但研究者往往悬置离职倾向 （intention to leave） 与寻找新工作的意愿 （intention of seeking a new job） 的差异。

鉴于离职倾向概念并不足以反映员工离职的动因、机会、方式等方面的差异，有研究者尝试用工作流动意愿 （job mobility intentions） 统摄离职与转职概念 （Joseph & Koh, 2012）。也有研究将工作流动意愿的内涵局限于转职，用于描述退休后通过改变工作类型继续工作 （Carlos-María et al., 2018）。还有研究试图另行区分更换职业意愿 （Willingness to Change Occupations, WCOs） 与更换工作意愿 （Willingness to Change Jobs, WCJs）。前者是指从事某项未必有从业资格且 （或） 未曾从事过的职业的愿望，后者内涵则更为宽泛，包括在组织内承担新的任务和职责或是任务和职责不变地转换到新组织 （Otto, Dette-Hagenmeyer, & Dalbert, 2010）。

尽管对工作不满是促使雇员探索新工作的一个因素 （Peake & McDowall, 2012），但是更换到新职位并非雇员的唯一选择。实际的职业改变意愿是职业退出认知 （career withdrawal cognitions） （包括改变职业的意图） 与寻找和提供替代方案相结合的结果 （Rhodes & Doering, 1983）。对于离职倾向与转职倾向这样跨角色转变 （inter-role transitions） 的直接类型，可称为 "直接职业流动意愿"。除此之外，雇员还有职业角色转变的间接形式或过渡形式。当代的职业生涯发展也表现为，再培训与继续教育成为失业者找到新工作或在业者过渡到不同职业的手段，从而确保或提升他们的职位 （Otto, Dette-Hagenmeyer, & Dalbert, 2010）；而当职业发展吸引力不足，劳动者选择返回家庭则是职业角色转换的另一种间接表现，笔者将二者统称为 "间接职业流动意愿"。而如果这时没有合适的替代工作 （或职业），选择停职待业观望则是变更职业前的迟疑情形，可称为

"职业流动意愿迟疑"。

综合来看，离职、转职、接受技术培训以及返回家庭或待业观望反映出职业流动的不同表现形式，为此笔者使用职业流动意愿（Occupational Mobility Intention）描述雇员跨角色转变的准备状态，包括"直接职业流动意愿"、"间接职业流动意愿"与"职业流动意愿迟疑"三种类型。与此相对应，研究还引入"没有职业流动意愿"作为研究基线，与三类职业流动意愿相对照。由于这里界定的"职业流动意愿"鲜有直接研究，但内涵表述与变量关系可以散见于离职倾向的诸多文献论述之中，故此本文需要借用离职倾向的文献进行说明，在接下来的文献叙述里对于离职倾向与职业流动意愿的使用将不再进行格外区分，而是在研究设计里详细分析职业流动意愿的类型，并进一步检视可能的成因。

（二）职业心理变量与职业流动意愿

探讨职业心理变量对职业流动意愿的影响的研究非常丰富，心理学家主要强调的是"工作的主观经验"对职业流动的重要性（George & Jones，1996）。诸多研究指出，对工作的态度特别是工作满意度与离职倾向之间存在着密切的关系（Hayes et al.，2012；Brewer et al.，2015）。早期研究发现，离职倾向较高的员工表现出较低的工作满意度水平（Mobley & William，1977）。后续的研究表明，职业满意度与特教教师（陈立、杨鹃，2017）、职业经理人（李云、李锡元，2011）、科研人员（谷志远，2010）、知识员工（彭川宇，2008）、空乘人员（Chen，2006）、临时外包雇员（Slattery & Rajan Selvarajan，2005）、护士（Mrayyan，2005）的职业流动意愿存在显著的负相关关系。研究者还关注到职业认同（范国锋、王浩文、蓝雷宇，2015）、职业承诺（尚伟伟、沈光天，2017）也都与职业流动意愿之间存在显著的负相关关系，但这两者与职业流动意愿的关系之间还另有中间变量。研究者对川渝地区特教教师的调查发现，工作满意度在职业认同与调换学校倾向中起完全中介作用，在职业认同与更换职位倾向中起部分中介作用（陈立、杨鹃，2017）。虽然在文献中提出了更为全面的解释模型，但 Valentine 等（2011）坚持认为工作满意度是离职倾向最有效的预测因素。

职业需求与薪资奖励的不平衡也被广泛认为是离职的关键因素（Depanfilis & Zlotnik，2008）。职业需求是劳动者有意识追求特定职业目标的动机，可解释人们职业情境中的特定行为。Alderfer（1969）重新界定了马斯洛的需求分类，提出人们在组织环境中的生存、归属与成长三类需求

（ERG 理论）。生存需求指的是个人对薪酬、福利和体力劳动资源的关注；归属需求是从重要的他人（如家人和同事）那里获得尊重和爱的动机；成长需求则是驱使人们通过学习克服挑战寻求职业发展的需求。考察员工的职业需求可为职业流动意愿提供一个有用的概念。那么，生存需求是否对劳动者的职业流动意愿起到关键作用？某类需求的不满足能否影响劳动者追求其他职业需求的动机从而导致职业流动意愿？现有文献中对这方面的探讨较为匮乏，仅有儿童福利个案工作者的研究发现：在三类需求中，成就感、有所作为和实现个人职业目标代表的成长需求对离职倾向的影响最大，既有直接影响也有间接影响；而对生存需求的不满只有在成长需求得不到满足的情况下才会影响离职倾向（Chen，Park，& Park，2012）。当能力、相关性和自主性的基本心理需求（BPN）未得到满足时，护士可能会出现更高的离职倾向。近期的研究验证了以工作需求－资源（JD－R）为基础的离职倾向评估模型，结果表明工作需求多而工作资源少（体验到"耗竭"）的员工离职倾向较强（Iguchi，2016；Scanlan & Still，2019）。

从上文的梳理中可以看出，职业满意度是职业流动意愿的直接决定因素，也有研究表明职业需求能影响工作满意度（陈万思、尹春柳，2009）。翁清雄、席西民（2010）则发现职业目标进展与职业能力发展交互作用于离职倾向，职业承诺越高的员工越可能因职业能力发展受限和晋升缓慢而产生职业流动倾向。也有研究认为雇员相关心理需求也对工作和工作满意度方面起着重要作用（Schmitt et al.，1978）。因此，在职业需求、职业满意度和职业流动意愿三者之间形成一个"职业需求满足－职业满意度－职业流动意愿"的递推关系，有以下假设。

假设 1：职业需求满足影响职业流动意愿，职业满意度具有部分中介作用。

（三）组织情境变量与职业流动意愿

组织情境变量对职业流动意愿的影响在以往研究中探讨较多，尽管大量文献关注到职业流动意愿与工作特性之间的联系，但是多集中于职业态度和行为方面的研究变量。研究表明人际关系（司林波，2009）、工会成员资格（Claudio & Lucifora，1998）、领导反馈环境（田慧荣、张剑、陈春晓，2017）能反向预测职业流动意愿；而职场排斥（尹奎、刘永仁，2013）、流动限制（赵尚梅、张敏敏、傅杰，2010）、职业阻隔（范向丽、郑向敏，2016）、程序公正感（周倩、施俊琦、莫申江，2016）则正向预测职业流动意愿。也有研究表明，被调查者与同事的冲突和与主管的冲突是其职业流动（外部流动与内部流动）的影响因素（De Raeve et al.，2009）。此外，一些研究还发现组织情境变量与职业流动意愿之间的一些中介或调节变量。研究发现，职业适应能力在领导反馈环境和员工职业流动意愿之间起中介作用（田慧荣、张剑、陈春晓，2017），自我效能感在职业阻隔对职业流动意愿的预测作用中起一定的调节作用（范向丽、郑向敏，2016），组织认同在职场排斥与职业流动意愿中起完全中介的作用（尹奎、刘永仁，2013）。

工作负荷（Workload）描述了员工在工作中分配到的工作量情况，也会影响员工的职业流动意愿。已有研究指出，工作负荷、压力和职业流动意愿之间存在正相关关系（Qureshi et al.，2012）。恶劣或不利的工作条件被认为是员工职业流动意愿过高的主要原因（Milman，2002）。当雇主不采取必要措施改善工作环境，处于不利工作环境的员工就有可能自发离开现有雇主（Cottini，Kato，& Westergaard-Nielsen，2011）。药学专业学生样本的研究表明，工作负荷对自主需求（autonomy）和归属需求（related-ness）的满足程度有负面影响（Basson & Rothmann，2017），而且当员工收到的工作任务太多又要赶工期时，就会对工作感到不满意（Silva & Paula，2006）。Lea 等（2012）的文献梳理指出，社区药剂师的工作负荷增加导致工作压力增加，使工作满意度下降。Hoogendoorn 等（2002）的研究发现，与高心理负荷（high psychosocial load）相比，较高的体力负荷（high physical load）与腰痛所致的疾病缺勤增加存在更强的相关性；而提高工作满意度和工作上的社会支持可能有助于预防腰痛导致的疾病缺勤。此外，也有研究对比了情绪劳动不同维度对职业流动意愿的影响差异，指出表层劳动对企业员工职业流动意愿具有显著的正向影响，而深层劳动则具有显著的负向影响（钱士茹、丁明明、江曼，2015）。

工作自主性也是影响职业流动意愿的重要因素。工作自主性是指员工在工作中自由裁量的权限（Demers，1995），包括个人在工作安排、工作方式上的自由程度及独立性和裁量权的大小（Hackman & Oldham，1976）。独立起作用而没有限制的员工具有较高的工作自主性，具有更多依赖功能和工作约束的员工具有较低的工作自主性（Buffum，1987）。首先，由于不同背景的人对工作要求不同，能否在工作中获得自主性会对他们的工作满意度和工作绩效产生不同的影响。工作自主性在一定程度上反映了雇员对工作特征的需求，是一种可以在激励工作动机、工作投入和工作绩效方面起重要作用的心理资源，可以防止情绪衰竭和人格化（Fernet et al.，2013），减轻工作压力与工作要求的影响（De Jonge，Demerouti，& Dormann，

2014）。其次，工作自主性也与工作满意度有关（Chung-Yan，2010），随着个人对工作控制程度的上升，工作满意度得到提升。医疗健康方面的职业研究表明，具有更大自主性的员工会对其工作表现出更高的满意度（Pron，2013；Yanchus et al.，2015）。研究表明，拥有新闻自主性的记者的职业认同和工作满意度呈正相关关系（McDevitt, Gassaway, & Perez, 2002）。在中国城镇居民的调查数据中也发现，在职群体中受过高等教育者更看重工作自主性，而在同等受教育程度条件下，更多的工作自主性带来更大的工作满意度（范皑皑、丁小浩，2007）。此外，经济和技术因素使灵活工作安排（Flexible Work Arrangements，FWAs）成为企业应对竞争加剧、市场动荡与劳动力需求变化的一种手段。已有研究发现，工作自主性会影响职业流动意愿。Shih 等（2011）发现在学习需求和激励的存在下，通过提升工作自主性可以减少工作倦怠，从而减少 IT 员工的职业流动意愿。以韩国音乐治疗师为对象的研究表明，工作要求与工作自主性对职业流动意愿的预测存在交互作用（Kim，2016）。但也有研究指出，弹性时间（flexi-time）、兼职（part-time）、工作分担（job-sharing）等非标准工作模式（non-standard work patterns）与私营部门人员的离职存在负相关关系（Stavrou，2005）。

工作负荷与工作自主性是人们对职业的暂时性、不稳定性的浅层心理感知，但在长期的职业生活条件下会转化为人们对深层的自身价值、生活价值的认识，从而能够影响劳动者的职业需求与职业满意度。Wild（1970）考察了女性体力劳动者的工作需求的来源，发现大多数操作人员对自我实现的需求较小，而未就业比例相对较高地区的被访者对安全需求的重视程度更高。Marwan 和 Al-Zoubi（2012）探讨了职业部门之间员工工作满意度的差异，发现技术人员和助理专业人员（如护士、会计师、实验室技术员等）的工作满意度最高，并归因为专门化机会以及以控制具体任务为主的工作性质，还提供了作为工作需求的智力挑战和技能发展机会。但也有研究发现，临时工和长期工对自主性或工作负荷感知存在反应差异，自主性对临时员工的工作满意度和组织承诺不具有预测作用，工作负荷对临时工作人员的生活满意度没有预测作用，而对长期工作人员有预测作用（De Cuyper & De Witte，2006）。可以推测工作负荷与工作自主性构成了职业需求与职业流动意愿的重要来源，有以下具体假设。

假设 2：工作负荷与工作自主性影响职业流动意愿，特定劳动类型的工作负荷越低，工作自主程度越高，职业流动意愿越低。职业需求满足与职业满意度具有部分中介作用。

（四）社会结构变量与职业流动意愿

也有部分研究探讨了主客观社会阶层等社会结构变量对职业流动意愿的影响。社会地位在一定程度上决定了人们最初的需求水平、强度和间接的工作认知（Schmitt et al.，1978）。客观物质资源和主观感知的社会地位差异形成了相对稳定的社会阶层感知（胡小勇等，2014），二者都会影响人们的职业流动意愿。Leiby 等人（2017）的研究指出，低 SES 大学生个体主要遵循缓慢生活史策略做出与长期的工作安全相一致的选择，不太可能在经济衰退时期选择会计职业。主观社会地位（Subjective Social Status，SSS）是人们对自身在特定社会等级体系中所处地位的看法，受到可获取的尊重和声誉等非客观指标影响，也会影响职业流动意愿（Singh-Manoux et al.，2003）。

就客观社会地位的具体指标来看，职业声望、学历水平和收入水平都是影响员工流动意愿的重要因素。研究发现，学历、职称、工资待遇都是影响农村教师流动意愿的重要因素（安晓敏、曹学敏，2017）。Herrbach 等（2004）基于 801 名法国经理的问卷调查表明，外部威望可通过提升组织承诺和工作满意度的中介作用，负向影响职业流动意愿。Ciftcioglu 和 Aydem（2013）则发现，外部职业声望感知与教师职业流动意愿之间存在显著负相关关系，情感职业承诺起完全中介作用。Smyth 等（2009）利用江苏省收集的农民工资料，发现较高的学历水平对职业流动意愿具有正向影响，而较高的收入则对职业流动意愿具有负向影响。针对职业经理人的研究发现，就其职业流动意愿对工作满意度变化的敏感程度而言，本科学历的比更低学历者更敏感（李云、李锡元，2011）。

主客观社会地位还会通过影响职业需求满足和职业满意度间接影响职业流动意愿。社会地位代表了人们经济资源、职业声望和社会权力的总体状况，会影响人们的心理需求结构与满足水平（Samli，2013）。研究发现，社会经济地位与未满足的卫生保健需求显著相关。在业劳工往往认为医疗保健需求未得到满足的关键原因在于缺乏时间，而那些处于弱势社会经济地位的病休或失业人员则归因为缺乏金钱（Lindström，Rosvall，& Lindström，2017）。另外，研究表明，被感知的尊重与工作满意度之间存在着显著联系（Henry，2011）。Ali 等（2015）调查了工作场所歧视对生活在美国各地穆斯林妇女的影响，结果表明自我报告社会阶层较低、工作场所的歧视、工作压力都预示着较低的工作满意度。新近研究也表明，主观社会地位高会显著提高护士的工作满意度，从而降低护士离职的意愿（Feng et al. , 2017）。与此同时，职业发展计划（career development programs）与职业需求（career needs）之间的差距对工作满意度也有显著的预测作用，职业需求得不到满足会降低职业满意度，进而增加职业流动意愿（Chen et al. , 2004）。

综上所述，主客观社会地位也可能通过影响人们的职业需求满足水平，从而影响职业满意度，成为形塑人们职业流动意愿的潜在因素。鉴于职业需求满足对职业满意度的稳定预测关系，主客观社会地位也可进一步制约工作满意度，进而影响人们的职业流动意愿。由此，可得到如下假设。

假设 3：主客观社会地位对职业流动意愿有显著的影响。具体表现为主观社会地位越高，职业流动意愿越低；客观社会地位方面，收入水平或职业地位越高则职业流动意愿越低，而学历水平越高则职业流动意愿越高。职业需求满足与职业满意度具有部分中介作用。

基于上述文献梳理，从人们工作生活的社会嵌入性（Ramesh & Gelfand，2010）来推测，职业需求会受到宏观社会地位与具体职业生活情境的影响。因此，本文将工作负荷与工作自主性看作职业需求的情境来源，将社会地位看作工作负荷与工作自主性和职业需求的社会基础，将职业流动的个体心理基础嵌于社会结构中。由此得到一个扩展的关系链："社会地位（结构性因素）-工作负荷与工作自主性（组织情境因素）-职业需求满足-职业满意度-职业流动意愿"（见图 1）。

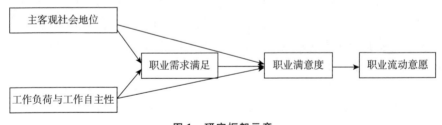

图 1　研究框架示意

概括来说，本研究借助上述扩展的关系链，一是探讨（主客观）社会地位和工作负荷与工作自主性是否构成职业需求或职业满意度的直接来源，二是探讨（主客观）社会地位和工作负荷与工作自主性是否构成经由职业需求或职业满意度进而影响职业流动意愿的社会基础和情境来源。以此回答（主客观）社会地位、工作负荷与工作自主性以及职业需求、职业满意度是否会构成职业流动意愿的基础。

二　研究方法

（一）数据来源

本研究数据来自 2012 年中国劳动力动态调查综合性数据库的劳动力个体横截面数据。CLDS2012 以 15～64 岁的劳动年龄人口为对象，采用多阶段、多层次、与劳动力规模成比例的概率抽样方法，样本覆盖中国 29 个省份，样本规模为 401 个村/居委会，14214 户家庭，23594 名个体。剔除各种缺省值数据后，本研究的数据样本为 3371（人）。

（二）变量测量与操作化

1. 因变量：职业流动意愿

职业流动意愿是指个体职业流动选择的倾向。对应的调查问题为：您未来 2 年内有何打算（最多选两项）？该问题共有 10 个回答选项，分析中归为四类，即没有职业流动意愿、直接职业流动意愿、间接职业流动意愿、职业流动意愿迟疑（见表 1）。没有职业流动意愿是指维持现状或没有考虑过；直接职业流动意愿是指直接选择更换工作或创业；间接职业流动意愿是指选择接受职业培训或是返回家庭；职业流动意愿迟疑是指具有暂时离职或其他选择，或是同时具有本研究框架多个类别的交叉选择。

表 1　"职业流动意愿"的构建

您未来 2 年内有何打算（最多选两项）	选项合并	形成四个二分变量	变量合成	类别
2. 继续目前的工作/上学	仅选择这两项	没有职业流动意愿	研究基线	没有职业流动意愿
8. 没有考虑过/维持现状				
1. 找一份新工作/创业	仅选择这一项	直接职业流动意愿	职业流动意愿	直接职业流动意愿
3. 离职脱产参加培训	仅选择这两项	间接职业流动意愿		间接职业流动意愿
5. 参加在职培训				
4. 离职生育子女	仅选择这两项			
6. 离职/半职回家照顾家人				
9. 暂时离职再继续工作	仅选择这两项之一	职业流动意愿迟疑		职业流动意愿迟疑
10. 其他（请说明）				
	交叉选择			

注：选项 7 为退休，不在本研究考察之列，相应选项的数据没有纳入分析。

2. 自变量：社会地位变量、组织情境变量、职业心理变量

（1）社会地位变量。社会地位变量包括主观社会地位与客观社会地位两类。主观社会地位采用目前、5年前与5年后的地位等级评估分别作为雇员现在、过去与未来主观社会地位的指标；客观社会地位采用个人收入水平、学历水平和职业地位3个指标。收入水平（年收入）在统计中进行对数转换以减少收入水平的变异性，职业地位是依照陆学艺（2004：138～165）有关十大社会阶层的处理方法①，最终将样本数据的职业类型归类为地位顺序提升的基础阶层和中间阶层。

（2）组织情境变量。组织情境变量包括工作自主性、工作负荷两类。工作自主性考察工作事项由雇员自己决定的程度，包括3个独立指标："工作任务的内容"（下称"任务自主"），"工作的进度安排"（下称"进度自主"），"工作量/工作强度"（下称"强度自主"）。均为1～3三点评分，1为完全自主，3为完全不自主。结果进行反向计分转换。

工作负荷关注雇员工作中需要特定劳动类型的频率情况，包括3个独立指标："繁重的体力劳动"（下称"体力劳动"），"频繁地移动身体位置"（下称"位移劳动"），"快速反应的思考或脑力劳动"（下称"脑力劳动"）。均为1～4四点评分，1为经常，4为从不。结果进行反向计分转换。

（3）职业心理变量。职业心理变量包括职业需求满足、职业满意度两类。职业需求满足是指个体实际职业满足自身需求的重要程度。对应题目：您目前的工作/最后一份工作在满足您的下列需求上重不重要？采用1～5五点评分，1为非常不重要，5为非常重要。按照Alderfer的ERG理论将题目中六类职业需求的满足情况简化为职业需求满足的三种类别。其中，"谋生"与"让自己心安"合并为"生存需求满足"（Cronbach's α=0.601）；"认识更多的人"与"获得尊重"合并为"归属需求满足"（Cronbach's α=0.694）；"兴趣"与"充分发挥自己能力"合并为"成长需求满足"（Cronbach's α=0.759）。

职业满意度是指个体对职业相关状况的满意程度评价。对应问题为：请对您目前的工作/最后一份工作状况的整体满意度评价。采用1～5五点评分，1为非常满意，5为非常不满意。结果进行反向计分转换。

---

① 基础阶层包括无业、失业、半失业者、农业劳动者、产业工人、商业服务业员工；中间阶层包括个体工商户、办事人员、专业技术人员；优势阶层包括私营企业主、经理人员、国家与社会管理者。

3. 控制变量：年龄、性别和健康状况

年龄为 18～60 岁的整数数据，性别为二分变量。健康包括健康概况、身体健康、精神健康 3 个独立指标，均为 1～5 五点评分，1 为非常健康，5 为非常不健康，结果进行反向计分转换。

（三）分析方法

研究数据运用 SPSS 21.0 进行统计分析，采用多元线性回归与多分类逻辑斯蒂回归。本文采用逐步法（温忠麟等，2004）对职业满意度和职业需求满足的中介作用进行检验，具体统计模型在研究结果中另行详述。

三　研究结果

（一）描述性统计

研究数据样本共 3371 人，基本概况为：男性 1973 人（占 58.5%），女性 1398 人（占 41.5%）；18～50 岁劳动群体 3081 人（占 91.4%），其中 18～25 岁 500 人（占 14.8%），26～30 岁 527 人（占 15.6%），31～35 岁 484 人（占 14.4%），36～40 岁 545 人（占 16.2%），41～45 岁 548 人（占 16.3%），46～50 岁 477 人（占 14.2%）；无正式教育 542 人（占 16.1%），小学 997 人（占 29.6%），初中 558 人（占 16.6%），高中（职高/中专/技校）834 人（占 24.7%），大专 159 人（占 4.7%），本科以上 281 人（占 8.3%）；没有职业流动意愿 2397 人（占 71.1%），职业流动意愿迟疑 300 人（占 8.9%），间接职业流动意愿 88 人（占 2.6%），直接职业流动意愿 586 人（占 17.4%）。

（二）统计模型与回归分析结果

本研究共有 3 个数学模型，模型一与模型二分别反映了职业需求满足（有 3 个子模型）、职业满意度（有 2 个子模型）的影响因素，两个模型均为多元线性回归模型，因变量 y 为职业需求满足或职业满意度。数学形式为：

$$y = b_0 + b_1 x_1 + \cdots + b_k x_k$$

模型三反映了职业流动意愿（有 2 个子模型）的影响因素，为多分类逻辑斯蒂回归（Multinomial Logistic Regression）模型，数学形式为：

$$\mathrm{logit}\, \frac{\pi_{流动}}{\pi_{非流动}} = \alpha + B_1 x_1 + \cdots + B_k x_k$$

　　3 个模型的等式右侧，B 或 b 为回归系数，α 或 b_0 为截距，x_k 为自变量。在多元线性回归模型中，分类变量以虚拟变量的形式引入；在逻辑斯蒂回归模型中的连续型变量以协变量的形式引入。在分析中将没有职业流动意愿作为参照类型，分别探讨其他三种职业流动意愿相对于没有职业流动意愿的发生概率。分析结果与模型主要统计指标如表 2 所示。表 2 中的数据分析结果可按两个标准进行观察（翁定军、范雅娜，2015）：（1）确定自变量是否具有影响，数据后的"*"等代表自变量对因变量的影响作用。（2）确定变量影响方向，在模型一和模型二中，凡数值大于 0 者，其对应的自变量与因变量是正相关关系，小于 0 者为负相关关系；在模型三中，凡数值大于 1 者为正相关关系，小于 1 者为负相关关系。据此分析得到以下统计结果。

　　（1）主客观社会地位能不同程度影响职业需求满足、职业满意度与职业流动意愿。在其他变量保持不变的情况下，客观社会地位方面，收入能正向预测生存需求满足（$b = 0.045$，$p < 0.05$）与职业满意度（$b = 0.044$，$p < 0.05$）；职业地位能正向预测归属需求满足（$b = 0.032$，$p < 0.1$）、成长需求满足（$b = 0.076$，$p < 0.001$）以及职业满意度（$b = 0.058$，$p < 0.05$），反向预测直接职业流动意愿的发生概率（$Exp（b）= 0.573$，$p < 0.001$）；学历对三类职业需求满足、职业满意度与职业流动意愿没有显著影响。主观社会地位方面，现在主观社会地位能正向预测生存需求满足（$b = 0.082$，$p < 0.001$）、归属需求满足（$b = 0.045$，$p < 0.05$）与成长需求满足（$b = 0.051$，$p < 0.05$）以及职业满意度（$b = 0.073$，$p < 0.01$）；未来主观社会地位能正向预测归属需求满足（$b = 0.060$，$p < 0.01$）、成长需求满足（$b = 0.072$，$p < 0.001$）以及职业满意度（$b = 0.080$，$p < 0.001$），还能正向预测职业流动意愿迟疑（$Exp（b）= 1.100$，$p < 0.01$）、间接职业流动意愿（$Exp（b）= 1.114$，$p < 0.1$）与直接职业流动意愿（$Exp（b）= 1.128$，$p < 0.001$）；过去地位对三类职业需求满足与职业满意度的影响不显著，但能反向预测职业流动意愿迟疑（$Exp（b）= 0.915$，$p < 0.05$）。

　　（2）工作负荷可影响职业需求满足、职业满意度，但对职业流动意愿的影响作用不显著。具体来看，体力劳动频率能正向预测生存需求满足（$b = 0.066$，$p < 0.01$），反向预测成长需求满足（$b = -0.045$，$p < 0.05$）与职业满意度（$b = -0.133$，$p < 0.001$）；脑力劳动频率能正向预测归属需求满足（$b = 0.084$，$p < 0.001$）与成长需求满足（$b = 0.127$，$p < 0.001$）。工作自主性可影响职业需求满足、职业满意度与职业流动意

表2　职业流动意愿与职业需求满足、职业满意度的影响因素（N=3371）

研究变量		模型一 因变量：生存需求满足	模型一 因变量：归属需求满足	模型一 因变量：成长需求满足	模型二A（不含职业需求满足）因变量：职业满意度	模型二B（含职业需求满足）因变量：职业满意度	模型三A（不含职业需求满足）因变量：迟疑/不流动	模型三A 因变量：间接/不流动	模型三A 因变量：直接/不流动	模型三B（含职业需求满足）因变量：迟疑/不流动	模型三B 因变量：间接/不流动	模型三B 因变量：直接/不流动
控制变量	年龄（年龄）	0.183*** (10.013)	0.052** (2.795)	0.107*** (5.857)	0.140*** (7.847)	0.103*** (5.966)	0.936*** (0.008)	0.943*** (0.013)	0.918*** (0.006)	0.940*** (0.008)	0.946*** (0.013)	0.922*** (0.006)
	性别（参照女）男	-0.076*** (-4.178)	0.002 (0.126)	0.009 (0.475)	0.000 (-0.018)	0.003 (0.156)	1.293+ (0.140)	0.828 (0.240)	1.525*** (0.111)	1.258 (0.141)	0.805 (0.241)	1.476** (0.112)
	健康状况 健康概况	-0.054** (-2.964)	-0.071*** (-3.813)	-0.100*** (-5.448)	-0.097*** (-5.450)	-0.069*** (-4.002)	1.072 (0.086)	1.186 (0.147)	1.001 (0.068)	1.056 (0.087)	1.185 (0.148)	0.994 (0.068)
	身体健康	0.065** (3.406)	0.000 (-0.007)	0.003 (0.141)	-0.014 (-0.773)	-0.019 (-1.063)	1.254** (0.087)	1.188 (0.146)	0.983 (0.074)	1.277** (0.088)	1.209 (0.147)	1.004 (0.074)
	精神健康	-0.053** (-2.863)	-0.012 (-0.658)	-0.029 (-1.584)	-0.091*** (-5.029)	-0.081*** (-4.666)	1.244** (0.082)	1.328* (0.138)	1.273** (0.065)	1.230* (0.082)	1.312+ (0.138)	1.259*** (0.065)
社会地位变量	学历水平 教育年限	-0.009 (-0.414)	-0.018 (-0.846)	0.019 (0.913)	-0.006 (-0.287)	-0.007 (-0.367)	1.005 (0.052)	0.980 (0.092)	0.938 (0.042)	1.010 (0.052)	0.981 (0.092)	0.937 (0.042)
	收入水平 年收入对数	0.045* (2.334)	-0.014 (-0.685)	-0.011 (-0.552)	0.044* (2.324)	0.044* (2.441)	1.413 (0.232)	1.002 (0.401)	0.759 (0.178)	1.446 (0.233)	1.041 (0.401)	0.777 (0.179)
	职业地位（参照基阶）职业阶层	0.021 (1.111)	0.032+ (1.706)	0.076*** (4.107)	0.058** (3.201)	0.040* (2.273)	0.803 (0.141)	0.703 (0.245)	0.573*** (0.109)	0.817 (0.141)	0.707 (0.245)	0.574*** (0.110)

续表

研究变量		模型一 因变量：生存需求满足	模型一 因变量：归属需求满足	模型一 因变量：成长需求满足	模型二A（不含职业需求满足）因变量：职业满意度	模型二B（含职业需求满足）因变量：职业满意度	模型三A（不含职业需求满足）因变量：迟疑/不流动	模型三A 因变量：间接/不流动	模型三A 因变量：直接/不流动	模型三B（含职业需求满足）因变量：迟疑/不流动	模型三B 因变量：间接/不流动	模型三B 因变量：直接/不流动
社会地位变量 主观社会地位	现在地位	0.082*** (3.649)	0.045* (1.972)	0.051* (2.288)	0.073** (3.340)	0.054* (2.579)	0.990 (0.044)	0.920 (0.071)	0.940+ (0.034)	0.995 (0.044)	0.926 (0.071)	0.947 (0.035)
	过去地位	0.010 (0.485)	-0.010 (-0.504)	-0.029 (-1.414)	-0.006 (-0.311)	0.000 (-0.026)	0.915* (0.040)	1.063 (0.065)	0.954 (0.031)	0.915* (0.040)	1.063 (0.065)	0.957 (0.031)
	未来地位	-0.028 (-1.351)	0.060** (2.891)	0.072*** (3.502)	0.080*** (3.995)	0.063** (3.263)	1.100** (0.035)	1.114+ (0.060)	1.128*** (0.028)	1.099** (0.035)	1.106+ (0.061)	1.121*** (0.028)
组织情境变量 工作自主性	任务自主	-0.054* (-2.533)	-0.034 (-1.564)	0.015 (0.690)	0.029 (1.428)	0.033+ (1.679)	0.990 (0.108)	1.478* (0.197)	1.085 (0.085)	0.984 (0.108)	1.465+ (0.198)	1.072 (0.086)
	进度自主	0.022 (0.928)	0.040 (1.643)	0.008 (0.333)	-0.009 (-0.373)	-0.015 (-0.683)	1.117 (0.111)	0.801 (0.200)	0.983 (0.088)	1.115 (0.112)	0.799 (0.201)	0.988 (0.089)
	强度自主	-0.013 (-0.539)	0.023 (0.956)	0.034 (1.460)	0.082*** (3.577)	0.074** (3.380)	1.146 (0.111)	0.838 (0.198)	1.054 (0.089)	1.143 (0.112)	0.835 (0.199)	1.045 (0.089)
工作负荷	体力劳动频率	0.066** (3.317)	-0.021 (-1.013)	-0.045* (-2.291)	-0.133*** (-6.839)	-0.126*** (-6.779)	0.921 (0.071)	0.896 (0.126)	1.001 (0.054)	0.932 (0.072)	0.911 (0.126)	1.021 (0.054)
	位移劳动频率	0.021 (1.106)	0.011 (0.562)	0.028 (1.475)	-0.016 (-0.837)	-0.023 (-1.297)	0.997 (0.06)	0.929 (0.105)	0.989 (0.047)	1.002 (0.06)	0.930 (0.106)	0.990 (0.048)
	脑力劳动频率	0.030 (1.585)	0.084*** (4.421)	0.127*** (6.779)	0.004 (0.213)	-0.029+ (-1.662)	1.089 (0.066)	1.121 (0.115)	1.035 (0.051)	1.104 (0.067)	1.119 (0.116)	1.038 (0.052)

续表

研究变量	模型一 因变量:生存需求满足	模型一 因变量:归属需求满足	模型一 因变量:成长需求满足	模型二 A（不含职业需求满足）因变量:职业满意度	模型二 B（含职业需求满足）因变量:职业满意度	模型三 A（不含职业需求满足）因变量:迟疑/不流动	模型三 A 因变量:间接/不流动	模型三 A 因变量:直接/不流动	模型三 B（含职业需求满足）因变量:迟疑/不流动	模型三 B 因变量:间接/不流动	模型三 B 因变量:直接/不流动
职业满意度 整体满意	／	／	／	／	／	0.875 (0.095)	0.793 (0.163)	0.653*** (0.074)	0.927 (0.100)	0.796 (0.169)	0.670*** (0.077)
组织情景变量 生存需求满足	／	／	／	／	0.063*** (3.644)	／	／	／	0.754** (0.101)	0.717+ (0.173)	0.680*** (0.080)
组织情景变量 归属需求满足	／	／	／	／	0.092*** (4.776)	／	／	／	1.228+ (0.112)	1.239 (0.197)	1.135 (0.090)
组织情景变量 成长需求满足	／	／	／	／	0.185*** (9.438)	／	／	／	0.799* (0.111)	0.988 (0.196)	0.997 (0.090)
模型拟合指标	判定系数 Adj R^2 = 0.054	判定系数 Adj R^2 = 0.023	判定系数 Adj R^2 = 0.064	判定系数 Adj R^2 = 0.108	判定系数 Adj R^2 = 0.180	卡方 χ^2 = 608.815 Cox&Snell R^2 = 0.165 Nagelkerke R^2 = 0.202 McFadden R^2 = 0.105			卡方 χ^2 = 643.346 Cox&Snell R^2 = 0.174 Nagelkerke R^2 = 0.212 McFadden R^2 = 0.111		

注：（1）$^+ p < 0.1$，$^* p < 0.05$，$^{**} p < 0.01$，$^{***} p < 0.001$；（2）模型一与模型二数据值为标准回归系数，括号内数值为 t 值；（3）模型三的数据为发生比 Exp（B），括号内数值为标准误差。

愿。具体来看，任务自主性能反向预测生存需求满足（$b = -0.054$，$p < 0.05$），正向预测间接职业流动意愿（Exp（b）$= 1.478$，$p < 0.05$）；强度自主性则能正向预测职业满意度（$b = 0.082$，$p < 0.001$）；位移劳动频率与进度自主对职业需求满足、职业满意度与职业流动意愿均没有显著影响。

（3）从模型二 B 与模型三 A、模型三 B 中得到，职业需求满足影响职业满意度与职业流动意愿。具体来看，三类职业需求满足都能正向预测职业满意度，生存需求满足（Exp（b）$= 0.754$，$p < 0.01$）与成长需求满足（Exp（b）$= 0.799$，$p < 0.05$）可反向预测职业流动意愿迟疑，归属需求满足可正向预测职业流动意愿迟疑（Exp（b）$= 1.228$，$p < 0.1$）；生存需求满足可反向预测直接职业流动意愿（Exp（b）$= 0.680$，$p < 0.001$）。职业满意度能反向预测直接职业流动意愿（Exp（b）$= 0.670$，$p < 0.001$）。引入职业需求满足变量能提高职业满意度模型的判定系数（调整 $R^2 = 0.180$），而且具有显著的影响，也能提高职业流动意愿模型的卡方值与伪判定系数。汇总分析结果，还可得到职业流动意愿的影响因素及其关系，从而更加清晰地考察各变量之间的影响路径（见图 2）。

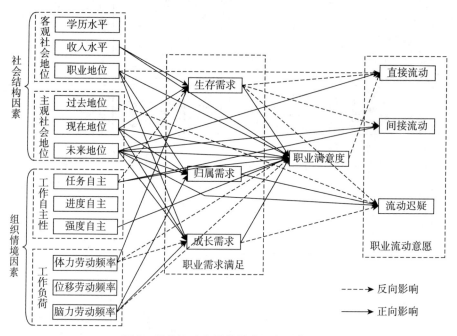

图 2　职业流动意愿的影响因素及其关系

四　结论与讨论

本文区分了职业流动意愿的不同类型：直接职业流动意愿、间接职业流动意愿、职业流动意愿迟疑。CLDS 2012 的调查数据表明社会结构因素（主客观社会地位）、组织情境因素（工作自主性、工作负荷）与职业心理因素（职业需求满足、职业满意度）对不同职业流动意愿的影响机制有所不同。

社会结构因素方面，主客观社会地位都能够影响职业流动意愿，但影响的作用方式有所不同。一方面，客观需求地位（职业地位）能影响直接流动意愿，主观需求地位中未来地位能影响直接流动意愿，过去地位则能影响职业流动意愿迟疑。另一方面，客观需求地位（收入水平）与主观需求地位（现在地位）均能通过生存需求满足间接影响直接流动意愿。主观需求地位（现在地位、未来地位）还可通过归属需求满足与成长需求满足间接影响职业流动意愿迟疑。有研究表明，主观社会地位与客观社会地位能以同样的方式影响人们的行为（Kraus et al.，2011），但也有证据表明主观社会阶层要比客观社会阶层对个体行为的预测力更强（Cohen et al.，2008）。研究结果展现了主客观社会地位对于职业流动意愿影响的作用方式差异，丰富了主客观社会地位对个体行为倾向作用过程与作用方式的解释。

组织情境因素方面，工作自主性中强度自主能通过职业满意度间接影响直接职业流动意愿；任务自主则能影响间接职业流动意愿，还能通过生存需求满足间接影响直接职业流动意愿迟疑。而工作负荷中脑力劳动频率与体力劳动频率对职业流动意愿的影响有所不同。两者都能通过职业满意度间接影响直接职业流动意愿；脑力劳动频率还能通过归属需求与成长需求满足间接影响职业流动意愿迟疑，归属需求和成长需求在脑力劳动对职业流动意愿的影响中起中介作用；而体力劳动频率则能通过生存需求与成长需求满足间接影响职业流动意愿迟疑。这一方面表明工作负荷（workload）可以经由职业满意度对直接职业流动意愿形成影响；另一方面则反映出非标准劳动关系（non-standard employment）对劳动力市场以及劳动者职业流动意愿的复杂影响（Cooke & Jiang，2017；Wooden & Warren，2004）。

职业心理因素方面，职业满意度与职业需求满足是影响职业流动意愿的重要因素，但两者均不能解释间接职业流动意愿。其中，职业满意度仅能预测直接职业流动意愿；职业需求满足中的生存需求满足能预测直接职业流动意愿，归属需求满足、成长需求满足则能预测职业流动意愿迟疑。职业满意度一方面可影响直接职业流动意愿，另一方面还可"汇聚"来自三类职业需求满足以及客观社会地位（收入水平、职业地位）、主观社会地位（过去地位、现在地位与未来地位）、强度自主性与体力劳动频率量的影响。职业需求满足对于职业流动意愿的影响，表现为不同职业需求满足都能"汇聚"客观社会地位、工作自主性与工作负荷等因素对职业流动意愿的影响，并经由职业满意度间接影响直接职业流动意愿，职业满意度具有的部分中介作用得到验证。生存需求满足能直接影响直接职业流动意愿，是职业需求满足中最为关键的要素。尽管从发展的角度可将人们的需求分为生存型需求、发展享受型需求以及更高层次的超越型需求（张翼，2016），并且有研究认为居民的需求类型随着宏观经济的发展逐渐由物质型向发展享受型升级（李路路、石磊，2017）。但生存需求在职业流动意愿特别是在直接职业流动意愿中依然具有基础作用。

虽然职业满意度被认为是职业流动意愿最有效的预测因素（Valentine et al.，2011），但职业心理因素（职业需求满足、职业满意度）对于职业流动意愿的解释效力都有一定局限性，职业需求满足能解释直接职业流动意愿，而职业满意度只能解释直接职业流动意愿。相较而言，社会结构因素（主客观社会地位）对于不同的职业流动意愿类型都具有解释力，值得研究者关注。由此可以看出，侧重组织效能或个体行为内涵的"离职倾向"概念，会掩饰职业流动意愿的社会结构内涵。这也能够佐证本文的职业流动意愿的类型区分具有实证分析可行性，有助于丰富职业流动意愿类型的理论内涵。另外，区分不同的职业流动意愿还具有积极的实践价值。尽管间接职业流动意愿与职业流动意愿迟疑有助于员工摆脱现有的职业困境，但若处理不当则有可能损害雇员的职业生涯发展，因而有必要关注并应对职业边界多元化对个体生涯发展的影响（Hess，Jepsen，& Dries，2012）。而员工的直接职业流动意愿如果最终付诸转职或转行就会造成公司的人力资源损失（Cascio，2000）。事实上，那些具有职业流动意愿迟疑或是间接职业流动意愿以及部分直接职业流动意愿的员工，是可以借助员工援助计划与员工关系管理挽回的。

综上所述，直接职业流动意愿、间接职业流动意愿和职业流动意愿迟疑等职业流动意愿的不同类型，反映出雇员离职的心理动机与行为方式差异。结果表明，职业地位、生存需求满足与职业满意度能够反向预测直接职业流动意愿，而主观社会地位（未来地位）能够正向预测直接职业流动意愿。主观社会地位（过去地位）、职业需求满足（生存需求满足、成长需求满足）能够反向预测职业流动意愿迟疑，而职业需求满足（归属需求满足）能够正向预测职业流动意愿迟疑。主观社会地位（未来地位）、工作自主性（任务自主）则能够正向预测间接职业流动意愿。总而言之，在职业流动意愿的类型区分基础上，综合纳入社会结构因素（主客观社会地位）、组织情境因素（工作自主性、工作负荷）以及职业心理因素（职业需求满足、职业满意度）进行分析，能够增进学界对于职业流动意愿的内涵理解，也有助于深化职业流动意愿研究的影响机制解释，并且可为后续研究提供理论框架与方向参考。

参考文献

安晓敏、曹学敏，2017，《谁更愿意留在农村学校任教——基于农村教师流动意愿的调查分析》，《湖南师范大学教育科学学报》第 4 期。

陈立、杨鹍，2017，《职业认同与特殊教育教师离职倾向、工作满意度的关系研究》，《中国特殊教育》第 2 期。

陈万思、尹春柳，2009，《研发人员职业需求、职业发展规划与工作满意度研究——以中关村为例》，《科学学与科学技术管理》第 11 期。

范皑皑、丁小浩，2007，《教育、工作自主性与工作满意度》，《清华大学教育研究》第 6 期。

范国锋、王浩文、蓝雷宇，2015，《中小学教师流动意愿及其影响因素研究——基于湖北、江西、河南 3 省 12 县的调查》，《教育与经济》第 2 期。

范向丽、郑向敏，2016，《酒店中层管理者职业阻隔与离职倾向：自我效能感、性别的调节作用》，《旅游科学》第 2 期。

谷志远，2010，《我国学术职业流动影响因素的实证研究》，《清华大学教育研究》第 3 期。

胡小勇、李静、芦学璋、郭永玉，2014，《社会阶层的心理学研究：社会认知视角》，《心理科学》第 6 期。

李云、李锡元，2011，《职业经理人组织信任与其离职倾向的关系——基于人口统计学特征的经验检验》，《技术经济》第 7 期。

李路路、石磊，2017，《经济增长与幸福感——解析伊斯特林悖论的形成机制》，《社会学研究》第 3 期。

陆学艺，2004，《当代中国社会流动》，社会科学文献出版社。

彭川宇，2008，《职业承诺对知识员工心理契约、工作满意度及离职倾向关系的研究》，《科学学与科学技术管理》第 12 期。

尚伟伟、沈光天，2017，《幼儿教师职业承诺与离职倾向的关系研究——工作生活质量的中介作用》，《教育学术月刊》第 7 期。

曹晓峰、张卓民、金泗，2001，《社会变迁与社会流动——大连市社会流动调查研究》，

《社会科学辑刊》第 1 期。

钱士茹、丁明明、江曼，2015，《情绪劳动、情绪耗竭与离职倾向——基于制造业实证研究》，《现代财经》（天津财经大学学报）第 3 期。

司林波，2009，《高校青年人才流动趋向调研报告》，《国家教育行政学院学报》第 12 期。

田慧荣、张剑、陈春晓，2017，《领导反馈环境对员工离职倾向的影响：以职业适应能力为中介》，《中国人力资源开发》第 4 期。

温忠麟、张雷、侯杰泰，2004，《中介效应检验程序及其应用》，《心理学报》第 5 期。

翁定军、范雅娜，2015，《集体行为参与意向的心理基础探讨》，《青年研究》第 2 期。

翁清雄、席酉民，2010，《职业成长与离职倾向：职业承诺与感知机会的调节作用》，《南开管理评论》第 2 期。

尹奎、刘永仁，2013，《职场排斥与员工离职倾向：组织认同与职业生涯韧性的作用》，《软科学》第 4 期。

赵尚梅、张敏敏、傅杰，2010，《寿险营销员离职倾向影响因素分析——以山东省寿险营销员为样本》，《保险研究》第 10 期。

周倩、施俊琦、莫申江，2016，《基于 LMX 理论的科技企业员工利他行为与离职倾向研究》，《科技管理研究》第 1 期。

张翼，2016，《当前中国社会各阶层的消费倾向——从生存性消费到发展性消费》，《社会学研究》第 4 期。

Alderfer, C. P. 1969. An empirical test of a new theory of human needs. *Organizational Behavior & Human Performance*, 4 (2), 142 – 175.

Ali, S. R., Yamada, T., & Mahmood, A. 2015. Relationships of the practice of hijab, workplace discrimination, social class, job stress, and job satisfaction among Muslim American women. *Journal of Employment Counseling*, 52 (4), 146 – 157.

Armstrong, D. J., Brooks, N. G., & Riemenschneider, C. K. 2015. Exhaustion from information system career experience: Implications for turn-away intention. *Society for Information Management and The Management Information Systems Research Center*, 39 (3), 713 – 727.

Basson, M. J. & Rothmann, S. 2017. Antecedents of basic psychological need satisfaction of pharmacy students: The role of peers, family, lecturers and workload. *Research in Social and Administrative Pharmacy*, 14 (4), 1 – 10.

Brewer, C. S., Chao, Y. Y., Colder, C. R., Kovner, C. T., & Chacko, T. P. 2015. A structural equation model of turnover for a longitudinal survey among early career registered nurses. *International Journal of Nursing Studies*, 52 (11), 1735 – 1745.

Buffum, W. E. 1987. Professional autonomy in community mental health centers. *Journal of Society & Social Welfare*, 14, 117.

Carlos-María, Alcover, Gabriela, T., & Alberto, C. J. 2018. Work characteristics, motivational orientations, psychological work ability and job mobility intentions of older workers.

PLOS ONE, 13 (4), 1 – 24.

Chang, P. L. , Chou, Y. C. , & Cheng, F. C. 2007. Career needs, career development programmes, organizational commitment and turnover intention of nurses in Taiwan. *Journal of Nursing Management*, 15 (8), 801 – 810.

Chen, C. F. 2006. Job satisfaction, organizational commitment, and flight attendants' turnover intentions: A note. *Journal of Air Transport Management*, 12, 274 – 276.

Chen, Tser-Yieth, Chang, Pao-Long, & Yeh, Ching-Wen. 2004. A study of career needs, career development programs, job satisfaction and the turnover intentions of r&d personnel. *Career Development International*, 9 (4), 424 – 437.

Chen, Y. Y. , Park, J. , & Park, A. 2012. Existence, relatedness, or growth? Examining turnover intention of public child welfare caseworkers from a human needs approach. *Children and Youth Services Review*, 34 (10), 2088 – 2093.

Chung-Yan, G. A. 2010. The nonlinear effects of job complexity and autonomy on job satisfaction, turnover, and psychological well-being. *Journal of Occupational Health Psychology*, 15, 237 – 251.

Ciftcioglu & Aydem, B. 2013. Investigating teachers' occupational evaluations: evidence from high school teachers in Turkey. *Procedia-Social and Behavioral Sciences*, 84, 107 – 111.

Cohen, S. , Alper, C. M. , Doyle, W. J. , Adler, N. , Treanor, J. J. , & Turner, R. B. 2008. Objective and subjective socioeconomic status and susceptibility to the common cold. *Health Psychology*, 27 (2), 268 – 274.

Claudio & Lucifora. 1998. The impact of unions on labour turnover in Italy: Evidence from establishment level data. *International Journal of Industrial Organization*, 16, 353 – 376.

Cooke, F. L. & Jiang, Y. 2017. The growth of non-standard employment in Japan and South Korea: The role of institutional actors and impact on workers and the labour market. *Asia Pacific Journal of Human Resources*, 55 (2), 155 – 176.

Cottini, E. , Kato, T. , & Westergaard-Nielsen, N. 2011. Adverse workplace conditions, high-involvement work practices and labor turnover: Evidence from danish linked employer-employee data. *Iza Discussion Papers*, 18 (6), 872 – 880.

Cascio, W. F. 2000. Costing human resources: The financial impact of behavior in organizations, fourth edition (book) . *Benefits Quarterly*, 9 (2), 370 – 371.

De Cuyper, N. & De Witte, H. 2006. Autonomy and workload among temporary workers: Their effects on job satisfaction, organizational commitment, life satisfaction, and self-rated performance. *International Journal of Stress Management*, 13 (4), 441 – 459.

De Jonge, J. , Demerouti, E. , & Dormann, C. 2014. Current theoretical perspectives in work psychology. *An Introduction to Contemporary Work Psychology*, 89 – 114.

Demers, D. P. 1995. Autonomy, satisfaction high among corporate news staffs. *Newspaper Research Journal*, 16 (2), 91 – 111.

Depanfilis, D. & Zlotnik, J. L. 2008. Retention of front-line staff in child welfare: A systematic review of research. *Children and Youth Services Review*, 30 (9), 995 – 1008.

De Raeve, L. , Jansen, N. W. H. , Van, d. B. P. A. , Vasse, R. , & Kant, I. 2009. Interpersonal conflicts at work as a predictor of self-reported health outcomes and occupational mobility. *Occupational and Environmental Medicine*, 66 (1), 16 – 22.

Fernet, C. , Austin, S. , Trepanier, S. , & Dussault, M. 2013. How do job characteristics contribute to burnout? Exploring the distinct mediating roles of perceived autonomy, competence, and relatedness. *European Journal of Work and Organizational Psychology*, 22 (2), 123 – 137.

Feng, D. , Su, S. , Yang, Y. , Xia, J. , & Su, Y. 2017. Job satisfaction mediates subjective social status and turnover intention among chinese nurses. *Nursing & Health Sciences*, 19 (3), 388 – 392.

George, J. M. & Jones, G. R. 1996. The experience of work and turnover intentions: Interactive effects of value attainment, job satisfaction, and positive mood. *Journal of Applied Psychology*, 81 (3), 318 – 325.

Griffeth, R. W. , Hom, P. W. , & Gaertner, S. 2000. A meta-analysis of antecedents and correlates of employee turnover: Update, moderator tests, and research implications for the next millennium. *Journal of Management*, 26 (3), 463 – 488.

Hackman, J. R. & Oldham, G. R. 1976. Motivation through the design of work: Test of a theory. *Organization Behavior and Human Performance*, 16, 250 – 279.

Hayes, L. J. , Linda O'Brien-Pallas, Duffield, C. , Shamian, J. , Buchan, J. , & Hughes, F. , et al. 2012. Nurse turnover: A literature review-An update. *International Journal of Nursing Studies*, 49 (7), 887 – 905.

Henry, P. J. 2011. The role of group-based status in job satisfaction: Workplace respect matters more for the stigmatized. *Social Justice Research*, 24 (3), 231 – 238.

Herrbach, O. , Mignonac, K. , & Gatignon, A. L. 2004. Exploring the role of perceived external prestige in managers' turnover intentions. *The International Journal of Human Resource Management*, 15 (8), 1390 – 1407.

Hess, N. , Jepsen, D. M. , & Dries, N. 2012. Career and employer change in the age of the "boundaryless" career. *Journal of Vocational Behavior*, 81 (2), 280 – 288.

Hom, Peter, W. , Fanny Caranikas-Walker, Gregory, E. , Prussia, & Rodger, W. , Griffeth. 1992. A Meta-analytical stucrural equations analysis of a model of employee turnover. *Journal of Applied Psychology*, 77, 890 – 909.

Hoogendoorn, W. E. , Bongers, P. M. , de Vet, H. C. W. , Ariëns, G. A. M. , van Mechelen, W. , & Bouter, L. M. 2002. High physical work load and low job satisfaction increase the risk of sickness absence due to low back pain: Results of a prospective cohort study. *Occupational and Environmental Medicine*, 59 (5), 323 – 328.

Iguchi, A. 2016. Job demand and job resources related to the turnover intention of public health nurses: An analysis using a job demands-resources model. *Japanese Journal of Public Health*, 63 (5), 227 – 240.

Joseph, D. & Koh, C. 2012. Work-life conflict and job mobility intentions. Conference on Computers & People Research.

Kraus, M. W. , Piff, P. K. , & Keltner, D. 2011. Social class as culture: the convergence of resources and rank in the social realm. *Current Directions in Psychological Science*, 20 (4), 246 – 250.

Kim, Y. 2016. Music therapists' job demands, job autonomy, social support, and their relationship with burnout and turnover intention. *The Arts in Psychotherapy*, 51, 17 – 23.

Lea, V. M. , Corlett, S. A. , & Rodgers, R. M. 2012. Workload and its impact on community pharmacists' job satisfaction and stress: A review of the literature. *International Journal of Pharmacy Practice*, 20 (4), 259 – 271.

Leiby, J. , Madsen, P. E. , Accounting, O. S. , & Chapman, C. 2017. Margin of safety: Life history strategies and the effects of socioeconomic status on self-selection into accounting. *Accounting, Organizations and Society*, 6, 21 – 36.

Lindström, C. , Rosvall, M. , & Lindström, M. 2017. Socioeconomic status, social capital and self-reported unmet health care needs: A population-based study. *Scandinavian Journal of Public Health*, 45 (3), 212 – 221.

Marwan T. & Al-Zoubi. 2012. The shape of the relationship between salary and job satisfaction: A field study. *Far East Journal of Psychology and Business*, 7 (1), 1 – 12.

McDevitt, M. , Gassaway, B. , & Perez, F. G. 2002. The making and unmaking of civic journalists: Influences of professional socialization. *Journalism and Mass Communication Quarterly*, 79, 87 – 100.

Milman, A. 2002. Hourly employee retention in the attraction industry: Research from small and medium-size facilities in Orlando, Florida. *Journal of Leisure Property*, 2, 40 – 51.

Mobley, W. H. , Horner, S. O. , & Hollingsworth, A. T. 1978. An evaluation of precursors of hospital employee turnover. *Journal of Applied Psychology*, 63 (4), 408 – 414.

Mobley & William, H. 1977. Intermediate linkages in the relationship between job satisfaction and employee turnover. *Journal of Applied Psychology*, 62 (2), 237 – 240.

Mrayyan, M. T. 2005. Nurse job satisfaction and retention: comparing public to private hospitals in jordan. *Journal of Nursing Management*, 13 (1), 40 – 50.

Mueller, C. W. & Price, J. L. 1990. Economic, psychological, and sociological determinants of voluntary turnover. *Journal of Behavioral Economics*, 19 (3), 321 – 335.

Otto, K. , Dette-Hagenmeyer, D. E. , & Dalbert, C. 2010. Occupational mobility in members of the labor force: Explaining the willingness to change occupations. *Journal of Career Development*, 36 (3), 262 – 288.

Peake, S. , & McDowall, A. 2012. Chaotic careers: A narrative analysis of career transition themes and outcomes using chaos theory as a guiding metaphor. *British Journal of Guidance & Counselling*, 40 (4), 395 – 410.

Pron, A. L. 2013. Job satisfaction and perceived autonomy for nurse practitioners working in nurse-managed health centers. *Journal of the American Association of Nurse Practitioners*, 25, 213 – 221.

Qureshi, I. , Jamil, R. , Iftikhar, M. , Arif, S. , Lodhi, S. , & Naseem, I. , et al. , 2012. Job Stress, Workload, Environment and Employees Turnover Intentions: Destiny or Choice. *Archives of Sciences (Sciences Des Archives)*, 65 (8), 230 – 240.

Ramesh, A. , & Gelfand, M. J. 2010. Will they stay or will they go? The role of job embed-dedness in predicting turnover in individualistic and collectivistic cultures. *Journal of Applied Psychology*, 95 (5), 807 - 823.

Rhodes, S. R. & Doering, M. 1983. An integrated model of career change. *The Academy of Management Review*, 8 (4), 631 - 639.

Samli, A. C. 2013. *International Consumer Behavior in the 21st Century*. New York: Springer.

Scanlan, J. N. , & Still, M. 2019. Relationships between burnout, turnover intention, job satis-faction, job demands and job resources for mental health personnel in an Australian mental health service. *BMC Health Services Research*, 19 (1), 1 - 11.

Schmitt, N. , Coyle, B. W. , White, J. K. , & Rauschenberger, J. 1978. Background, needs, job perceptions, and job satisfaction: A causal model. *Personnel Psychology*, 31 (4), 889 - 901.

Shih, S. P. , Jiang, J. J. , Klein, G. , & Wang, E. 2011. Learning demand and job autonomy of it personnel: Impact on turnover intention. *Computers in Human Behavior*, 27 (6), 2301 - 2307.

Silva & Paula. 2006. Effects of disposition on hospitality employee job satisfaction and commit-ment. *International Journal of Contemporary Hospitality Management*, 18 (4), 317 - 328.

Singh-Manoux, A. , Adler, N. E. , & Marmot, M. G. 2003. Subjective social status: Its determi-nants and its association with measures of ill-health in the whitehall II study. *Social Science & Medicine*, 56 (6), 1321 - 1333.

Slattery, J. P. & Rajan Selvarajan, T. T. 2005. Antecedents to temporary employee's turnoverin-tention. *Journal of Leadership & Organizational Studies*, 12 (1), 53 - 66.

Smyth, R. , Zhai, Q. , & Li, X. 2009. Determinants of turnover intentions among Chinese off farm migrants. *Economic Change & Restructuring*, 42 (3), 189 - 209.

Stavrou, E. 2005. Flexible work bundles and organizational competitiveness: a cross-national study of the European work context. *Journal of Organizational Behavior*, 26, 923 - 947.

Valentine, S. , Godkin, L. , & Kidwell, F. R. 2011. Corporate ethical values, group creativity, job satisfaction and turnover intention: the impact of work context on work response. *Journal of Business Ethics*, 98 (3), 353 - 372.

Van der Heijden, Beatrice, I. J. M. , A. H. De, Lange, E. , Demerouti, & C. M. , Van der Heijden. 2009. Employability and career success across the life-span. Age effects on the em-ployability-career success relationship. *Journal of Vocational Behavior*, 74 (2), 156 - 164.

Van der Heijden, Beatrice, I. J. M. , Peeters, M. C. W. , Le Blanc, P. M. , & Van, B. J. W. M. 2018. Job characteristics and experience as predictors of occupational turnover in-tention and occupational turnover in the European nursing sector. *Journal of Vocational Be-havior*, 108, 108 - 120.

Wild, R. 1970. Job needs, job satisfaction, and job behavior of women manual workers. *Journal of Applied Psychology*, 54 (2), 157 - 162.

Wooden, M. & Warren, D. 2004. Non-standard employment and job satisfaction: Evidence from the Hilda Survey. *Journal of Industrial Relations*, 46 (3), 275 - 297.

Yanchus, N. J. , Periard, D. , Moore, S. C. , Carle, A. C. , & Osatuke, K. 2015. Predictors of job satisfaction and turnover intention in VHA mental health employees: A comparison between psychiatrists, psychologists, social workers, and mental health nurses. *Human Service Organizations Management*, *Leadership & Governance*, 39 (3), 219 – 244.

《中国社会心理学评论》 第 20 辑

第 230 ~ 250 页

© SSAP, 2021

"闯关东" 和独立我的地区文化[*]

白晶莹　任孝鹏[**]

摘　要： 历史上的自愿拓疆运动会使拓疆地区与对照地区相比有高独立我的地区文化。本研究探索了"闯关东"这一中国历史上的移民自由迁徙事件对东北地区高独立我地区文化的影响。研究采用自我建构量表、自我膨胀任务、"亲亲性"任务、最常见名字的百分比等多种独立我/互依我测量指标，对黑龙江和山东两地的居民进行测量。结果发现，黑龙江地区居民的互依我低于山东地区居民，内群体偏爱程度也低于山东地区居民，自我膨胀程度高于山东地区居民，比山东地区居民更喜欢给孩子起独特的名字。结果说明黑龙江人与山东人在独立我上出现的差异，可能与历史上的"闯关东"运动有关。

关键词： 自愿拓疆假说　"闯关东"　独立我/互依我

一　引言

个体主义/集体主义（individualism/collectivism），是衡量价值观差别的一个重要维度，不仅存在于跨文化研究中，也同样存在于同一文化内部或者同一个国家内部（Oyserman et al.，2002；苏红、任孝鹏，2014）。独立我/互依我（independent/interdependent self）与个体主义/集体主义虽然

---

[*]　本文得到国家社会科学基金项目"新冠肺炎疫情对内群体偏爱和外群体排斥的影响及机制研究"（20BSH142）的资助。

[**]　白晶莹，中国科学院心理研究所硕士研究生，中国科学院大学心理学系；任孝鹏，中国科学院心理研究所副研究员，中国科学院大学心理学系，通讯作者，E-mail：renxp@psych. ac. cn。

存在一定的细微差别，但在实际应用过程中作为同义词使用（Cross，Hardin，& Gercek-Swing，2011），本文也不对二者加以区分。从社会生态学角度，研究者运用不同的理论对同文化内地区文化差异进行解释。例如，Talhelm 等通过大米理论，指出水稻种植需要较强的合作意识，因此水稻种植比例越高的地区，集体主义越强，而小麦及玉米种植面积占比较大的黑龙江省个体主义较强（Talhelm et al.，2014）。Vliert 等通过气候－经济理论，指出由于经济与气候相互作用，使中国不同省份存在集体主义差别，收入低、气候恶劣的黑龙江省集体主义最强（Vliert et al.，2013）。任孝鹏等通过儒家文化中心的转移理论指出从宋朝开始，受儒家文化影响最大的南方作为中国的文化中心，集体主义的表现最强。而黑龙江省作为东北边疆地区受儒家文化影响较弱，个体主义较强（马欣然、任孝鹏、徐江，2016）。以上几种理论表明，中国作为跨文化研究中集体主义文化的典型代表，内部存在独立我/互依我的地区文化差异。同时，几种理论出入也表明，关于集体主义的地区差异值得进行深一步的探讨（徐江、任孝鹏，2016）。

中国历史上出现过几次大型的人口迁移，"闯关东"无疑是典型代表。"闯关东"促使了东北地区的形成，使其成为农耕时代经济的先驱。东北地区属于中国的边疆地区，在清朝以前是只有少量少数民族生活的苦寒之地，自然环境恶劣，"闯关东"使以山东、河北为主的流民冲破山海关的地理屏障到东北地区追求发展（李雨童、王咏，2004；范立君、贾宝库，2016）。自 20 世纪 80 年代以来，随着中国经济转型，农耕产业在整个经济发展地位下降，东北地区出现了以大量的年轻劳动力迁出为主的人口净流出态势，东北地区再次开始了新时代的移民运动，逆"闯关东"路线而下，向经济发达的一线国际化城市寻求发展。

东北地区作为近代发展起来的移民区域，与中国的其他地区相比，是否存在一种因素致使该地区的人具有更高的自我独立性？众所周知，美国是世界上最大的移民国家，作为个体主义文化的典型代表，美国具有较高的独立我；同时，美国西部地区的独立我水平高于东部地区。Kitayama 等提出了自愿拓疆假说，认为美国的西进历史对独立我的形成有重要的作用，自愿拓疆运动会促进形成个体主义的地区文化（Kitayama et al.，2006）。从社会生态环境推测，东北地区的形成非常类似美国的西部拓疆运动，首先是自我选择的结果，经过几百年的适应和融合，形成了一种制度化的生活方式。所以，东北地区与中国其他地区相比，独立我特征会更明显，这可能和"闯关东"运动这一历史事件的影响有关。本研究针对独立我/互依我的文化特征，从自愿拓疆假说出发展开综述，提出东北地区与对照地区相比独立我更高的地区文化的假设，以及提供两个子研究的实证结果。通过子研究一：采用多种文化任务即"亲亲性"任务、自我膨胀任务以及自陈量表，对黑龙江省及山东省的被试进行测量，对比两地区互依我、内群体偏爱程度、自我膨胀程度差别。通过子研究二：采用文化产品即最常见名字百分比作为个体主义的测量指标，对黑龙江省及山东省的被试进行测量，对比两个地区喜欢给孩子起独特名字的比例高低情况以推断两个地区独立我文化的差别。

（一）个体主义/集体主义

个体主义/集体主义（individualism/collectivism）主要用于衡量群体层面的差异（Hofstede，1980；Hofstede & Bond，1984）。个体主义更强调"我"的重要性，注重我的感受、自主性、独立性等；而集体主义更强调群体的支持与认同，更强调"我们"，注重组织内部的认同感与支持，更关心集体的利益与协作。独立我/互依我（independent/interdependent self）主要是用于从个体层面描述人们在社会互动行为中独立性差异的变量，独立我强调自我是行为的主体，注重自我目标的达成与实现；互依我更注重组织内部的支持与认同，将群体的关系和谐放在和自己目标达成同等重要的位置（Brewer & Chen，2007；Oyserman et al.，2002；Markus & Kitayama，1991，2010；苏红、任孝鹏，2014）。尽管个体主义/集体主义与独立我/互依我存在一定的细微差别，但在实际应用过程中作为同义词使用（Cross，Hardin，& Gercek-Swing，2011），本文对二者也不加以区分。在独立我文化中，人们自我更独立，重要他人与陌生人无明显界限，如美国等；在互依我文化中，人们更重视和群体的关系，重要他人与陌生人界限清晰，但重要他人与自己界限模糊，如中国等（Markus & Kitayama，1991，2010）。独立我/互依我不但可描述和解释文化差异，还可描述不同类型的群体差异，如地区差异、社会阶层差异、性别差异等。

（二）自愿拓疆假说

自愿到边疆地区开拓的移民，经过长期的适应当地环境，与其他移民之间的融合形成移民地区，使该地区具有个体主义高于其他地区的文化特征。Kitayama 等（2006）认为美国建国的过程以及建国后又持续不断地向西部开拓边疆的历史，塑造了美国人超高的独立我。由此提出了自愿移居假说（Voluntary Frontier Settlement Hypothesis），认为自愿移居对独立我的形成和发展具有重要的促进作用（Kitayama et al.，2006；陈欣欣、任孝鹏、张胸宽，2019）。自愿拓疆运动通过三个可能的机制促进高独立我的地区文化：一是自我选择（self-selection），自愿移居者具有较强烈的自我激励能力，为了实现对财富、自由的追逐，甘愿付出更多的辛苦、冒更大的风险。因此，该假设认为拓疆者具有高度的自主独立、明确目标取向的心理特征。二是适应（adaption and acculturation），边疆地区通常自然条件恶劣，充满挑战，存在各种风险。拥有独立的目标追求、自我管理能力才能更好地生存下去。经过长时间的适应，边疆环境加强了定居在这里的拓荒者的独立性，强化了拓荒者目标导向的心理特征。三是制度化（institutionalization），具有相同目标取向的人们组成的群体，发展出一种文化，以制度化的规范和信念传递给其他人以及下一代。拓疆者通过自愿的方式组合成村庄、社区等，形成一些符合独立我心理倾向的行为模式、习惯和不成文或成文的规范后，通过家庭教养方式、学校等社会化的过程慢慢地将这些独立我的特征传递给下一代，这样就逐渐塑造了独立我的文化（Kitayama et al.，2006；陈姗姗、徐江、任孝鹏，2016）。

　　为了进一步验证自愿拓疆假说，在个体主义文化背景下，Kitayama 等对美国人、英国人和德国人进行比较，运用框架直线任务、自我膨胀任务、内隐社会取向任务、归因任务 4 个文化任务测试，发现美国人在归因、知觉和动机以及自我肯定方面都表现出更强的独立我倾向（Kitayama et al.，2009）；Varnum 与 Kitayama 对美国、加拿大、澳大利亚和新西兰 4 个移民国家，与英国、德国、奥地利等欧洲国家的最常见孩子名字在人群中的百分比差异进行了比较，结果发现，移民国家更愿意给孩子起与众不同的名字，常见名字在人群中的比例较低（Varnum & Kitayama，2011）。除了不同国家间的比较，在同一国家或文化内不同州或县之间，Varnum 与 Kitayama 通过比较常见名字占人群的百分比差异，发现在美国内部，西部的个体主义特征高于东部，越晚加入美国的州个体主义越高，与美国由东向西的发展历史相吻合（Varnum & Kitayama，2011）。在集体主义文化背景下，针对日本开发北海道地区的历史，Kitayama 等通过内隐的测量独立我的文化任务，比较美国人、日本北海道居民（有自愿拓疆运动的日本人）和日本本岛居民的差异，发现在独立我的得分上北海道居民与美国人基本一致，比日本本岛人高（Kitayama et al.，2006）。那么，同样作为互依我文化另一典型代表的中国，自愿拓疆假说是否依然适用呢？运用自我报告、文化任务等方式，经过对中国正在进行中的移民地区——深圳的研究发现，深圳比对照地区具有更高的独立我倾向，表明深圳经过约 40 年的发展，已形成了与对照地区相比更高独立我的地区文化（Feng, Ren, & Ma, 2017；骆诚、任孝鹏，2018；陈姗姗等，2016）。在自愿拓疆运动和居民流动性较大的社会情境下，人们的个体主义也较高。因为主动去艰苦边疆地区居住的社会运动会激发人们对自由和财富的渴望，进而引致人们偏个体主义（Kitayama et al. , 2006）。

自愿拓疆运动促进形成高独立我的地区文化，当然最理想的方法是在自愿拓疆运动发生前后或者通过实验室操纵自变量来检验二者的因果关系，但受制于自愿拓疆运动往往是历史事件，使前后的对比无法实现，而且自愿拓疆运动这种社会生态因素很难进行实验室操纵，所以目前通常的做法是将有自愿拓疆运动历史事件发生的地区与对照地区相比较，同时控制了其他潜在的混淆或者共变变量来推测二者之间的因果关系。虽然这种方法有自身缺点，但考虑到自愿拓疆运动在时间上先发生，而且在逻辑上，是自愿拓疆运动时间发生在前，而心理和行为的发生在后，所以学者们往往将自愿拓疆运动作为独立我的前因变量，尽管大多数证据来自相关研究和多组比较。

总的来说，无论是美国西拓的历史还是北海道形成的历史，或者是深圳 40 年的发展，都说明自愿拓疆运动能够促进该地区的个体主义的发展。

（三）"闯关东"运动

中国历史上出现过几次大型的人口迁移，下西洋、走西口、"闯关东"，其中"闯关东"无论从人口数量还是持续时间上，都是人口迁移的典型代表。据史料记载，东北地区作为清朝的龙脉之所，在清朝期间经历了几次开放与封禁，经过清末的发展，"闯关东"促使东北地区人口由清乾隆时期的 22 万人（全国人口 10275 万人），增加到光绪三年的 1841 万人（全国人口 36815 万人），其中黑龙江地区人口从 0 突破到 186 万人（见表1）（路遇，1987；杜臻，2006：14）。致使东北地区尤其是黑龙江省，几乎完全是由移民构成的地区（范立君、黄秉红，2006；李德滨、石方，1987：10～320）。东北自古就是一个少数民族聚居地，随着"闯关东"时期大量的关内汉民涌入，民族杂居的局面促进了东北各族的文化交流。一种新型的富有移民特色的文化形态逐渐形成。这种文化虽以汉文化为主，但仍包含有各族文化的因素，汉族移民的进入引致东北区域文化发生变异的内容是多方面的，最显著体现在语言文字、风俗文化两个方面（范立君，2007）。比如，如今东北三省以普通话为主要语言，这主要是移民传播汉语言文化的结果，宗教信仰、生活习俗等方面也更接近中原地区。

"闯关东"移民运动十分类似美国西部拓疆运动，以山东人为主体的大量华北汉民出于对财富和自由的渴望，自发地通过山海关向劳动力短缺、农业经济有待开发的东北边疆迁移。经过一百年的拓疆运动，将东北地区从人烟稀少的地区变成了人口众多的农耕大省，促进了东北地区的发展。

表1　闯关东时期东北地区及黑龙江省人口变化情况

	全国人口数（万人）	东北地区数（万人）	黑龙江省数（万人）
清乾隆时期	10275	22	0
清光绪三年	36815	1841	186

随着信息时代的到来，产业结构不断地调整，昔日物产资源丰富的东北地区，在经济发展中渐渐落后，出于对自由和财富的追求，东北地区的人口出现了新时代的移民潮。国家统计局资料显示，东北三省人口占全国人口比重由1978年的9.01%降至2015年的8%。根据人口普查数据，2010年东北三省历年累加的人口净流出规模达219万人，相比2000年40.4万人的净流出规模，扩大了5倍多（国家统计局人口和就业统计司，2017；杨玲、张新平，2016）。与湖北、湖南、重庆等传统的劳动力输出大省不同，东北地区人口密度较低，人均土地占有量较高，也就是说东北地区相比中国其他地区的人口流动比例较高。

如表2所示，东北地区的形成与美国西部地区有许多相似之处。从社会生态角度分析：第一，东北地区是一个由移民构成的地区。东北地区由20余万人口增加到1800万人口，其中黑龙江地区更是从0突破到近200万人口，从历史的角度来看，目前的东北地区居民绝大多数都是移民，只是第几代移民的差别（梁方仲，1980：258~269；范立君、黄秉红，2006）。第二，自清代开始，"闯关东"移民都是需要勇气和冒着极大风险的，"安土重迁"是中国的传统文化，对于儒家发源地山东来说，突破传统观念的限制更需要极大的勇气。另外，从山海关到东北的道路也一直充满艰险。由此可见，与"闯关东"时期留在山东本土的山东人相比，到东北地区谋求发展的山东人，可能更具有为追求个人财富和自由愿意冒险的精神，拥有高度独立的心理特征。第三，"闯关东"的人具有更强烈的追求财富的动机。"闯关东"虽然有一些历史自然条件作为趋势，但总体上是自愿选择的结果。如今与西部、西南地区（如四川、贵州等）迁出人口不同，东北地区迁出人口以城镇人口占绝大多数，以2010年为例迁出城镇人口占总迁出人口的比例为86.89%；同时与全国迁出人口平均文化水平相比，东北地区迁出人口以初中毕业和高中毕业两种文化水平为主，其中在迁出人口中，47.94%的为初中文化水平，18.72%的为高中文化水平，总体迁出人口文化水平较高（王彬燕、程利莎、王士君，2018；刘新荣，2011：107）。由此可见，与受教育程度较低的人相比，受教育程度高的人具有的选择机会更多，如今"闯关东"后人的流动依然是一种自然选择的结果。第四，适应性。最初到达东北的"闯关东"人，首先需要适应的是东北恶劣的自然气候。东北三省虽然物产资源丰富，但自然条件恶劣，冬季极其寒冷。自古以来都被称为苦寒之地，是受刑罚之人流放之所。同时，背井离乡、没有人际关系网可以依靠，按照新的环境条件，与陌生人之间建立信任，重新搭建关系网络，形成制度化的规范与信念。移民的汉族还需要与当地的少数民族相融合，接受彼此的生活习俗。第五，制度化。随着移民的不断涌入，东北地区的人口数量逐渐增加，人们自愿组成村庄、城镇，形成一定的行为模式、文化习俗、生活习惯，通过社会道德约束、学校教育、家庭教养方式等过程形成社会文化，并传递给下一代，从而逐渐塑造了独立我等文化特征。当年"闯关东"的先民，经历了各种艰难险阻，才到达了目的地。只有具有独立的目标追求和自我导向等心理素质的拓疆者才走到了最后。这种品质通过制度化，延续给了"闯关东"后人。

对于这种在东北地区形成的不同文化特征，有学者做了概括和总结。"闯关东"精神孕育于长达一百年之久的"闯关东"运动中，是中国东北地域文化的重要组成部分。自强不息的抗争精神、艰苦奋斗的拼搏精神、自力更生的创业精神、携手并进的民族精神构成了"闯关东"精神丰富的文化内涵（范立君、贾宝库，2016）。"闯关东"运动经过了百年，"闯关东"精神作为一种文化特质，影响着新一代的东北人更加追求自由、独立、财富的特征。关于上述的概括和总结只停留在经验总结层面，不曾有人用心理学的方法验证关于"闯关东"精神形成的文化特色，是否对东北地区人民的行为习惯、价值观等产生影响。本研究将以东北地区最东的边疆、几乎全部由"闯关东"移民组成的黑龙江省作为分析对象，以"闯关东"最大的人员迁出省份山东省作为对照组，采用自我建构量表、自我中心性任务、"亲亲性"任务、最常见名字的百分比等独立我/互依我测量指标检验"闯关东"是否符合自愿拓疆假说，试探讨作为具有移民文化背景的"闯关东"后代——黑龙江人是否独立我或者个体主义的特征更明显。我们假设与对照地区（山东）相比，东北地区（黑龙江）具有高独立我的地区文化，背后的原因可能与"闯关东"运动有关。具体表现为与对照组相比，东北地区具有较高的独立我的外显信念、自我中心性、内群体偏爱更低、最常见名字的百分比更低。

表 2　美国西部与中国东北地区的相似性

	美国西部地区	中国东北地区
地理位置	西部边疆地区	东北部边疆地区
移民构成的区域	西欧移民构成的移民地区	以山东移民为主体构成的移民地区
自愿选择结果	追求财富和自由	寻求发展机会
充满勇气和冒险精神	美国最晚开发地区，更具有冒险和挑战精神	"闯关东"移民更具有为追求个人财富和自由愿意冒险的精神
适应性	适应当地自然条件，与当地文化融合	适应恶劣自然环境，重新建关系网络
制度化	制度和地区文化代代相传，促进美国西部地区高独立我	制度和地区文化代代相传，促进东北地区高独立我

二　相关研究

（一）研究一

1. 样本

选取黑龙江省居民与一直留居山东省内的山东省居民为研究对象。黑龙江省样本 179 人，其中男性 42 人，占 40%，平均年龄为 31.70 ± 8.07 岁。山东省样本 75 人，其中男性 33 人，占 44%，平均年龄为 30.39 ± 7.96 岁。将研究工具印制成册，进行集体施测，平均完成时间为 35 分钟。

2. 测量

（1）因变量。独立我/互依我：采用 Brewer 和 Chen 的自陈量表进行测量，共 13 个条目，分为个体我、关系我和群体我 3 个部分，采用七点记分（1 = 非常不同意，7 = 非常同意）。其中，"在很多方面我都喜欢与众不同""我经常做'我自己的事情'""我是一个独一无二的个体" 3 个条目测量个体我。"我的幸福在很大程度上取决于身边人的幸福""我时常有自己和他人的关系比个人成就更为重要的感觉""如果我的同学获奖，我也会觉得骄傲""对我来说，快乐是与他人共度时光""我同学的幸福对我来说是重要的""当我与他人合作时，我感觉良好" 6 个条目测量关系我。"总的来说，群体成员关系对我的自我感觉影响很少""我所属的社会群体是对于'我是谁'的一种重要反映""一般来说，对社会群体的归属是我自我形象的一个重要部分""我属于的社会集体对我是一个什么样的人不重要" 4 个条目测量群体我。在本研究中，个体我的 3 个条目的信度系数 Cronbach's α = 0.69，关系我的 6 个条目的信度系数 Cronbach's α = 0.69，群体我的 4 个条目的信度系数 Cronbach's α = 0.70。本研究将关系我、群体我合并在一起作为互依我的测量，而将个体我作为独立我的测量。

自我中心性：我们采用了社会关系任务（Socialgram task）来测量自我中心性。社会关系任务是让被试画出个人的社会关系图，每个人用不同的圆圈来代表，并让被试用直线连接有关系的人。我们根据社会关系图计算自我中心性，统计所有人之间的连接线的数量作为分母，把通过自己的连接线的数量作为分子，比例越高，说明自我中心性就越高，也就是独立我或者个体主义更高，其理论意义是说明人的社会关系是以自我为主的程度（Na et al.，2015）。

内群体偏爱：我们采用 Wang 等开发的"亲亲性"任务（Nepotism）来测量内群体偏爱。在该项任务中，被试将面对 4 种情境，分别是诚实的朋友、不诚实的朋友、诚实的陌生人和不诚实的陌生人。在每一种情境中，被试可根据朋友或陌生人的诚实或不诚实行为选择 0～1000 元的奖励或惩罚（每级相隔 100 元），同时被试需支付所选数额的 10%。例如，选择奖励朋友 1000 元，则需要花费被试 100 元。Talhelm 等（2014）和马欣然等（2016）的研究分别在中西方文化背景下验证了"亲亲性"任务的效度。在本研究中，使用对朋友（陌生人）奖励（惩罚）数值作为独立我/互依我的观测指标，朋友和陌生人之间的差别越大，说明内群体偏爱就越强，也就是互依我越强或者独立我越弱；反之，差异越小，说明内群体偏好就越弱，也就是独立我越强或者互依我越弱。

（2）自变量。在本研究中分成两个地区：闯关东地区（以黑龙江人为样本）和对照地区（以山东人为样本）。

（3）控制变量。控制变量包括年龄、性别、受教育程度等人口学变量以及可能对研究变量关系有影响的主观社会经济地位、父母的受教育程度和家庭月收入等。

主观社会经济地位：我们采用 MacArthur 量表测量主观社会经济地位，让被试在 1～9 级的社会梯度里报告自己的社会经济地位，分数越高，主观社会经济地位越高。

父母的受教育程度：我们让被试根据父母中学历最高的一位报告其受教育程度，分成 6 个等级：1＝小学及以下；2＝初中；3＝高中/中专/技校/职中；4＝大专；5＝大学本科；6＝硕士及以上。

自己的受教育程度：让被试报告自己的受教育程度，分成 6 个等级：

1 = 小学及以下；2 = 初中；3 = 高中/中专/技校/职中；4 = 大专；5 = 大学本科；6 = 硕士及以上。

家庭月收入：让被试报告自己的家庭月收入。分成 10 个等级：1 = 1000 元及以下；2 = 1001~2500 元；3 = 2501~4000 元；4 = 4001~6000 元；5 = 6001~8000 元；6 = 8001~10000 元；7 = 10001~15000 元；8 = 15001~20000 元；9 = 20001~50000 元；10 = 50000 元以上。

3. 对数据的分析

采用 SPSS 22.0 软件，对数据进行描述统计和单因素方差分析。

4. 结果

（1）两组被试人口统计学资料的比较。闯关东组（黑龙江人）和对照组（山东人）在性别上有差异，$\chi^2 = 4.58$，$p = 0.032$，闯关东组的男性比例（40%）低于对照组（44%）。在年龄上，闯关东组（31.70 ± 8.07 岁）和对照组（30.39 ± 7.96 岁）没有差异，$t(177) = 1.28$，$p > 0.05$。在父母受教育程度上，闯关东组（2.37 ± 0.92）低于对照组（4.21 ± 0.93），$t(177) = -13.14$，$p < 0.001$。在被试自己的受教育程度上，闯关东组（3.36 ± 0.94）和对照组（3.23 ± 0.93）没有差异，$t(177) = 0.86$，$p > 0.05$。在家庭月收入上，闯关东组（4.18 ± 1.52）和对照组（4.75 ± 2.13）没有差异，$t(177) = -1.36$，$p > 0.05$。在主观社会经济地位上，闯关东组（3.34 ± 0.87）和对照组（3.74 ± 0.83）没有差异，$t(177) = -1.49$，$p > 0.05$。闯关东组在性别比例上女性偏多，在父母的受教育程度上偏低，而这两个因素对个体主义/集体主义的影响都与我们的假设相反，因为女性比男性更偏重集体主义，父母的受教育程度越低的被试越偏重集体主义。因此，人口统计学变量在两组的差异对个体主义/集体主义的比较不会产生混淆。不过为了更好地控制这两个变量的影响，我们在后面的分析中将这两个因素作为协变量进行了控制。

（2）独立我/互依我。我们以性别和父母的受教育程度作为协变量进行控制，以独立我和互依我作为被试内变量，以闯关东组作为组间变量，进行重复测量的方差分析，结果发现，闯关东组的主效应显著，$F(1, 175) = 3.90$，$p = 0.05$，$\eta p^2 = 0.022$。而且闯关东组与独立我/互依我的交互作用显著，$F(1, 175) = 4.54$，$p = 0.03$，$\eta p^2 = 0.025$。进一步分析发现，在互依我方面，黑龙江人（$M = 4.57$，$SD = 0.88$）小于山东人（$M = 4.85$，$SD = 0.73$），$t(175) = -2.28$，$p = 0.02$。这说明黑龙江人在集体主义倾向性上低于山东人。在独立我方面，黑龙江人（$M = 4.37$，$SD = 1.39$）小于山东人（$M = 4.38$，$SD = 1.28$），$t(175) = -0.03$，$p > 0.05$，二者不存在显著差异。这表明闯关东组和对照组的差异主要是由于闯关东组的互依我低于对照组导致的[①]。

（3）自我中心性。我们以性别和父母的受教育程度作为协变量进行控制，以自我中心性为因变量，以闯关东组作为组间变量，进行单因素协方差分析（见表3）。结果发现，闯关东组的主效应显著，$F(1,175)=3.51$，$p=0.045$，$\eta p^2 =0.018$，闯关东组（$M=0.64$，$SD=0.18$）大于对照组（$M=0.55$，$SD=0.12$）。这说明闯关东组的自我中心性更高。

表3　黑龙江人与山东人在独立我/互依我和自我中心性的比较

	黑龙江省（$n=104$）		山东省（$n=75$）		t	p
	M	SD	M	SD		
互依我	4.57	0.88	4.85	0.73	-2.28	0.02
独立我	4.37	1.39	4.38	1.28	-0.03	0.98
自我中心性	0.64	0.18	0.55	0.12	3.36	0.01

（4）内群体偏爱。以性别和父母的受教育程度为协变量进行控制，关系（朋友/陌生人）、行为（奖励诚实/惩罚欺骗）为组内变量，闯关东组为组间变量，对数据进行重复测量方差分析。结果发现，地区、关系以及行为之间存在显著的交互作用，$F(1,177)=4.60$，$p=0.033$，$\eta_p^2 =0.026$。进一步分析发现（见图1），对于奖励诚实而言，黑龙江人对朋友的奖励（$M=724.04$，$SD=330.19$）显著小于山东人对朋友的奖励（$M=828.00$，$SD=285.01$），$t(179)=-2.91$，$p<0.05$；而黑龙江人对陌生人的奖励（$M=520.19$，$SD=389.27$）低于山东人（$M=625.33$，$SD=347.23$），之间边缘差异，$t(179)=-1.87$，$p=0.064$。对于惩罚欺骗而言，黑龙江对陌生人的惩罚（$M=189.42$，$SD=333.24$）显著少于山东人对陌生人的惩罚（$M=345.33$，$SD=369.91$），$t(179)=-2.94$，$p=0.04$；而对朋友的惩罚（$M_{黑龙江}=229.81$，$SD_{黑龙江}=357.14$；$M_{山东}=236.00$，$SD_{山东}=340.76$）不存在显著差异，$t(179)=-0.12$，$p>0.05$。

综上所述，山东省的内群体偏爱高于黑龙江省，主要表现在惩罚情境。也就是说在奖励情境下，黑龙江人和山东人对待朋友/陌生人没有差异，但在惩罚情境下，黑龙江人对陌生人的惩罚更低。

---

① 在这里，独立我/互依我的组间比较还有另外一种方法，就是把它们的差值作为个体主义的分数，我们的独立样本 t 检验表明，闯关东组（$M=-0.19$，$SD=1.48$）的个体主义高于对照组（$M=-0.47$，$SD=1.47$），$t(175)=2.24$，$p=0.026$。

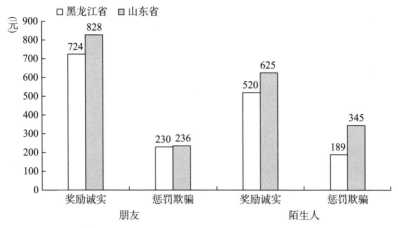

图 1　黑龙江省 - 山东省内群体偏爱差异

5. 讨论

结果表明，黑龙江人在自我报告的外显信念上，互依我程度低于山东人；在社会关系任务上，自我中心性高于山东人；在"亲亲性"任务上，内群体偏爱程度低于山东人，综合三个不同任务的结果，研究发现闯关东组在个体主义上高于对照组。不过，在自我报告的外显信念上，黑龙江人与山东人的差别主要表现在互依我程度较低；在"亲亲性"任务上，内群体偏爱的差异上也受到情境的影响，差异主要表现在对待惩罚的情境上；而在奖励的情境上则没有差异。这背后的原因比较复杂，值得未来再进一步研究。

（二）研究二

东北三省与对照地区相比有更高的独立我地区文化。这不仅可通过自我报告的心理和行为来检验，也可通过一些文化产品来检验。在本研究中，我们采取另外一种个体主义的测量指标，群体中最常见名字的百分比（percentage of top X popular first names）。

名字，作为文化产品，反映了命名者的偏好。独立我（互依我）的文化喜欢给孩子起与众不同或独特（常见或相似）的名字，这样会导致在高独立我（互依我）的群体名字的重复率偏低（高），所以群体中最常见名字的百分比可作为独立我的测量指标（Twenge et al., 2010）。已有研究表明了无论在个体水平上还是在群体水平上，高独立我与名字的独特性的关系。比如，Varnum 曾经将欧洲移民来源国（如英国、德国）与移民国家（如美国、加拿大）的最常见名字百分比与 Hofstede 的个体主义得分相关联，发现后者能够预测最常见名字的百分比，某个国家个体主义得分越高，最常见名字的百分比就越低（Varnum，2011，研究3）。而且，就一个国家而言，最常见名字的百分比也可用来分析独立我文化的代际变迁，如Twenge等用美国最常见名字的百分比分析了美国近200年的变化趋势，发现美国在过去200年整体上处于独立我日益增强的趋势（Twenge et al.，2010）。这个指标也可用来分析中国，如苏红等用1950~1990年等5个时间点的最常见名字百分比发现，在此期间中国人独立我也出现增强的趋势（苏红等，2016，研究3）。

另外，需要做补充说明的是，尽管多数研究在计算群体最常见名字的百分比时采用的是总体的数据，而非样本的数据。但是也有学者发现，用样本的数据计算的最常见名字的百分比也可用于群体比较，当然质量要比总体的数据差。例如，苏红等用2000多人的样本数据发现1950~1990年中国人独立我的变化趋势和总体数据一致（苏红等，2016，研究2）。在个体水平上，苏红等也发现高独立我的个体更偏好用独特性的名字去给孩子起名字（苏红等，2016，研究1）。

基于以上所述，本研究以群体中常见名字的百分比作为独立我的行为指标，检验"闯关东"运动历史事件的东北地区最常见名字的百分比低于对照地区。

1. 样本

研究样本为三组，第一组来自黑龙江省大庆市两所高级中学，第二组来自齐齐哈尔市某县两所高级中学，第三组来自山东省菏泽市某县一所高级中学。其中，黑龙江省大庆市样本共1568人，男生914人（占58.29%），女生654人（占41.71%）；齐齐哈尔市某县样本共2708人，男生1330人（占49.11%），女生1378人（占50.89%）；山东省菏泽市某县样本共2015人，男生988人（占49.03%），女生1027人（占50.97%）。为简便起见，我们将黑龙江省大庆市的样本称为闯关东组1，将齐齐哈尔市某县的样本称为闯关东组2，将山东省菏泽市某县的样本称为对照组。

2. 测量

我们采用了Varnum和Kitayama（2011）以及苏红等（2016）的计算方法，分别计算了男性和女性最常见10个名字和最常见20个名字的百分比。具体做法如下：以大庆市中学为例，将姓去掉，只保留名字。区分性别后，根据名字出现的频率从高到低排列，统计最常见10个名字的频数作为分子，把该性别的所有人数作为分母，计算其百分比，即为该校某性别最常见 10 个名字的百分比。

3. 结果

结果如表 4 所示。男性最常见 10 个名字的百分比,从低到高依次为闯关东组 1（6.35%）、闯关东组 2（6.54%）、对照组（8.70%）。卡方检验结果表明（$\chi^2 = 3.62$, $p = 0.057$）差异边缘显著。进一步分析发现,闯关东组 1 和闯关东组 2 没有差异（$\chi^2 = 0.033$, $p = 0.855$）;而闯关东组 1 低于对照组（$\chi^2 = 3.898$, $p = 0.048$）差异边缘显著;闯关东组 2 低于对照组（$\chi^2 = 3.841$, $p = 0.050$）差异边缘显著。

女性最常见 10 个名字的百分比,从低到高依次为闯关东组 1（6.03%）、闯关东组 2（6.53%）、对照组（8.57%）。卡方检验结果表明（$\chi^2 = 3.36$, $p = 0.073$）差异边缘显著。进一步分析发现,闯关东组 1 和闯关东组 2 没有差异（$\chi^2 = 0.019$, $p = 0.662$）;而闯关东组 1 低于对照组（$\chi^2 = 3.819$, $p = 0.051$）差异边缘显著;闯关东组 2 低于对照组（$\chi^2 = 3.564$, $p = 0.057$）差异边缘显著。

男性最常见 20 个名字的百分比,从低到高依次为闯关东组 1（9.53%）、闯关东组 2（10.60%）、对照组（12.85%）。卡方检验结果表明（$\chi^2 = 5.857$, $p = 0.053$）差异边缘显著。进一步分析发现,闯关东组 1 和闯关东组 2 没有差异（$\chi^2 = 0.711$, $p = 0.399$）;而闯关东组 1 低于对照组（$\chi^2 = 5.459$, $p = 0.019$）差异边缘显著;闯关东组 2 低于对照组（$\chi^2 = 2.814$, $p = 0.093$）差异边缘显著。

女性最常见 20 个名字的百分比,从低到高依次为闯关东组 1（10.20%）、闯关东组 2（11.47%）、对照组（14.22%）。卡方检验结果表明（$\chi^2 = 7.208$, $p = 0.027$）差异边缘显著。进一步分析发现,闯关东组 1 和闯关东组 2 没有差异（$\chi^2 = 0.753$, $p = 0.386$）;而闯关东组 1 低于对照组（$\chi^2 = 6.075$, $p = 0.014$）差异边缘显著;闯关东组 2 低于对照组（$\chi^2 = 4.031$, $p = 0.045$）差异边缘显著。

表 4　黑龙江和山东中学最常见名字的百分比

单位:%

最常见名字百分比	闯关东组 1	闯关东组 2	对照组
男性 Top10	6.35	6.54	8.70
女性 Top10	6.03	6.53	8.57
男性 Top20	9.53	10.60	12.85
女性 Top20	10.20	11.47	14.22

4. 讨论

结果发现，闯关东组 1 和闯关东组 2 在最常见名字的百分比上，无论是男性还是女性，无论是用最常见 10 个名字还是 20 个名字，都没有差异，而且他们都低于对照地区。结果部分证明了我们的假设，就是拥有闯关东历史事件的地区（黑龙江）与对照地区（山东）相比，可能因为个体主义偏高，更喜欢给孩子起与众不同的名字，导致了在群体水平上最常见名字的百分比更低。

三　总讨论

上述结果表明，黑龙江地区与对照组山东地区相比，独立我水平更高；黑龙江地区的内群偏爱程度比山东地区更弱。在自我报告的外显测试上，集体关系数值黑龙江地区低于山东地区；在内隐测试关于自我膨胀任务和"亲亲性"任务中，黑龙江地区自我膨胀高于山东地区，"亲亲性"任务中黑龙江人内群体偏好更低；在文化任务上，黑龙江人给孩子起名字更追求名字的独特性，表现出来的个体主义水平高于山东地区，这可能和"闯关东"运动有关。以上两个研究结果表明东北地区已形成了比对照地区更偏向个体主义的地区文化。本研究的结果支持自愿拓疆假说不仅对于个体主义的西方文化适用，对于集体主义的东方文化依然适用，进一步证明了自愿拓疆运动和个体主义关系的普遍性（Kitayama et al., 2006, 2009；Ishii, Kitayama, & Uchida, 2014）。

（一）　与其他社会生态因素的比较

由于能够解释独立我地区文化差异的生态因素比较多，闯关东运动如果要获得比较好的解释力，还需要和其他的生态因素进行比较。因此，我们重点比较了现代性、气候经济因素、水稻种植面积三个因素。现代性理论认为现代性程度越高的地区，独立我程度越高。而按照现代性的三个重要指标（人均国民生产总值、城市化率和高等学校的入学人数）来进行计算，黑龙江省或者东北地区低于山东省，那么黑龙江省或东北地区的独立我程度应该要低于山东省，这个和结果相反，所以现代性理论不能解释二者的独立我差异。在气候经济因素上，本研究的结果发现黑龙江省的个体主义比对照地区（山东省）要高，与 Vliert 的结果相反，Vliert 采用合成的集体主义量表，发现黑龙江省的集体主义分数是中国最高的，这一方面可能和测量工具有关，Vliert 只采用了自陈式量表，并没有其他证据。而在个体主义的测量中，自陈式量表的结果存在着方法学上的缺陷，一般不宜作为单一证据来支持或否定假设。根据气候经济理论，在气候需求（climate demand）上，黑龙江省的气候需求为91.3，要高于山东省的气候需求（56.2），人均可支配收入上黑龙江省为10799元，要低于山东省的15636元，那么黑龙江省的独立我也要低于山东省（Vliert et al.，2013），和本研究的结果相反，没有得到支持。另一方面气候经济理论在个体主义的影响因素中，属于远因（distal factor），它对个体主义的形成影响机制中可能存在着中间变量。如有研究发现关系流动性（relational mobility）可能是中介远因和个体主义的变量（Thomson et al.，2018），这需要进一步研究证实。我们的研究结果虽然与Talhelm的观点一致，即黑龙江地区个体主义较高，但我们认为大米理论不足以解释黑龙江省和山东省的差异。根据国家统计局数据2018年中国统计年鉴，黑龙江省的水稻种植面积（3948.9千公顷）占总谷物类种植面积（10006.4千公顷）的39.46%，远大于山东省水稻种植面积（108.9千公顷）占总谷物类种植面积（8228千公顷）的1.32%。当然，这个不能说明大米理论不成立，因为Talhelm指出水稻种植的面积应该要排除用机械化等现代方式种植的面积，只计算用传统耕作方式种植的面积。但是，即使按照Talhelm的观点，也不能推理出山东省比黑龙江省更具集体主义的假设。从我们的研究结果来看，通过和可能的竞争性的生态因素相比较，闯关东运动的解释效果更好，提示这一历史事件可能解释了黑龙江人比山东人更偏向独立我的地区文化。当然，这需要更多的研究来进一步检验。

（二）"闯关东"与自愿拓疆运动

本研究为自愿拓疆假说提供了更多证据。自愿拓疆假说最初是用美国西部拓疆运动来解释美国为什么在世界范围内个体主义最高，即使是和英国、德国等同属于新教文化的国家相比（Kitayama et al.，2009；Varnum & Kitayama，2011）。后来陆续发现其可解释日本北海道与日本本岛的差异（Kitayama et al.，2006），以及深圳与其他地区的差异（Feng et al.，2017）。本研究发现其可解释黑龙江和对照地区的差异，一方面说明自愿拓疆假说促进个体主义的地区文化发展具有普适性，不仅适用于美国等个体主义文化，也适合中国等集体主义文化；另一方面，无论是深圳，或者闯关东的自愿移居运动，虽然与欧洲移民美洲大陆、美国开拓西部、日本人移居北海道等都既有一定的相似性，也有各自的特点，这也是本文采用"闯关东"运动而非自愿拓疆运动的一个考虑。

"闯关东"运动、西部拓疆运动、日本北海道、深圳等作为已被检验的自愿拓疆运动地区，符合自愿拓疆假说的典型特征；用自愿拓疆假说不但能解释闯关东历史上的人口迁徙，也可解释东北地区人口流动的现实，地区文化在影响人的行为方式具有重要的作用。在未来的研究中，可从以下几个角度进行进一步的探索：首先是对照组的选择，对比"闯关东"移民与深圳移民，分析历史形成的自愿拓疆与正在进行中的自愿拓疆两种地区文化，哪一种对独立我提升水平有更大的影响？对比"闯关东"后代样本与美国样本，分析集体主义文化背景下的独立我与个体主义文化背景下的独立我水平如何？有哪些差别？其次，从代际变迁角度考虑（苏红、任孝鹏，2014），分析东北地区目前主要是"闯关东"移民的第 5 代左右，与深圳第 1 代或第 2 代移民对比，研究分析独立我增强发生在代际变迁的第几代较为明显？达到一定峰值以后，在控制城市化进程和现代化水平等因素的情况下，独立我是继续增强还是有所衰减？最后，从基因层面对比分析，自愿拓疆运动是否会造成基因层面的改变，分析文化与基因地独立我影响的相互作用。另外，作为发生在特定时空内的真实事件，当然也有其不同的地方。以"闯关东"运动为例，其人口流动是分批进行的，其中在有些阶段，"闯关东"是季节性的，人们从关内地区（山东）到东北地区工作，一般工作一段时间后就返回原籍，后来是因为战争等原因就变成定居在东北地区（何炳棣，2017：187～194），这种特征会不会影响某些心理变量的变化？而这种变化会不会和其他的自愿拓疆运动存在差别？这些都值得未来再进一步探究。

（三）名字与独特性

基于样本的常见名字的百分比是可作为独特性（uniqueness）的指标。西方学者最初是采用基于总体（population）的常见名字的百分比作为独特性的指标，并把它用于分析独特性的代际变迁、国家差异和地区差异的（Twenge et al.，2010；Varnum & Kitayama，2011）。他/她们往往采用档案资料或国家统计局等二手资料进行分析，同时认为不需要再进行统计推断，因为使用的是总体数据，而非样本数据。国内由于这种资料难以获取，使我们很难采用总体数据来计算常见名字的百分比，所以不得不使用样本数据来计算常见名字的百分比，这里是有一个风险的，即样本得到的结果可能和总体不一致。陈欣欣等在研究中尝试用基于样本的常见名字的百分比作为独特性的指标来分析不同地区在独特性上的差别（陈欣欣等，2019）。本研究在此基础上也发现基于样本的常见名字的百分比也能够分析不同地区在独特性上的差别，为这种方法提供了更多证据。而且，在本研究中，在闯关东组我们选择了来自同一个地区的两个不同地点的名字来分别计算最常见名字的百分比，结果发现在同一个地区，不同地点的最常见名字的百分比之间没有差异，这也为样本数据的可靠性提供了部分证据。不过，在如何使用这一指标上还是需要注意若干问题。第一，如果未来能够获取总体数据的常见名字的百分比，而且结果与现在的不同，当以基于总体数据的常见名字的百分比的地区比较为准。第二，样本应尽量在可能的影响因素上具有可比性。这种样本数据具有一定的代表性，而不是随意在某地选取 2000 多人的名字就进行计算。比如，本研究和陈欣欣等（2019）的研究都是以来自这些地区的某个中学的所有学生为样本，这样能够比较好地控制其他可能的影响因素。尽管我们并没有拿到这个地区在某一时段所有中学生的名字，但作为一所或两所学校，它们的名字具有比较好的代表性。因为对大多数县来说，一所高中的学生可能就是所有高中生的 10%，甚至更高，而且与大城市不同，县级学校绝大部分都是本地生源，学校在获取生源时是不会把学生的名字作为考量因素的，只可能会考量学生的成绩等因素，从而使名字不会因为学校的好坏受到太大的影响，如果不是没有影响的话。第三，基于样本的常见名字的百分比最好和来自其他来源的证据一起来检验假设，不宜作为单一证据来检验假设。

　　本研究尚存在一些值得改进的地方。第一，样本量偏小，我们在研究一中调查了两地共 179 位被试（黑龙江人 104 名，山东人 75 名）尽管发现支持我们的假设，但样本量偏小也使结果的稳定性可能受到影响。未来可通过增大样本量来检验结果是否稳定。不过，与同类研究相比，我们研究的样本量并不是最少的，如 Kitayama 等在北海道的研究中，研究一中北海道组的样本量为 68 人，研究二中北海道组的样本量为 81 人（Kitayama et al.，2006）。第二，个体主义/集体主义是个多维变量，也有不同的测量方法，本研究只采用了其中两个文化任务，一个自陈量表和一个文化产品。未来可引入更多的测量指标如框架直线任务、分类任务等；而且我们所采用的名字的数据，只是来自两个样本地区的县级中学，虽然在现代化程度上做了一定的控制，但这种文化产品最好是采用更大规模的样本，才能使结果比较稳定。第三，关于样本的选择，我们选取了黑龙江省的县城和山东省的县城作为被试主体，控制城市化对独立我的影响。在出生地与目前居住地的控制上，我们没有采集离开家乡到外地工作和生活的黑龙江人和山东人，未来可以增加这一控制因素。在此后的研究中，可以考虑把出生和居住地均在同一区域、出生和居住地在不同区域作为不同分组标准进行对比，类似北海道研究中做一个细分类。第四，黑龙江地区是最晚被开拓的地区，一方面是地理位置更为突出，作为现今中国最东北边境，与蒙古、俄罗斯、朝鲜等国家接壤，纬度更高，昼夜温差大，自然环境更为恶劣，历史上一直是受刑罚之人发配流放的苦寒之地，是真正地理意义上的边疆地区。另一方面从史料记载中可以看到，黑龙江是几乎完全由"闯关东"移民构成的区域，在"闯关东"时期以前，只有少量的少数民族游牧在此地区。按照自愿拓疆假说中提到的，在美国个体主义文化下，美国西部被开拓越晚的州表现出来的个体主义越强。同理，黑龙江是否是在东三省中个体主义最强的省份？另外，两个省份个体主义相比于中国其他地区是强是弱，还有待进一步研究和探讨。第五，关于不同理论中对黑龙江地区集体主义强弱水平结果不一致的讨论。

四　结论

（1）与对照地区山东相比，黑龙江独立我的地区文化程度更高，这可能和"闯关东"运动有关。

（2）自愿拓疆假说也适用于源文化是集体主义的东方文化，为自愿拓疆假说提供了中国证据。

参考文献

陈姗姗、徐江、任孝鹏，2016，《独立我的自愿移居假说：中国的证据》，《中国临床心理学杂志》第 4 期。

陈欣欣、任孝鹏、张胸宽，2019，《深圳精神抚育独立我的行为方式》，《中国社会心理学评论》第 17 辑。

杜臻，2006，《近代山东移民对东北文化的影响（1860～1911）》，硕士学位论文，山东大学。

范立君、贾宝库，2016，《"闯关东"精神的文化内涵及其价值》，《安徽史学》第 4 期。

范立君、黄秉红，2006，《清末民初东三省移民与近代城镇的兴起》，《吉林师范大学学报》（人文社会科学版）第 1 期。

范立君，2007，《"闯关东"与东北区域语言文字的变迁》，《北方文物》第 3 期。

国家统计局人口和就业统计司，2017，《全国 1% 人口抽样调查主要数据公报》，http://www. stats. gov. cn/statsinfo/auto2074/201708/t20170821_1526172. html。

何炳棣，2017，《明初以降人口及其相关问题（1368～1953）》，中华书局。

黄任之、任孝鹏、黄敏，2016，《个体主义常用的测量方法及评述》，《中国临床心理学杂志》第 6 期。

李德滨、石方，1987，《黑龙江移民概要》，黑龙江人民出版社。

李雨童、王咏，2004，《唐朝至清朝东北地区人口迁移》，《人口学刊》第 2 期。

梁方仲，1980，《中国历代户口、田地、田赋统计》，上海人民出版社。

路遇，1987，《清代山东闯关流民问题研究》，《东岳论丛》第 4 期。

刘新荣，《东北地区人口变动及对经济发展的影响》，博士学位论文，吉林大学。

骆诚、任孝鹏，2018，《正在进行中的自愿拓疆运动与个体主义：来自多种文化任务分
　　析的证据》，《心理科学进展》第 11 期。

马欣然、任孝鹏、徐江，2016，《中国人集体主义的南北方差异及其文化动力》，《心理
　　科学进展》第 10 期。

任孝鹏、向媛媛、马欣然，2018，《中国人集体主义地区差异的三线理论》，《社区心理
　　学研究》第 1 期。

徐江、任孝鹏、苏红，2016，《个体主义/集体主义的影响因素：生态视角》，《心理科
　　学进展》第 8 期。

苏红、任孝鹏，2014，《个体主义的地区差异和代际变迁》，《心理科学进展》第 6 期。

苏红、任孝鹏、陆柯雯、张慧，2016，《人名演变与时代变迁》，《青年研究》第 3 期。

杨玲、张新平，2016，《人口年龄结构、人口迁移与东北经济增长》，《中国人口·资源
　　与环境》第 9 期。

王彬燕、程利莎、王士君，2018，《东北地区人口结构及流动的时空演变特征研究》，
　　《东北师大学报》（自然科学版）第 1 期。

Brewer, M. B. & Chen, Y. 2007. Where (who) are collectives in collectivism? Toward con-
　　ceptual clarification of individualism and collectivism. *Psychological Review*, 114 （1），
　　133 – 151.

Cross, S. E., Hardin, E. E., & Gercek-Swing, B. 2011. The what, how, why, and where of
　　self-construal. *Personality and Social Psychology Review*, 15 （2），142 – 179.

Feng, J., Ren, X., & Ma, X. 2017. Ongoing voluntary settlement and independent agency：
　　Evidence from China. *Frontiers in Psychology*, 8, 1 – 9.

Hofstede, G. 1980. *Culture's consequences：International differences in work-related values*. Beverly
　　Hills, CA：Sage. 209 – 218.

Hofstede, G. & Bond, M. H. 1984. Hofstede's culture dimensions：An independent validation
　　using Rokeach's value survey. *Journal of Cross-Cultural Psychology*, 15 （4），417 – 433.

Ishii, K., Kitayama, S., & Uchida, Y. 2014. Voluntary settlement and its consequences on
　　predictors of happiness：The influence of initial cultural context. *Frontiers in Psychology*, 5,
　　1311.

Kitayama, S., Ishii, K., Imada, T., Takemura, K., & Ramaswamy, J. 2006. Voluntary set-
　　tlement and the spirit of independence：Evidence from Japan's "northern frontier". *Journal
　　of Personality and Social Psychology*, 91 （3），369 – 384.

Kitayama, S., Park, H., Sevincer, A. T., Karasawa, M., & Uskul, A. K. 2009. A cultural
　　task analysis of implicit independence：Comparing North America, Western Europe, and
　　East Asia. *Journal of Personality and Social Psychology*, 97 （2），236 – 255.

Markus, H. R. & Kitayama, S. 1991. Culture and the self-implications for cognition, emotion, and motivation. *Psychological Review*, 98 (2), 224 – 253.

Markus, H. R. & Kitayama, S. 2010. Cultures and selves: A cycle of mutual constitution. *Perspectives on Psychological Science*, 5 (4), 420 – 430.

Na, J., M., Kosinski, & D. J., Stillwell. 2015. When a new tool is introduced in different cultural contexts: Individualism-collectivism and social network on Facebook. *Journal of Cross-Cultural Psychology*, 46 (3), 355 – 370.

Oyserman, D., Coon, H. M., & Kemmelmeier, M. 2002. Rethinking individualism and collectivism: Evaluation of theoretical assumptions and meta-analyses. *Psychological Bulletin*, 128 (1), 3 – 72.

Talhelm, T., Zhang, X., Oishi, S., Shimin, C., Duan, D., Lan, X., & Kitayama, S. 2014. Large-scale psychological differences within China explained by rice versus wheat agriculture. *Science*, 344 (6184), 603 – 608.

Thomson, R., Yuki, M., Talhelm, T., Schug, J., Kito, M., Ayanian, A. H., Visserman, M. L., et al., 2018. Relational mobility predicts social behaviors in 39 countries and is tied to historical farming and threat. *Proceedings of the National Academy of Sciences*, 115 (29), 7521.

Twenge, J. M., Abebe, E. M., & Campbell, W. K. 2010. Fitting in or standing Out: Trends in American parents' choices for children's names, 1880 – 2007. *Social Psychological and Personality Science*, 1 (1), 19 – 25.

Van de Vliert, E., Yang, H. D., Wang, Y. L., & Ren, X. 2013. Climato-economic imprints on Chinese collectivism. *Journal of Cross-Cultural Psychology*, 44 (4), 589 – 605.

Varnum, E. W. & Kitayama, S. 2011. What's in a name? Popular names are less common on frontiers. *Psychological Science*, 22 (2), 176.

《中国社会心理学评论》　第 20 辑
第 251~266 页
© SSAP，2021

中国社会变迁知觉的"美好明天效应"：
文化认同与文化自信的作用[*]

周欣彤　李婵艳　韦庆旺[**]

摘　要： 以往研究发现中国人对中国社会变迁的知觉存在"美好明天效应"，人们认为随着中国社会变迁，中国人的能力和热情水平均会提高，从而区别于一般的认为能力提高、热情降低的社会变迁知觉的民间理论。本研究采用问卷法对 1281 名中国民众进行调查，探讨中国人的文化认同和文化自信对"美好明天效应"的影响机制。结果发现文化认同显著正向预测对未来社会能力和热情的变迁知觉（"美好明天效应"），文化自信在其中起完全中介作用。这一发现对理解中国人在中国社会变迁背景下的文化认同与文化自信具有一定的启发意义。

关键词： 社会变迁　文化认同　文化自信

一　引言

在当今世界经历"百年未有之大变局"的背景下，社会变迁研究不仅可加深人们对社会变迁的理解和认识，更可对未来产生一定启发（Hamamura，2017；Varnum & Grossmann，2017）。尤其是有关社会变迁知

---

　*　本文为国家民委民族理论政策研究基地项目（2018 - GMG - 005）成果。

**　周欣彤，中国人民大学心理学系硕士研究生；李婵艳，中国人民大学心理学系硕士研究生；韦庆旺，中国人民大学心理学系副教授、硕士生导师，通讯作者，E-mail：weiqing-wang@ ruc. edu. cn。

觉的研究（Bain et al. , 2013；Kashima et al. , 2009），通过揭示人们如何认识过去与未来的民间信念，能够为社会心态管理和社会政策制定提供有益的科学依据。本文旨在结合文化认同与文化自信的研究，进一步考察以往社会变迁知觉研究所发现的中国独有的"美好明天效应"产生的心理机制。

（一）社会变迁知觉

社会变迁是社会心理学近十多年来的一个研究热点。国外相关研究以现代化理论为基础，采用多种研究方法，横跨几十年甚至上百年的时间维度，发现随着社会变迁，个人主义有不断提升的趋势（Greenfield, 2013；Grossmann & Varnum, 2015）。国内的研究也有不少类似的发现（蔡华俭等，2020；黄梓航等，2018；Cai et al. , 2018），同时发现在中国人追求个人主义和个体独特性的另一面，也伴随着集体主义降低、传统文化衰落、心理健康恶化等负面的变迁结果（黄梓航等，2018；Sun & Ryder, 2016；Xu & Hamamura, 2014；Zeng & Greenfield, 2015）。

与社会变迁研究关注社会真实的心理与行为变化不同，社会变迁知觉研究关注普通人对社会变迁的主观看法，即有关社会变迁的民间理论（Folk Theory of Social Change, FTSC）（陈维扬、谢天，2017；Kashima et al. , 2009）。FTSC 将社会认知分为热情和能力两个基本维度理论（Fiske, Cuddy, & Glick, 2007）应用于社会变迁知觉的研究，研究发现西方人一般认为随着社会的发展，社会越来越工业化，人们的能力水平越来越高，热情水平越来越低（Kashima et al. , 2009）。该理论的经典研究通过让被试评价一个社会在过去和未来某时间点与现在相比在热情和能力相关维度的各方面有何变化来揭示人们对社会变迁的看法。Kashima 等（2011）让澳大利亚人评价澳大利亚过去 100 年、过去 20 年、未来 20 年、未来 100 年 4 个时间点与现在（赋值 0 为参照）相比能力是多了还是少了，热情是多了还是少了，发现从过去到未来的 4 个时间点，能力是不断提高的，热情是不断降低的，并且现在的 0 值居于中间。然而，在同一个研究中，中国人评价中国的社会变迁则表现出能力不断提高，热情始终高于现在的 0 值，并不减少，未来比现在增加的趋势（Kashima et al. , 2011）。

Cheng 等（2010）在 2008 年北京奥运会期间对中国社会变迁知觉的研究也发现了类似的结果，即中国人认为 2018 年的能力比 2008 年高，同时热情也比 2008 年高（虽然没有高于过去的 1988 年），研究者将中国人的这种社会变迁知觉特征称为"美好明天效应"。此外，该研究考察了中国文化认同的作用，发现对中国文化越认同，对过去的中国和未来的中国评价总体上越积极，但对过去的中国评价更积极的程度要更高一些。韦庆旺和时勘（2016）进一步拉长时间跨度和扩展评估维度，发现中国人认为从1000年前到30年后的4个时间点社会变迁在包括能力和热情在内的几乎所有积极指标上都是不断提高的，而且30年后高于所有其他时间点。研究者解释中国人对社会变迁的积极看法离不开中国实际的经济社会高速发展现状。相反，经济社会发展呈现颓势的日本则体现出对社会变迁的消极看法（Bain et al.，2015）。可见，与社会变迁本身的研究相比，社会变迁知觉，即对社会变迁的主观看法的研究更能凸显出中国社会变迁在中国人社会心态方面的积极面。

（二）文化认同与文化自信

文化认同（Cultural Identification）是个体对自身归属文化的认知、情感、态度和行为与大多数群体成员相一致的程度（郑雪、王磊，2005），对被大多数成员共享的文化核心价值观的认可和拥护对文化认同具有重要支撑作用（Wan et al.，2007；Zou et al.，2009）。然而，尽管文化认同与对文化、价值观和与其他文化成员共享度的理性认知有关，但文化认同常常以带着强烈情感色彩的方式表现为对本文化的防御性维护和对其他文化的剧烈排斥反应（韦庆旺、时勘，2016；吴莹、杨宜音、赵志裕，2014；Morris，Mok，& Mor，2011；Tong et al.，2011）。在清末民初的文化论战当中，一些对中国传统文化有着极深认同的文化学者，恰恰在面对中国落后挨打的局面时，极力强调中国文化优于西方文化，产生了较极端的防御反应（韦庆旺、时勘，2016）。在当今全球化背景下，不同文化混搭（culture mixing）在一起的情境中，人们同样会对外文化产生强烈的排斥反应，而本文化认同被看作这些排斥反应出现的边界条件（吴莹、杨宜音、赵志裕，2014）。不管是对本文化的防御还是对外文化的排斥，有一个共同点是对本文化遭遇威胁的感知，在具有文化威胁感知的条件下，对文化差异认知越深刻，对本文化认同产生的对外文化排斥反应越强烈（胡洋溢、韦庆旺、陈晓晨，2017）。总之，这些研究给人的印象更多的是文化认同在文化冲突和文化混搭中容易产生回避性的消极反应，很少有研究关注文化认同对文化交流和文化变迁的积极作用。

文化自信（Cultural Confidence）在国外并不是一个界定清晰的心理学学术概念。然而，在中国国家意识和社会政策影响的背景下，文化自信正逐渐成为中国社会科学的学术概念。来自思想政治领域的学者认为，文化自信是指一个国家、民族、政党对自己的理想、信念和优秀的传统文化的肯定、尊崇（刘芳，2012），它是在对文化高度认同和归属的基础上，对自身文化价值和生命力的依赖、肯定和信任（石文卓，2017）。最近，社会心理学者开始讨论和研究文化自信。陈咏媛和韦庆旺（2020）认为，广义的文化自信是指一定的文化主体对自身文化价值的总体认可和充分肯定，是对自身文化生命力的自豪感和坚定信念，并由此提出了一个包括认知、情感和动机三大维度和十个子维度的文化自信心理结构。尽管这样的文化自信概念似乎无所不包，但已有文献对文化自信的认识大多将其与价值性和情感性的文化认同紧密地联系在一起。周婷和毕重增（2020）首先将文化自信界定为"文化主体赋予文化充分肯定，进而产生的积极情感体验"，接着编制了基于中国的文化自信量表，包含文化自豪和文化赞扬两个维度。其中，文化自豪体现了对文化价值的认可，以及对文化的自尊和积极认可，与文化认同的含义比较接近。文化赞扬则反映了对中国文化相对其他文化具有比较优势，以及能够解决未来问题和挑战的认识和信念。总体上，文化自信的研究尚处于概念辨析与含义争论的初始阶段。

文化认同与文化自信是一百多年来困扰中国人的一个重要问题。然而令人遗憾的是，一方面文化认同研究关注其带来的消极反应，另一方面文化自信研究并没有充分认识到文化自信不同于文化认同的独特性。这样的研究现状很难呼应当前百年未有之大变局的中国社会与文化变迁特征，更难以为建立中国人的文化自信提供实质性的建议。本文参考自我效能感概念强调自我对未来的效能预期的含义（Schwarzer & Jerusalem，1995），将文化自信定义为"相信文化在未来能够促进国家社会发展，能够面临各种发展挑战，成功解决困境的信念"，类似于周婷和毕重增（2020）文化自信概念的文化赞扬成分，但并不强调对其他文化的比较优势。因此，与自我效能感强调基于自我的未来效能信念不同，文化自信侧重基于文化对未来的效能信念，即相信文化对国家和社会发展有积极作用，能够成功解决国家和社会在未来所面临的困难。同时，与文化认同侧重于对文化本身的肯定、归属和支持不同，文化自信更强调对文化在未来面对外部挑战时能否成功解决问题的信念。换言之，文化认同包含了对文化身份本身的整体积极认知和情感，不管是文化的过去、现在，还是未来，而文化自信最终还是表现在对未来的正向预期，以及面对困难和挑战的坚定信念。

综上，文化认同基于个体所属的群体身份，既有个体对群体在文化身份上一致性的认知，又有个体与群体在文化情感上的绑定，它不易受到所属群体文化的能力和地位的影响，甚至强的文化认同可以令个体在所属群体文化处于弱势和遭遇危机时产生更强的忠诚和防御反应（Leach et al.，2008）。而文化自信是个体对所属文化是否有能力应对挑战的信念，个体的文化自信相对容易受到所属群体文化能力和发展水平的影响。从社会变迁的角度来看，中国人的文化认同在近代中华民族受到侵略和压迫时得到很强烈的激发，但中国人的文化自信则在当时受到很大的冲击，因此产生强烈甚至极端地学习西方文明和文化的主张和氛围。然而，新中国成立以后，尤其是改革开放以后，随着中国的经济社会不断高速发展，中国人的文化自信获得了持续不断的增强。

（三）当前研究

与世界其他国家相比，中国的经济社会在改革开放以来一直处于相对高速的发展中。自从 2010 年中国 GDP 超过日本跃居世界第二位之后，超过美国成为第一在中国人的心理上成为一种未来预期。正像 Cheng 等（2010）在 2008 年北京奥运会期间考察中国人社会变迁知觉时所显示的，举办奥运会这样具有世界意义的大事会影响人们对社会变迁的看法。本研究在中国庆祝改革开放 40 周年，国家提出 2035 年全面实现小康社会目标，以及提出两个一百年宏伟蓝图等社会发展规划新描绘的背景下，于 2019 年年初以过去的 1978 年和未来的 2035 年为与现在比较的时间节点，考察民众对社会变迁的知觉评价，进一步检验"美好明天效应"，并将文化认同与文化自信相区分，探讨两者对"美好明天效应"的影响。

我们认为，与客观的社会变迁会影响文化认同和文化自信的机制不同，社会变迁知觉是人们对社会变迁的主观感知和建构，个体的文化认同和文化自信对这种社会变迁的主观认知具有重要影响。如前所述，文化认同包含了对文化总体的价值肯定和正向情感，包括过去、现在和未来的方方面面，而文化自信更多指向应对未来挑战时能够取得积极结果的信心。因此，文化认同是积极感知和建构中国社会变迁主观经验的基础，不管是对过去还是未来社会变迁的看法。而文化自信更着眼于未来，对过去社会变迁的看法不会造成重要影响，但会影响对未来社会变迁的看法。我们假设，随着中国的经济社会持续快速发展，当前仍然存在社会变迁知觉的"美好明天效应"，即人们认为未来的能力和热情都比现在更高；对中国文化的认同越高，对社会变迁知觉的"美好明天效应"越强；文化认同对未来充满信心的"美好明天效应"的影响，与着眼于未来社会发展效能预期的文化自信具有紧密的联系，即文化自信在文化认同与"美好明天效应"

的关系中起中介作用，但在文化认同与过去社会变迁知觉的关系中不存在中介作用。

二　方法

（一）样本

本研究数据来源于 2019 年中国民众社会心理建设现状调查，该调查由中国人民大学心理学系发起，于 2019 年 1～2 月以入户调查和线上调查相结合的方式在全国开展。问卷回收后，利用质量控制问卷、测谎题和问卷完成情况进行数据清理，得到样本为 1281 名的初始数据库。已有学者基于此数据库对我国居民的社会心态问题进行了有益的讨论，如社会阶层与一般信任（杨㛃、董妍、张登浩，2020）。我们根据本研究所选用的量表对初始数据库进行质量筛查，得到有效问卷 1275 份。其中，女性 671 名，男性 604 名，样本年龄为 18～85 岁，平均年龄为 36.08 岁，标准差为 11.90。

（二）工具

1. 社会变迁知觉

社会变迁知觉分为两个维度：能力和热情。考虑到整体问卷题目数较多，本研究从 Bain 等（2013）编制的量表中选取部分题目。能力 3 题，包括自信、能力、才能；热情 2 题，包括热情、友好。让被试就能力和热情的 5 个题目分别评价 1978 年和 2035 年的中国与现在的中国相比该项是多了还是少了，从"-5"（比现在少很多）到"5"（比现在多很多）进行 11 点评分，负数表示比现在少，正数表示比现在多，数值越大表示差异越大。例如，一个被试评价 1978 年的中国与现在相比，在"友好"一项上选择"3"，表示他认为 1978 年的中国比现在更友好一些。在本研究中，未来社会能力知觉分量表的 α 系数为 0.96，未来社会热情知觉分量表的 α 系数为 0.91，过去社会能力知觉分量表的 α 系数为 0.89，过去社会热情知觉分量表的 α 系数为 0.86。

2. 文化认同

本研究采用 Wan 等编制的《文化认同量表》中的 4 道常用题目（Wan et al., 2007），测量被试对中国文化的认同程度，从"1"（非常不赞同）到"6"（非常赞同）进行评分，得分越高代表被试越认同中国文化。本研

究中该量表的 α 系数为 0.84。

3. 文化自信

本研究参考《一般自我效能感量表》（Schwarzer & Jerusalem，1995）编制《文化自信量表》，测量被试对中国文化的信心水平。量表共 3 道题目，从"1"（非常不赞同）到"6"（非常赞同）进行评分，得分越高代表被试对中国文化越有信心。本研究中该量表 α 系数为 0.71。

（三）程序及数据处理

通过线上和线下宣传的方式招募 70 名中国人民大学学生作为调查员，由心理学系老师开展统一培训，熟悉问卷内容和掌握施测程序，考核合格后进行问卷发放和数据收集。最后经过严格筛选，按照有效问卷数目统一给调查员发放费用。

采用 SPSS 22.0 软件对数据进行描述性统计和相关分析，使用 Hayes（2013）编制的 SPSS 宏程序 Process 3.0 对数据进行中介模型检验。

三　结果

（一）社会变迁知觉的方差分析

为比较不同时间点能力和热情知觉的增减，以时间（过去、未来）、维度（热情、能力）为自变量，项目差异程度评分为因变量进行重复测量方差分析。结果显示，时间的主效应显著，$F(1, 1273) = 403.12$，$p < 0.001$，$\eta^2 = 0.24$，95% CI [0.22, 0.38]；人们认为过去时间点（$M = -0.49$，$SD = 0.08$）各项目的得分显著低于未来时间点（$M = 1.69$，$SD = 0.08$）。95% CI 维度的主效应不显著，$F(1, 1273) = 1.41$，$p = 0.24$，$\eta^2 = 0.00$。时间和维度的交互作用显著，$F(1, 1273) = 421.43$，$p < 0.001$，$\eta^2 = 0.25$，95% CI [0.22, 0.28]。简单斜率分析发现，能力在未来的得分（$M = 2.44$，$SD = 0.12$）显著高于过去（$M = -1.18$，$SD = 0.11$），$t = 23.40$，$p < 0.001$，Cohen's $d_z = 0.93$，95% CI [0.85, 1.01]；热情在未来的得分（$M = 0.94$，$SD = 0.08$）显著高于过去（$M = 0.19$，$SD = 0.08$），$t = 7.61$，$p < 0.001$，Cohen's $d_z = 0.30$，95% CI [0.22, 0.38]。

图 1 揭示了能力、热情两个维度在过去和未来与现在对比的增减程度。从整体来看，能力和热情在未来 16 年的增长幅度都要显著高于过去 41 年，说明民众对这一系列项目抱有信心，认为社会在不断地进步，并且未来会

提高得更快。能力维度被感知在过去 41 年在不断增长（$p < 0.001$），并且在未来较短时间内会迅猛发展（$p < 0.001$）；热情维度在过去 41 年中显著减少（$p < 0.001$），但被感知在未来会明显增加（$p < 0.001$）。

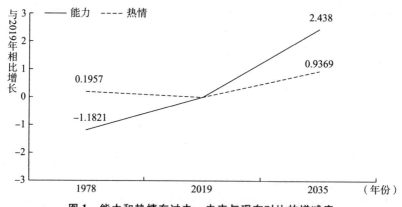

图 1　能力和热情在过去、未来与现在对比的增减度

这些结果与经典的社会变迁知觉理论存在明显差异，经典的社会变迁知觉理论假定人们对社会变迁知觉为能力提升热情减少，但这里的中国民众不仅认为未来的中国社会能力维度得分增加，而且并不认为未来的中国社会热情维度得分会减少，而是同样也会增加。也就是说，在中国经济社会快速发展背景下，充满活力的社会氛围使民众对于社会变迁的认知产生了"美好明天效应"。该效应可能受到文化认同和文化自信的影响，接下来对这些变量进行相关分析、回归分析和中介效应检验，以检验我们的假设。

（二）文化认同、文化自信与社会变迁知觉的相关分析

文化认同、文化自信和社会变迁知觉的相关分析如表 1 所示，可以看到，未来社会变迁知觉中的能力和热情与文化自信、文化认同呈显著正相关关系。文化认同和过去热情知觉呈显著正相关关系，和过去能力知觉无显著相关关系，文化自信与过去能力知觉和过去热情知觉都没有显著相关关系。文化自信与文化认同也呈显著正相关关系。这些相关分析的结果初步印证了本研究关于文化认同与文化自信的观点，即文化认同是文化自信的基础，但文化认同与过去和未来的社会变迁知觉都相关，而文化自信则只与未来的社会变迁知觉相关。

表1 文化认同、文化自信与社会变迁知觉的相关分析

变量	M	SD	1	2	3	4	5	6
1. 未来热情知觉	0.94	2.85	1					
2. 未来能力知觉	2.44	4.27	0.76**	1				
3. 文化自信	4.65	0.91	0.15**	0.18**	1			
4. 文化认同	4.87	0.82	0.09**	0.11**	0.51**	1		
5. 过去能力知觉	−1.18	3.82	0.12**	0.07**	0.02	0.05	1	
6. 过去热情知觉	0.20	2.78	0.24**	0.38**	0.04	0.06*	0.50**	1

注：$^*p < 0.05$，$^{**}p < 0.01$。

（三）中介效应检验

采用 SPSS 的 Process 程序，以文化认同为自变量，文化自信为中介变量，社会变迁知觉为因变量建立中介模型（Hayes，2013），根据温忠麟与叶宝娟（2014）和方杰等人（2014）提出的3个条件进行中介效应检验：（1）文化认同对未来能力知觉、未来热情知觉、过去能力知觉、过去热情知觉的预测作用；（2）文化认同对文化自信的预测作用；（3）文化自信对未来能力知觉、未来热情知觉、过去能力知觉、过去热情知觉的预测作用。

由表1、表2的结果可知，文化认同显著正向预测未来能力知觉（effect = 0.58；95% CI［0.29，0.86］）；文化认同正向预测文化自信（effect = 0.56；95% CI［0.51，0.62］），文化自信正向预测未来能力知觉（effect = 0.79；95% CI［0.49，1.08］）。当文化自信作为中介变量引入模型后，文化认同不再显著预测未来能力知觉（effect = 0.13；95% CI［−0.19，0.46］），模型的中介效应显著（effect = 0.45；95% CI［0.27，0.63］）（见表3）。这表明文化自信在文化认同对未来能力知觉的影响中起完全中介作用（见图2）。

注：***$p < 0.001$，下同。

图2 文化认同在未来能力知觉影响文化自信中的中介效应

表2 文化认同对社会变迁知觉的影响：文化自信的中介作用

项目	M 文化自信				Y₁ 未来能力知觉				Y₂ 未来热情知觉				Y₃ 过去能力知觉				Y₄ 过去热情知觉			
	β	SE	p	95% CI	β	SE	p	95% CI	β	SE	p	95% CI	β	SE	p	95% CI	β	SE	p	95% CI
X 文化认同	0.56	0.03	0.00	[0.51, 0.62]	0.13	0.17	0.43	[-0.19, 0.46]	0.05	0.11	0.63	[-0.17, 0.27]	0.24	0.15	0.12	[-0.06, 0.53]	0.19	0.11	0.08	[-0.02, 0.41]
M 文化自信					0.79	0.15	0.00	[0.49, 1.08]	0.44	0.10	0.00	[0.24, 0.64]	-0.04	0.14	0.79	[-0.31, 0.23]	0.04	0.10	0.69	[-0.15, 0.24]
R^2	0.26				0.03				0.02				0.00				0.00			
F	447.24				21.81				14.55				1.38				2.67			
CI					effect	SE	p	95% CI	effect	SE	p	95% CI	effect	SE	p	95% CI	effect	SE	p	95% CI
					0.58	0.14	0.00	[0.29, 0.86]	0.30	0.10	0.00	[0.11, 0.49]	0.21	0.13	0.10	[-0.04, 0.47]	0.22	0.10	0.02	[0.03, 0.40]

文化认同显著正向预测未来热情知觉（effect = 0.30；95% CI ［0.11，0.49］）；文化认同正向预测文化自信（effect = 0.56；95% CI ［0.51，0.62］），文化自信正向预测未来热情知觉（effect = 0.44；95% CI ［0.24，0.64］）。当文化自信作为中介变量引入模型后，文化认同不再显著预测未来热情知觉（effect = 0.05；95% CI ［-0.17，0.27］），模型的中介效应显著（effect = 0.25；95% CI ［0.13，0.38］）（见表3）。这表明文化自信在文化认同对未来热情知觉的影响中起完全中介作用（见图3）。

表3　间接效应分析

效应	间接效应值	Boot 标准误	Boot CI
X 文化认同→M 文化自信→Y_1 未来能力知觉	0.45	0.09	［0.27，0.63］
X 文化认同→M 文化自信→Y_2 未来热情知觉	0.25	0.06	［0.13，0.38］
X 文化认同→M 文化自信→Y_3 过去能力知觉	-0.02	0.08	［-0.17，0.14］
X 文化认同→M 文化自信→Y_4 过去热情知觉	0.02	0.06	［-0.09，0.14］

注：通过 Bootstrap 法估计的间接效应的标准误、95% 置信区间的下限和上限；所有数值保留两位小数。

图3　文化认同在未来热情知觉影响文化自信中的中介效应

文化认同显著正向预测过去热情知觉（effect = 0.22；95% CI ［0.03，0.40］），正向预测文化自信（effect = 0.56；95% CI ［0.51，0.62］），但文化自信对过去热情知觉（effect = 0.04；95% CI ［-0.15，0.24］）无显著的正向预测作用，不满足中介效应检验的条件，说明文化自信在文化认同对过去热情知觉的影响中没有中介作用。

文化认同对过去能力知觉（effect = 0.21；95% CI ［-0.04，0.47］）无显著的正向预测作用，不满足中介效应检验的条件，当然也不存在文化自信的中介作用。

这些中介分析的结果支持了研究的核心假设，即文化认同通过文化自信对未来社会变迁知觉具有显著的预测作用。尽管文化认同对过去社会变迁热情变化的知觉也具有预测作用，但文化自信对过去的社会变迁知觉没有影响。该结果提供了有关文化认同与文化自信相区别的进一步证据。

四 讨论

研究通过选取对当前具有明显社会变迁意义的 1978 年和 2035 年两个时间节点，考察了来自多个省份的 1275 名民众对中国社会在能力和热情两个维度变迁的知觉，同时测量了他们的文化认同和文化自信，发现社会变迁知觉存在"美好明天效应"，即认为能力和热情在未来都比现在要高，并且文化认同对未来的能力和热情有显著的预测作用，而文化自信在其中具有中介作用。这些结果在新的社会变迁背景下进一步验证中国社会变迁"美好明天效应"的同时，对文化认同和文化自信进行了区分，揭示了两者对"美好明天效应"的影响机制，尤其是发现了文化自信的中介作用，对社会变迁认知研究、文化认同研究和文化自信本身的研究均具有一定的创新性贡献。

（一）社会变迁知觉的"美好明天效应"

社会变迁知觉的研究受刻板印象内容模型的能力和热情维度启发，而原本能力和热情维度具有一定互补性，通常人们认为能力高热情就会低，热情高能力就会低（Fiske et al., 2007）。这一点不仅在刻板印象的研究中得到证实，在有关西方发达国家的社会变迁知觉研究中也得到了支持（Kashima et al., 2009）。然而，在对中国社会变迁知觉的研究中，能力高未必热情就低。依据不同的社会变迁知觉背景，不同的社会变迁时间跨度，人们认为未来的热情可能出现不比现在低、比现在高、不仅比现在高也比过去高，这几种情况（韦庆旺、时勘，2016；Cheng et al., 2010；Kashima et al., 2011）。而将认为未来能力和热情都比现在高，甚至也比过去高的现象，称为"美好明天效应"（Cheng et al., 2010）。本研究中，人们认为 2035 年的能力和热情都比 2019 年高，也比 1978 年时高，而 1978 年距离 2019 年比 2035 年距离 2019 年时间跨度更大，所以更加凸显人们对中国未来的积极看法，"美好明天效应"再次得到验证。相较以往的社会变迁背景，如 Cheng 等（2010）在 2008 年北京奥运会时期、韦庆旺和时勘（2016）在国家刚刚提出实现中华民族伟大复兴中国梦时期，对过去和未来选取的社会变迁时间节点更有重大变迁事件的呼应性，由此发现的"美好明天效应"对理解当前的民众社会心理更有现实意义。

（二）从文化认同到文化自信

与在新社会变迁背景下进一步发现中国社会变迁知觉的"美好明天效应"相比，本研究对文化认同和文化自信做出区分，考察两者对"美好明天效应"的不同影响作用，尤其是发现文化自信在文化认同与"美好明天效应"之间起到中介作用，具有较大的理论贡献。在以往研究解释"美好明天效应"时，初步发现文化认同对社会变迁知觉的影响，但没有考虑文化自信的作用（韦庆旺、时勘，2016；Cheng et al.，2010；Kashima et al.，2011）。例如，Cheng 等（2010）在 2008 年北京奥运会时期的研究，提及举办奥运会可能对中国人的未来信心产生积极影响，但并没有对此进行任何检验。同时，在他们的研究中，虽然测量了文化认同，也发现文化认同对社会变迁知觉有影响，但这种影响只体现在对过去知觉的影响，文化认同越高，认为中国的过去越热情。而本研究发现更指向于社会变迁的未来，不仅文化认同对未来的能力和热情均具有显著的正向预测作用，而且文化自信在其中起完全中介作用。相反，文化自信对过去的高热情没有显著的解释力。

因此，本研究表明文化自信概念对于社会变迁知觉研究具有重要理论意义。如果说人们对社会变迁实践的经历和了解对他们的社会变迁知觉具有重要的影响，那么中国在 21 世纪初以后的变迁实践比清末民初、新中国刚成立、改革开放初期等时期，随着经济社会的高水平发展和综合国力的不断增强，文化自信越来越比文化认同成为更能引领中国继续向前的心理动力。文化认同更多的基于一种群体成员身份认知，而文化自信更多体现为一种对未来的效能感和胜任预期。长久以来，文化认同的问题因经济社会发展相对滞后而具有强烈的矛盾性（韦庆旺、时勘，2016）。如今，文化自信因经济社会发展的高水平和与世界发达国家相比慢慢处于同等地位或局部居于领先地位，而多了很多底气。

Kashima 团队在对中国、澳大利亚和日本的社会变迁知觉对比研究中，发现中国人对未来的积极看法与他们经历积极的全球化关系密切，而澳大利亚人的社会变迁知觉相对更具有一般性的 FTSC 特点，日本人的社会变迁知觉则呈现萎靡的悲观消极预期（Bain et al.，2015；Kashima et al.，2011）。与该研究相比，本研究发现了中国人经历改革开放和积极全球化产生心理变化的一个机制，即增强了文化自信。本研究结果表明，中国人比澳大利亚人和日本人之所以对本国的未来社会变迁有更积极的感知，原因不仅在于文化认同的作用，更在于文化自信的增强。考虑到大多数内群体成员都倾向于相对长期稳定地认同自己的文化，而文化自信则受到经济社会发展阶段相对较大的影响，因此文化自信的研究具有重要的理论和现实意义。目前，国外尚未将文化自信作为学术概念，中国学者对文化自信的研究有可能为文化认同和社会变迁知觉等领域的相关研究做出独特的贡献（陈咏媛、韦庆旺，2020；周婷、毕重增，2020）。

本研究也存在一些不足。首先，本研究采用自我报告法，只能探究文化认同、文化自信和社会变迁知觉之间的相关关系，未来研究可采用实验法或自我报告和实验相结合的方法探讨变量之间的因果关系。其次，研究所采用的社会变迁知觉能力和热情维度的题目偏少。最后，本研究没有细分被试的类型，未来研究可进一步比较流动与非流动人口、不同社会阶层等群体的社会变迁知觉、文化认同和文化自信的差异。

参考文献

蔡华俭、黄梓航、林莉、张明杨、王潇欧、朱慧珺，2020，《半个多世纪来中国人的心理与行为变化——心理学视野下的研究》，《心理科学进展》第 10 期。

陈维扬、谢天，2017，《常人眼中的社会变迁：普通人如何感知社会的过去、现在与未来》，《心理科学进展》第 2 期。

陈咏媛、韦庆旺，2020，《流动性社会下文化自信的心理建设进路》，《广西师范大学学报》（哲学社会科学版）第 4 期。

方杰、温忠麟、张敏强、孙配贞，2014，《基于结构方程模型的多重中介效应分析》，《心理科学》第 3 期。

胡洋溢、韦庆旺、陈晓晨，2017，《多元文化经验增强外文化排斥反应？——开放性和本文化认同的作用》，《中国社会心理学评论》第 12 辑。

黄梓航、敬一鸣、喻丰、古若雷、周欣悦、张建新、蔡华俭，2018，《个人主义上升，集体主义式微？——全球文化变迁与民众心理变化》，《心理科学进展》第 11 期。

刘芳，2012，《对文化自觉和文化自信的战略考量》，《思想理论教育》（上半月综合版）第 1 期。

石文卓，2017，《文化自信：基本内涵、依据来源与提升路径》，《思想教育研究》第 5 期。

韦庆旺，2017，《文化变迁》，载吴莹、韦庆旺、邹智敏主编《文化与社会变迁》，知识产权出版社。

韦庆旺、时勘，2016，《社会变迁与文化认同：从民众心理认知看古今中西之争》，《苏州大学学报》（教育科学版）第 2 期。

温忠麟、叶宝娟，2014，《中介效应分析：方法和模型发展》，《心理科学进展》第 5 期。

吴莹、杨宜音、赵志裕，2014，《全球化背景下的文化排斥反应》，《心理科学进展》第 4 期。

杨㻗、董妍、张登浩，2020，《我国居民的社会阶层与一般信任：社会排斥与控制感的链式中介作用》，《中国临床心理学杂志》第 5 期。

郑雪、王磊，2005，《中国留学生的文化认同、社会取向与主观幸福感》，《心理发展与教育》第 1 期。

周婷、毕重增，2020，《文化自信问卷的编制》，《心理研究》第 3 期。

周浩、龙立荣，2004，《共同方法偏差的统计检验与控制方法》，《心理科学进展》第 6 期。

Bain, P. G. , Hornsey, M. J. , Bongiorno, R. , Kashima, Y. , & Crimston, D. 2013. Collective futures: How projections about the future of society are related to actions and attitudes supporting social change. *Personality and Social Psychology Bulletin*, 39, 523 – 539.

Bain, P. G. , Kroonenberg, P. M. , & Kashima, Y. 2015. Cultural beliefs about societal change: A three-mode principal component analysis in China, Australia, and Japan. *Journal of Cross-Cultural Psychology*, 46 (5), 635 – 651.

Cai, H. , Zou, X. , Feng, Y. , Liu, Y. , & Jing, Y. 2018. Increasing need for uniqueness in contemporary China: Empirical evidence. *Frontiers in Psychology*, 9, 554.

Cheng, S. Y. Y. , Chao, M. M. , Kwong, J. , Peng, S. , Chen, X. , Kashima, Y. , & Chiu, C. y. 2010. The good old days and a better tomorrow: Historical representations and future imaginations of China during the 2008 Olympic Games. *Asian Journal of Social Psychology*, 13, 118 – 127.

Fiske, S. T. , Cuddy, A. J. C. , & Glick, P. 2007. First judge warmth, then competence: Fundamental social dimensions. *Trends in Cognitive Sciences*, 11, 77 – 83.

Greenfield, P. M. 2013. The changing psychology of culture from 1800 through 2000. *Psychological Science*, 24, 1722 – 1731.

Grossmann, I. & Varnum, M. E. W. 2015. Social structure, infectious diseases, disasters, secularism, and cultural change in America. *Psychological Science*, 26, 311 – 324.

Hamamura, T. 2017. A cultural psychological analysis of cultural change. *Asian Journal of Psychology*, 21 (1), 3 – 12.

Hayes, A. F. 2013. *Introduction to mediation, moderation, and conditional process analysis: A regression-based approach*. New York: Guilford Press.

Kashima, Y. , Bain, P. , Haslam, N. , Peters, K. , & Fernando, J. 2009. Folk theory of social change. *Asian Journal of Social Psychology*, 12 (4), 227 – 246.

Kashima, Y. , Shi, J. , Tsuchiya, K. , Kashima, E. S. , Cheng, S. Y. Y. , & Chao, M. M. , et al. 2011. Globalization and folk theory of social change: How globalization relates to societal perceptions about the past and future. *Journal of Social Issues*, 67 (4), 696 – 715.

Leach, C. E. W. , van Zomeren, M. , Zebel, S. , Vliek, M. L. W. , Pennekamp, S. F. , Doosje, B. , et al. 2008. Group-level self-definition and self-investment: A hierarchical (multicomponent) model of in-group identification. *Journal of Personality and Social Psychology*, 95 (1), 144 – 165.

Morris, M. W. , Mok, A. , & Mor, S. 2011. Cultural identity threat: The role of cultural identifications in moderating closure responses to foreign cultural inflow. *Journal of Social Is-

sues, 67 (4), 760 – 773.

Schwarzer, R. , & Jerusalem, M. 1995. Optimistic self-beliefs as a resource factor in coping with stress. In S. E. Hobfoll & M. W. DeVries (eds.), *Extreme stress and communities: Impact and intervention*, 159 – 177. New York: Kluwer Academic/Plenum.

Sun, J. & Ryder, A. G. 2016. The Chinese experience of rapid modernization: Sociocultural changes, psychological consequences? *Frontiers in Psychology*, 7, 477.

Tong, Y. Y. , Hui, P. Z. , Kwan, L. , & Peng, S. 2011. National feelings or rational dealings? The role of procedural priming on the perceptions of cross-border acquisitions. *Journal of Social Issues*, 67 (4), 743 – 759.

Varnum, M. E. W. , & Grossmann, I. 2017. Cultural change: The how and the why. Perspectives on Psychological Science. *Perspectives on Psychological Science*, 12 (6), 956 – 972.

Wan, C. , Chiu, C. Y. , Peng, S. , & Tam, K. P. 2007. Measuring cultures through intersubjective cultural norms: Implications for predicting relative identification with two or more cultures. *Journal of Cross-Cultural Psychology*, 38 (2), 213 – 226.

Xu, Y. & Hamamura, T. 2014. Folk beliefs of cultural changes in china. *Frontiers in Psychology*, 5, 1066.

Zeng, R. & Greenfield, P. M. 2015. Cultural evolution over the last 40 years in china: Using the google ngram viewer to study implications of social and political change for cultural values. *International Journal of Psychology*, 50 (1), 47 – 55.

Zou, X. , Tam, K. P. , Morris, M. , Lee, S. , Lau, Y. M. , & Chiu, C. 2009. Culture as common sense: Perceived consensus vs. personal beliefs as mechanisms of cultural influence. *Journal of Personality and Social Psychology*, 97 (4), 579 – 597.

Chinese Social Psychological Review
Vol. 20

Table of Contents & Abstracts

The Mentality of Mobility in a Mobile Society: Mobility Research from
the Perspective of Social Psychology (in Lieu of a Preface)

Chen Yongyuan   Xie Tian   Yang Yiyin / 1

Abstract: In the context of psychology, "mobility" refers to the psychologi-
cal and behavioral characteristics of people according to various types of social
mobility (geographic mobility, relational mobility, work and occupational mobili-
ty, social class mobility, and cultural mobility). These psychological and behavioral
characteristics can be seen in multiple levels of analysis, such as at the individual,
group, institutional, social system, and cultural levels. Social psychology has long
been concerned with"mobility", but as these studies were conducted under differ-
ent research contexts, "mobility"research has not become a specialized field. How-
ever, many new social phenomena and social problems have emerged as social
mobility has become a norm in people's lives. Thus, there is a urgently require for
micro-level psychological research. With this context in mind, we first summarize
the current development of themes, theories, and research paradigms in"mobility"
research. ; next, we propose a constant expansion of boundaries to address social
psychology's concern with the subject of "mobility" ; and then, we introduce 11
studies published in the issue, analyzes the significance of their contribution to so-
cial psychology, and discusses how psychological research can be linked with social
governance scenarios; finally, we provide an outlook on the future of "mobility"
research after considering some prominent social phenomena in recent years.

Keywords: mobility; social governance; social psychology development

Identities for Migrant Mothers in the Media Empowerment

LI Ling   Yang Yiyin / 25

Abstract: Migrant mothers in this paper refer to female migrants who move to the urban areas and live with their married children in order to take care of the third generation. In order to explore the adhesive identity of migrant mothers during the inter-generational cohabitation period, this paper analyzes in-depth interview materials of 12 migrant mothers, and focuses on their identity conversion. With media empowerment, the adhesive identity of migrant mothers constructed by the interaction with their children and peer groups, includes we-ness who is the family member, we-ness who came from our hometown, we-ness who takes care of grandchildren at her children' home. When these triple identities take "family"as the core, and adhere without losing any of their uniqueness, migrant mothers can resolve the identity crisis brought about by mobility, extend and manage multiple identities under the empowerment of new media. This study expands the context of adhesive identities theoretically, and may promote the psychological work of middle-aged and elderly migrant groups.

Keywords: female migrants; migrant mother; adhesive identity; multiple identities; new media empowerment

Residential Mobility and Investment Time Preference

Zhou Jiawen   Li Yanmei / 44

Abstract: Residential mobility has become an important aspect of social phenomena in China. Adults are the leading force in the mobility. With the development of economy, increasingly importance has been attached to financial assets investment. The aim of the research is to investigate the relationship between residential mobility in adulthood and investment time preference. Through two studies, we found that individuals who have more movement experience in adulthood preferred to hold short-term risky assets, and risk tolerance suppressed the relationship between adulthood residential mobility and investment time preference. These findings highlight the importance of residential mobility in investment behaviors. We hope results of the present study can help to improve financial safety policy making from the perspective of social psychology.

Keywords: residential mobility in adulthood; investment time preference; risk tolerance; suppressing effect

Residential Mobility, Trust and Life Satisfaction: A Multilevel Mediation Model

Zhao Na   Zhang Ying / 63

Abstract: The impact of residential mobility on life satisfaction has been paid more and more attention by scholars. This study is based on the data of China General Social Survey (CGSS) in Chinese society, using a multilevel mediation model to explore the relationship of residential mobility and life satisfaction and further to explore the mediation role of trust. The results show that: (1) there is a significant difference of life satisfaction among the 28 provinces; (2) residential mobility has a significant negative predictive effect on life satisfaction; (3) identity-based trust, but not the general trust plays an mediation role between residential mobility and life satisfaction. Also, these findings illuminate the underlying influence of trust in link between residential mobility and life satisfaction, which can help us deal with the negative impact of residential mobility on individuals.

Keywords: residential mobility; trust; life satisfaction; multilevel mediation model

Residential Mobility and Happiness: The Mediating Effect of Social Security

Miao Ruikai   Wang Junxiu / 78

Abstract: Residential mobility has promoted cultural exchanges and economic development among cities. But it has also had a profound impact on people's feeling and behaviors. A total population of 22669 was surveyed to explore the relationship between residential mobility and happiness and the mediating effect of various types of social security. The results show that: (1) Residential mobility is significantly negatively correlated with happiness, personal security, and property security, and is significantly positively correlated with environmental security; (2) Personal security, property security, and environmental security plays mediating effects in residential mobility and happiness, but the effects were different. Residential mobility had a negative impact on happiness through the reduction of personal security and property security, but the negative impact could be alleviated by the improvement of environmental security.

Keywords: residential mobility; happiness; social security; personal security

Social Attitudes, Government Trust and the Mental Health of Migrant Groups

Qu Xiaomin   Yu Jiaojiao   Yu Yimin ∕ 92

Abstract: The physical and mental health of individuals are affected by not only biological and psychological factors but also social indicators. In the context of social transformation, by clarifying the relationship and mechanism between social attitudes, which may be related to individuals' migration experience, and their mental health for both knowledge migrants and migrant workers, this study focuses on observing the effect of social environment on individuals' mental health from a social perspective. The analysis results would be of positive significance for the improvement of life quality of migrant population and the realization of "Healthy China 2030". Using the data from "2017 Urbanization and New Migration Survey", this study aims to investigate the pathways from social attitudes, such as two-way social communication intention, awareness of social conflicts, and perception of social problems, to mental health for both knowledge migrants and migrant workers through government trust. Analysis results show that: (1) For knowledge migrants, two-way social communication intention is positively associated with mental health through a higher government trust. Moreover, awareness of social conflicts is negatively associated with mental health, and government trust plays as a completely mediator in the process. By reducing government trust, awareness of social conflicts detrimental to their mental health. (2) For migrant workers, the degree to which local residents are willing to socialize with them is positively associated with their mental health. In addition, awareness of social conflicts and perception of social problems were negatively associated with mental health, and government trust plays as a partly mediator in the process. Therefore, the shaping of social attitudes and the improving of government trust will be beneficial to mental health for both knowledge migrants and migrant workers.

Keywords: knowledge migrants; migrant workers; social attitudes; government trust; mental health

The Influence of Urban Acculturation and Rural Acculturation on Materialism among Migrant Children: The Mediating Role of Security— Analysis Based on Data from Migrant Children Survey in Wuhan

Zhang Chunmei   Quan Xiang   Sun Xiaotong / 116

Abstract: This study takes migrant children in Wuhan as the research object to investigate the materialism of migrant children, and to explore the impact of dual-acculturation on materialism as well as the role played by the security in the dual-acculturation of migrant children. The questionnaire investigation showed that: (1) Migrant children's materialistic value tendency is currently at a moderately low level, among which children on sixth grade is higher than those of fifth grade; (2) After controlling the variables of grade and gender, urban acculturation of migrant children significantly positively correlates with materialism, while rural acculturation has an inhibitory effect on materialism when urban cultural adaptation was relatively low; (3) Urban acculturation has no effect on the security of migrant children, and the dimension of implicit concept reduced the sense of security and promoted materialism; (4) When urban acculturation is relatively low, rural acculturation plays a significant role in promoting materialism by reducing the sense of security, reflecting the model of moderated mediation. The two hypotheses of contacting effect and insecurity effect on materialism have both been verified, insecurity on the one hand comes directly from the urban cultural idea, and on the other hand comes indirectly from the cultural conflict between the original rural culture and the mainstream urban culture. Thus the theory on the formation of materialism is expanded.

Keyword: migrant children; urban acculturation; rural acculturation; materialism; security

Idol Loyalty and Tribal Mobility: The Role of Productive Norms and Embeddedness—Online Ethnography of Fans' Inconstant and Unfollowing

Zhou Yi Jin / 144

Abstract: In the network society, the "Space of Flows" disintegrates the common identification and leads to re-tribalization. This allows individuals to obtain a fleeting identity and sense of belonging while following and unfollowing at will. Previous studies suggest that emotional tribes are transient, and the members are uncontrollably mobile. However, such theory cannot explain the existence of obvious idol loyalty and mobility constrains in Chinese celebrity fandoms. Based on an 18-month online ethnography in multiple fandoms, this study finds that: (1) Fan community is self-organized bottom-up. The members' high mobility is the fundamental obstacle for effective mobilization. (2) The key solution for this problem lies in organizing and routinizing their collective emotion to the idols. (3) Fans organize emotion to the idol by producing norms and forming their initial loyalty to the idol. (4) Fans' loyalty as well as the production norms together lead to further embeddedness in fandom on social media platforms, and fans' affection for their idols transferrs to fans' emotional interaction with each other. Therefore, the routinely collective feelings provide a stabler emotional foundation for fans' loyalty. (5) By organizating and routinizating of emotions, short-term emotions develop into long-term loyalty, which reduces fans' tribal mobility and provides the basis for the effective mobilization of fandoms. This study explores the process of how group emotions are organized and routinized, and develops the theory of "Space of Flows" and emotional tribes. It also provides a new perspective for fan studies.

Keywords: idol loyalty; tribal mobility; production norms; consumption norms; production embeddedness

Fans' Identity and Identity Transformation in Online Community

Zhang Xiaoxiao / 179

Abstract: This study aims to learn about fan behaviors by investigating psychological processes of fan identity and identity transformation, and the impact of online communities on them. We collected in-depth interview data in 2009 and 2019 respectively, integrating social identity theory and identity theory to help with data analysis, and used the fluidity of identity to describe complicated identity transformation processes of fans. The findings show that the fan participants' identities are diverse and complicated. The fan participants used "avoiding being despised" and "avoiding identity confusion" strategies to construct their fan identities. The "*nue*" culture is the most important factor in strengthening the degree of fan identity. Online communities such as *Weibo* provides a freer environment, where fans could extend their identity expression and promote their behavior involvement. These findings depicts complicated psychological processes of fan identity formation and transformation, which has impacts on fan behaviors. The findings also indicates that people have a social mentality to meet their psychological needs by establishing multiple identities and identity transformation.

Keywords: fans; fans identity; identity transformation; fluidity of identity; internet

An Analysis of the Types of Occupational Mobility Intention and Its Influence Mechanism: An Empirical Study Based on the Data of CLDS 2012

Wu Pengzhuo   Tan Xuyun   Dong Hongjie / 204

Abstract: This paper distinguishes different types of occupational mobility intention, and discusses the impact of social structure factors (subjective and objective social status), organizational situation factors (work autonomy, labor style) and psychological factors (occupational demand satisfaction, occupational satisfaction) for different occupational mobility intention. According to the regression analysis of CLDS 2012 data, occupational satisfaction and occupational demand satisfaction are important factors that affect occupational mobility intention. But neither of them can explain indirect mobility intention. Among them, occupational satisfaction can only predict direct mobility intention, while occupational demand satisfaction can predict direct mobility intention and mobility intention hesitation. In particular, the satisfaction of existence needs plays a basic role in occupational mobility intention. Subjective and objective social status can directly affect occupational mobility intention, but there are differences in the ways of influence. Objective social status (occupational status) can only predict direct mobility intention, while subjective social status (future status) can predict direct and indirect mobility intention, and subjective social status (past status) can also predict mobility intention hesitation. Work autonomy (task autonomy, intensity autonomy) can indirectly affect direct mobility intention respectively through the satisfaction of existence needs and occupational satisfaction. Meanwhile, work autonomy (task autonomy) can predict indirect mobility intention and mobility intention hesitation. With regard to labor style, the effects of mental labor and manual labor on occupational mobility intention are also different, but neither of them can directly explain occupational mobility intention.

Keywords: occupational mobility intention; social status; occupational demand satisfaction; occupational satisfaction

Chuangguandong Movement and the Independent Agency

Bai Jingying   Ren Xiaopeng / 230

Abstract: Voluntary frontier settlement hypothesis holds that historical voluntary frontier settlements foster independent agency. Here Chuangguandong movement in which millions of people moved into and settled in northeastern of China during 19 – 20 centuries, is explored to examine its effect on independent agency. In study1 it is found that people in Heilongjiang reported less collectivistic values and more self-centric and less in-group favoritism than those in its contrasts in Shandong. In study 2 people in Heilongjiang are more likely to give babies unique name than contrasts in Shandong. In general, the results support the hypothesis that historical Chuangguandong movement fostered independent agency. It sheds highlight on voluntary frontier settlement hypothesis in other cultural settings. We also discussed its potential contribution to collectivism variations within China.

Keywords: voluntary frontier settlement hypothesis; Chuangguandong movement; independent/interdependent-self

The Better Tomorrow Effect in Chinese Perceptions of Social Change: The Role of Cultural Identification and Cultural Confidence

Zhou Xintong   Li Chanyan   Wei Qingwang / 251

Abstract: Previous studies have found the better tomorrow effect in Chinese perceptions of social change. The better tomorrow effect is that Chinese people predict a more competent and warmer future with the development and change of Chinese society. It is different from the general Western folk theory of social change which predicts a more competent and colder future. In this study, 1281 Chinese community participants participated the study by completing questionaires to explore the roles of cultural identification and cultural confidence in the better tomorrow effect. The results showed that cultural identification significantly positively predicted the perceptions of competence and warmth in the future (the better tomorrow effect), and cultural confidence played a fully mediating role. This finding is of great significance for understanding the cultural identity and cultural confidence of Chinese people in the context of China's social changes.

Key Words: social change; cultural identification; cultural confidence

《中国社会心理学评论》投稿须知

《中国社会心理学评论》是由中国社会科学院社会学研究所主办的学术集刊。本集刊继承华人社会心理学者百年以来的传统，以"研究和认识生活在中国文化背景下的人们的社会心理，发现和揭示民族文化和社会心理的相互建构过程及特性，最终服务社会，贡献人类"为目的，发表有关华人、华人社会、华人文化的社会心理学原创性研究成果，以展示华人社会心理学研究的多重视角及最新进展。

本集刊自2005年开始出版第一辑，每年一辑。从2014年开始每年出版两辑，分别于4月中旬和10月中旬出版。

为进一步办好《中国社会心理学评论》，本集刊编辑部热诚欢迎国内外学者投稿。

一、本集刊欢迎社会心理学各领域与华人、华人社会、华人文化有关的中文学术论文、调查报告等；不刊登时评和国内外已公开发表的文章。

二、投稿文章应包括：中英文题目、中英文作者信息、中英文摘要和关键词（3~5个）、正文和参考文献。

中文摘要控制在500字以内，英文摘要不超过300个单词。

正文中标题层次格式：一级标题用"一"，居中；二级标题用"（一）"；三级标题用"1"。尽量不要超过三级标题。

凡采他人成说，务必加注说明。在引文后加括号注明作者、出版年，详细文献出处作为参考文献列于文后。文献按作者姓氏的第一个字母依A－Z顺序分中、外文两部分排列，中文文献在前，外文文献在后。

中文文献以作者、出版年、书（或文章）名、出版地、出版单位（或期刊名）排序。

例：

费孝通，1948，《乡土中国》，北京：生活·读书·新知三联书店。

杨中芳、林升栋，2012，《中庸实践思维体系构念图的建构效度研究》，《社会学研究》第4期，第167~186页。

外文文献采用 APA 格式。

例：

Bond, M. H. (ed.) (2010). *The Oxford Handbook of Chinese Psychology*. New York, NY: Oxford University Press.

Hong, Y. Y., Morris, M. W., Chiu, C. Y., & Benet-Martinez, V. (2000). Multicultural minds: A dynamic constructivist approach to culture and cognition. *American Psychologist*, 55, 709 – 720.

统计符号、图表等其他格式均参照 APA 格式。

三、来稿以不超过 15000 字为宜，以电子邮件方式投稿。为了方便联系，请注明联系电话。

四、本集刊取舍稿件重在学术水平，为此将实行匿名评审稿件制度。本集刊发表的稿件均为作者的研究成果，不代表编辑部的意见。凡涉及国内外版权问题，均遵照《中华人民共和国版权法》和有关国际法规执行。本集刊刊登的所有文章，未经授权，一律不得转载、摘发、翻译，一经发现，将追究法律责任。

五、随着信息网络化的迅猛发展，本集刊拟数字化出版。为此，本集刊郑重声明：如有不愿意数字化出版者，请在来稿时注明，否则视为默许。

六、请勿一稿多投，如出现重复投稿，本集刊将采取严厉措施。本集刊概不退稿，请作者保留底稿。投稿后 6 个月内如没有收到录用或退稿通知，请自行处理。本集刊不收版面费。来稿一经刊用即奉当期刊物两册。

中国社会心理学评论编辑部

主编：杨宜音

主办：中国社会科学院社会学研究所

联系电话：86 – 010 – 85195562

投稿邮箱：ChineseSPR@ 126. com

邮寄地址：北京市东城区建国门内大街 5 号中国社会科学院社会学研究所中国社会心理学评论编辑部，邮编 100732

图书在版编目(CIP)数据

中国社会心理学评论. 第 20 辑／杨宜音主编. -- 北
京：社会科学文献出版社，2021.5
ISBN 978 - 7 - 5201 - 8520 - 2

Ⅰ. ①中… Ⅱ. ①杨… Ⅲ. ①社会心理学 -中国 -文
集 Ⅳ. ①C912.6 -0

中国版本图书馆 CIP 数据核字(2021)第 113719 号

中国社会心理学评论 第 20 辑

主　　编／杨宜音
本辑特约主编／陈咏媛　谢　天

出 版 人／王利民
责任编辑／张小菲

出　　版／社会科学文献出版社·群学出版分社 (010) 59366453
　　　　　地址：北京市北三环中路甲 29 号院华龙大厦　邮编：100029
　　　　　网址：www.ssap.com.cn
发　　行／市场营销中心 (010) 59367081　59367083
印　　装／三河市龙林印务有限公司

规　　格／开 本：787mm × 1092mm　1/16
　　　　　印 张：17.75　字 数：316 千字
版　　次／2021 年 5 月第 1 版　2021 年 5 月第 1 次印刷
书　　号／ISBN 978 - 7 - 5201 - 8520 - 2
定　　价／99.00 元

本书如有印装质量问题，请与读者服务中心 (010 - 59367028) 联系